政工管理与职业管理理论实践

杨佩　马睿　刘娜◎著

中国出版集团　现代出版社

图书在版编目（ＣＩＰ）数据

政工管理与职业管理理论实践 / 杨佩，马睿，刘娜
著. — 北京：现代出版社，2024.4
ISBN 978-7-5231-0820-8

Ⅰ. ①政… Ⅱ. ①杨… ②马… ③刘… Ⅲ. ①企业—
政治工作—研究—中国 Ⅳ. ①D412.62

中国国家版本馆CIP数据核字(2024)第057437号

著　者	杨　佩　马　睿　刘　娜
责任编辑	刘　刚

出 版 人	乔先彪
出版发行	现代出版社
地　　址	北京市安定门外安华里504号
邮政编码	100011
电　　话	(010) 64267325
传　　真	(010) 64245264
网　　址	www.1980xd.com
印　　刷	三河市九洲财鑫印刷有限公司
开　　本	787mm×1092mm　1/16
印　　张	12.75
字　　数	243千字
版　　次	2025年2月第1版　2025年2月第1次印刷
书　　号	ISBN 978-7-5231-0820-8
定　　价	78.00元

前　言

中国特色社会主义事业的繁荣与发展依赖于企业的壮大，而企业的壮大则离不开深入推进的思想工作。近年来，我国企业政工工作在政工从业者的共同奋斗下，持续进行改进与创新，不断提升其水平。在学习宣传贯彻党的理论、路线和政策方面，提高员工的思想道德素质、科学文化素质和健康素质方面，政工工作者发挥了至关重要的作用，取得了显著的成果。坚实而有效的政工工作有助于促进我国企业良好的经营态势和蓬勃发展，进而推动经济社会实现又好又快的发展。

基于此，本书以"政工管理与职业管理理论实践"为题，在论述政工工作与企业政工工作、政工工作的功能、政工工作的发展与意义、政工工作的方针与原则的基础上，首先，分析政工工作与企业管理，内容涵盖政工工作与企业文化建设、政工工作与企业经营战略、政工工作与企业形象塑造、政工工作与企业人力资源开发；其次，分析政工工作方法与企业保障，内容涉及政工工作的方法与载体、政工工作与企业党组织建设、政工工作的绩效与评估、政工工作队伍与制度保障；再次探讨互联网背景下的政工管理创新实践；最后，分别深入探讨职业生涯管理理论实践、职业培训管理理论实践、职业安全卫生管理理论实践。

本书体系完整，内容全面，融理论与实践于一体，以综合性的视角审视企业管理与政工工作，揭示它们之间的内在联系，帮助读者能够在实际工作中灵活应用这些知识，实现个人发展。

笔者在本书的写作过程中，得到了许多专家学者的帮助和指导，在此表示诚挚的谢意。由于笔者水平有限，加之时间仓促，书中所涉及的内容难免有疏漏之处，希望各位读者多提宝贵意见，以便笔者进一步修改，使之更加完善。

目　录

第一章　政工工作的认知

第一节　政工工作与企业政工工作

随着社会主义市场经济的不断发展和逐渐完善，现代企业面临的竞争越来越激烈，如何在这激烈的竞争中占有并保持自身的优势，是每个企业都应该也都在思考的问题。要想占有和保持自身的优势，必须加强企业的管理，而企业政工工作作为现代企业管理的一个重要组成部分，对于推动企业发展和提高企业竞争力起着关键的作用。经济振兴的基础在于企业进步，企业的进步取决于技术进步、管理完善和员工素质的提高，而员工素质的提高又与员工的精神状态、教育培训密切相关，企业政工工作对此负有重要的任务。因此，探索企业政工工作对企业发展的重要意义和功能，是现代企业管理者尤其是企业政工工作者必须加以重视的问题。

一、政工工作

(一) 政工工作的内涵

"政工工作"是一个应用科学概念，既包括政工工作的实践，又包括政工工作的理论，是政工工作的理论与实践相统一的科学概念。从实践层面看，所谓政工工作，指的是受政治制约的思想领域的工作，它是一定的政治集团为实现一定的政治目标，有目的地对人群或个体施加意识形态和心理的影响。从这个意义上看，政工工作是一个具体的实践过程。从理论层面看，政工工作是一门科学，是一门以研究人的思想和行为产生、发展、变化的规律以及政工工作本身的规律为研究对象的科学。

政工工作是一门科学，就在于它具有自己特殊的研究对象和领域，即人的思想观点和政治立场的形成、发展、变化的规律以及政工工作自身的规律；它具有自己的理论基础，还具有长期的实践基础，因而具有丰富的经验和严谨的知识体系。因此，建立和发展政工工作这门科学，不仅是必需的，而且也是可能的。

（二）政工工作的特点

政工工作之所以成为单独的一门科学和工作，是因为它具备了不同于其他科学和工作的特点，这些特点既是政工工作的独特之处，也是政工工作所要克服的困难之所在。具体表现在以下方面。

1. 研究对象具有复杂性

政工工作的工作对象是人，因此其研究对象也主要是人，但是它同其他研究人的科学，如医学、生理学、人类学、心理学等不同，它不是研究人的一切方面和一切领域，而是研究人的某一特殊领域，具体来说就是研究人们思想和行为活动的变化规律及政工工作本身的规律。政工工作的这一研究对象就决定了要掌握人的思想和行为活动的复杂性。这是由于以下原因。

（1）产生思想的多因性。人们的思想活动的产生，受各种主客观因素的影响，因而千变万化、错综复杂。①客观因素如经济、政治、文化、社会等活动，都会对人们的思想产生影响；②人们自身的主观因素，如切身经验、知识素养以及自身的价值观等都会对客观事物的反映起到筛选的作用，这也会对人的思想产生影响。在各种不同主客观因素的影响下，人们思想的产生和变化必然是不同的，这就决定了要掌握人的思想和行为活动的复杂性。

（2）思想活动的多样性。思想活动的多样性体现在思想活动的多层次和多类型。思想上层建筑位于社会结构的上层，其本身还可以从不同角度进行更为细致的划分。例如，从对社会存在的反映程度和特点来看，社会意识包括社会心理和思想体系这两个基本层次；从社会意识主体的范围来看，它可以区分为个体意识和群体意识，而这每一种类型中又都各自包含着丰富的内容。

以社会心理和思想体系为例，社会心理就还可以表现为人们的情感、情绪、愿望、要求、风俗、习惯、传统、成见、自发倾向和社会风气等；思想体系则还可以划分为属于意识形态范围的思想体系（包括政治思想、法律思想、道德、宗教、艺术、哲学和绝大部分社会科学）和属于非意识形态范围的思想体系（包括自然科学、语言学、逻辑学等）。围绕着不同类型社会意识进行的思想活动，具有多样性。因此，在政工工作中必须结合人的思想活动的多样性，具体问题具体分析，采取不同的原则和方法，有的放矢。

（3）思想行为的多变性。人具有主观能动性，他会在实践中调节自己的主客观世界，使之相统一，因而人的思想行为活动也会随着主客观条件的变化而发生相应的变化，因而具有多变性。人们原先的思想行为既有可能从积极向消极转变，也有可能从消极向积极转化；既有可能继续保持并强化，也有可能持续弱化甚至消失。这也才使得政工工作有可能实现其特定的目的，实现对人的思想和行为的影响。

（4）政工工作的间接性。人的思想、观念、感情等都是内在的、无形的，政工工作要研究这些对象，不能通过直接的定量分析实现，而只能通过考察人的情绪、语言、行为等来加以鉴别；并只能通过充分说理和形象感染等方式，使人们的思想产生共鸣，进而影响和改变人们的思想、观点和立场。这样的过程，使得政工工作是一种间接的工作，其工作的效果是间接的、隐性的。

总之，人们的思想是一个难以驾驭的领域，因而政工工作是一个复杂的系统。

2. 工作内容具有广泛性

政工工作的工作对象是人，人不仅具有自觉的能动性，而且在其现实性上还是一切社会关系的总和。正是人的这种社会性，带来了政工工作内容的广泛性，体现在以下方面。

从空间上，政工工作渗透到社会的各个领域、各个部门和各个单位，凡是有人活动的地方，就应当有政工工作。

从时间上，政工工作贯穿于一切过程的始终。例如，一个任务、一项工作的开始，要宣传发动群众，做到思想领先；在工作实施过程中，要解决随时出现的各种思想问题，及时引导人们；在工作结束后，要通过回顾和总结，肯定成绩、认识缺点、展望未来。

因此，政工工作是无时不有、无处不在的。这样广泛的工作内容，也决定了政工工作本身研究内容的广泛性。它不仅要进行基础理论的研究，还要进行专业理论的研究；不仅要研究人的思想和行为活动的规律，还要研究对群众进行政工工作的规律；不仅要研究政工工作的继承与创新，还要研究政工工作的借鉴与发展；不仅要研究现实的政工工作，还要研究政工工作的未来和发展趋势；等等。

3. 知识运用具有交叉性

政工工作是一门综合科学，因为它以人为研究对象和工作对象，而人本身就是多门学科研究的对象，这就要求政工工作要运用多门学科的知识、理论和方法，去研究现实世界中的某个特定对象或专门领域，即人的思想与行为。这里的多门学科主要是指以人为研究对象的社会科学，他们从各个不同侧面研究人的社会活动，反映人的思想、行为发展变化的规律性，因而可以为政工工作的研究和工作提供丰富养料、多维视角和不同方法。具体包括教育学、心理学、伦理学、人格学、政治学、法学、社会学、美学、系统科学、行为科学等。政工工作具体的研究和实践过程，必须要综合运用这些学科的知识、方法，达到自己的研究目的和实践效果。

4. 自身工作具有应用性

政工工作具有很强的应用性，这主要表现在两个方面：①建设政工工作的科学理论体系的目的也在于应用。政工工作的理论只有与实际相结合、与应用相统一，政工工作才能取得成效。同时政工工作借鉴相关学科，也是以应用为其出发点和归宿的。②应用既是理论联系实际的桥梁和纽带，又是探求真理的可靠途径。只有通过应用，才能达到对人的思想和行为规律以及政工工作自身规律的正确认识。

（三）政工工作的地位与作用

对政工工作地位和作用的认识，是认识政工工作的首要问题。如果对其地位和作用没有一个正确的认识，那么就更谈不上做好政工工作，完成各项任务和调动人民的积极性了。在经济工作和其他一切工作中，政工工作具有重要的地位和作用，但是不能过分夸大或是轻视其地位和作用。关于政工工作的地位和作用，"生命线"这一比喻是其集中的体现，即政工工作是一切工作的生命线。"生命线"在这里包含着引导、保证、服务三层意思；①"引导"即把组织中群众各种不正确的思想引导到正确的轨道上来；②"保证"是指要保证组织的方针政策的贯彻和各项任务的完成；③"服务"是指要为组织在各个时期的方针政策和中心任务服务。

只有将政工工作的引导、保证和服务功能统一起来，才能充分发挥政工工作的作用。而只有充分发挥政工工作的作用，其他各项工作才能得以顺利完成。离开了政工工作，人们便会脱离正确的理想、信念和道德，失去坚强的精神支柱和力量源泉。

二、企业政工工作

（一）企业政工工作的内涵

具体到企业这一特定组织，企业政工工作也包含实践和理论两个层面。在实践层面，就是指企业管理人员在党和国家的路线方针的指导下，围绕企业的目标，对本组织的成员施加意识形态和心理的影响，以期转变其思想政治品德、引导其行为的一种教育疏导工作。具体表现为针对员工在思想上的各种矛盾、疑惑，通过宣传科学、正确的道理，解决员工的思想问题，帮助员工树立正确的世界观、人生观、价值观，使员工以积极的姿态投入工作和生活，促进企业全面发展。在理论层面，企业政工工作是研究企业员工的思想和行为产生、发展、变化的规律以及企业政工工作本身的规律。

全面理解和把握这个概念需要注意以下三点。

1. 企业政工工作是教育疏导工作

企业政工工作的教育疏导工作会受教育学的共同规律和原则的支配。因此，教育学中的某些原则和方法，在企业政工工作中也必须加以注意和运用。例如，教育学注重教育影响的系统性、协调性和一致性，即教育影响的一致性，政工工作的教育疏导工作也同样重视教育影响的一致性。这种一致性体现在强调社会环境、教育者与教育内容的影响在前后的一致性、协调性和连贯性。如果没有这种一致性、协调性和连贯性，政工工作的效果就会大打折扣，甚至无效。再如，教育学十分注重理论联系实际的原则、教授知识与能力培养相结合的原则、教育者以身作则的原则、因材施教的原则等，都是政工工作所必须遵循的原则。又如，教育学中许多行之有效的教育方法，如演示、参观、讨论、启发等，也是政工工作所必需借鉴的。

总之，在企业政工工作过程中，要想取得成效，必须以积极的态度分析和借鉴教育学。

2. 企业政工工作是施加意识形态与心理影响的工作

企业政工工作必须对政工工作自身固有的特点及其规律性加以研究。政工工作之所以成为一门特殊的学科，就在于它具有自己区别于其他学科的鲜明特点。企业政工工作从本质上看，也是政工工作的一个分支，它也具备了政工工作的共同特点。因此，要做到企业政工工作的纵深发展，推动企业政工工作理论的发展和企业政工工作实践的进行，必须要全面把握政工工作的基本特点。

3. 企业政工工作是企业的工作

不同的社会分工形成从事不同社会实践的领域，政工工作按其研究领域的不同，可以分为企业政工工作、学校政工工作、军队政工工作、农村政工工作等。企业政工工作之所以成为一个单独的领域，就在于它除了满足上述政工工作的特点之外，还具备企业自身的特点和要求。因此，企业政工工作的任务方法及其目标都应该围绕着企业的工作、特点和目的。

企业的主要工作是运用各种生产要素向市场提供商品或服务，其基本特点是竞争性、营利性和风险性，其主要目的是营利。这就决定了在企业的政工工作既必须围绕着企业的现实情况，也必须兼顾企业员工的实际情况。因而，企业政工工作在内容上要以企业的现实工作为依托，在方法上以政工工作方法为基础，在目标上以员工与企业的共赢为归属，从而发挥其地位和作用。

（二）企业政工工作的特点

"政工工作作为企业内部管理中有效落实思想政治工作和思想教育工作的渠道，不但影响着员工思想道德素养，还关乎企业在新时期发展的情况。"① 新时期，企业内外环境发生了新变化，因此企业政工工作也具有了新的特点。

第一，服务对象的特点。企业政工工作的服务对象主要是企业员工，包括管理层和基层员工。这与传统企业管理工作不同，后者更侧重于实现企业的经济利益。企业政工工作的服务对象特点在于关注员工的思想政治工作，帮助他们树立正确的社会主义思想观念，积极参与企业改革发展，提高工作积极性和创造力。

第二，内容的特点。企业政工工作内容主要包括政治思想教育、党风廉政建设、工会组织、农村工作等方面。它的特点在于强调政治性、思想性和文化性，旨在推动企业员工思想观念的转变，培养忠诚、纪律严明的员工队伍。同时，它关注员工的全面发展，提高他们的政治思想素养，维护员工合法权益，推动企业发展和稳定。

第三，目标的特点。企业政工工作的目标是通过政治思想教育，培养忠诚于中国共产党和社会主义制度的员工队伍，促进企业的健康发展。它的特点在于把政治稳定和社会和谐作为企业发展的前提条件，旨在减少内部矛盾和冲突，提高员工的工作积极性，推动企业实现可持续发展。

第四，制度的特点。企业政工工作通常依托党组织和工会组织，这些组织在企业中扮演着关键角色。它的特点在于建立健全的组织制度，确保政工工作的顺利开展，同时加强党风廉政建设，维护党的纯洁性，提高党员的政治觉悟。

企业政工工作在中国特色社会主义体制下具有鲜明的特点，重点关注员工的政治思想教育，培养忠诚于党和社会主义的员工队伍，以推动企业的健康发展。这一工作体系强调政治性、思想性，以确保企业内部稳定和谐，促进社会主义事业的发展。

第二节　政工工作的功能阐释

结合当前企业发展的新特点，企业政工工作的功能必须进行重新定位，表现为从"政治动员"转向"利益整合"、从"管理控制"转向"引导服务"，着重围绕着企业人力资

---

① 薛峰. 新时期企业政工工作面临的挑战与创新 [J]. 现代企业，2022 (2)：101-102.

源开发和企业文化构建两个方面，创新载体，拓展内容。具体而言，企业政工工作的功能可以分层次、分对象加以分析。

一、宏观层面的功能

就企业层面而言，企业政工工作是企业生产与发展的生命线，它对企业的生存、改革与发展都起着至关重要的作用。其主要功能体现在以下方面。

（一）把关定向功能

把关定向功能既是企业政工工作的传统功能，但也是它的首要功能。把关定向强调的是要严把企业发展的方向问题，具体到企业政工工作，就是强调企业要坚持坚定的政治方向，这是企业政工工作的首要任务。尽管当前的企业政工工作要逐渐从传统的"政治动员"转向"利益整合"和"引导服务"，但这并不意味着，在企业就不需要坚持正确的政治方向。

企业作为社会组织的组成部分之一，它必然要受到社会政治的、经济的、文化的、社会的等因素的影响，因此，在企业发展过程中把握住发展方向是至关重要的，尤其是社会主义社会的企业，必须要坚持社会主义的性质，既追求企业的盈利与发展，也应肩负起它应承担的社会责任。

具体而言，企业政工工作要发挥好把关定向的表率作用，要做到以下四点。

第一，树立把关定向的正确理念。把关定向的第一步是确立正确的理念。企业政工工作需要积极推进社会主义核心价值体系建设，这包括坚持社会主义核心价值观，强化形势政策教育，宣传党的路线、方针和政策，传播正能量。同时，企业领导者应当鼓励员工秉持艰苦奋斗、走在时代前列、注重质量效益、一切为了企业发展等理念。这些价值观将有助于指导企业的政工工作，确保其与国家和社会的发展方向保持一致。

第二，树立把关定向的良好形象。企业的领导干部应该成为员工的表率，树立良好的形象。他们应该审视自身行为，确保其与企业的价值观和政工工作的方向保持一致。领导干部应该率先垂范，提高自身的组织领导能力，以示范的方式来影响和激励员工。他们应该以诚信、德行、道德为基础，建立信任和尊重。这将有助于巩固把关定向的作用，确保企业的发展不偏离正确轨道。

第三，严格把关定向的法律法规。企业政工工作必须严格遵守国家和企业的法律法规，以确保合法合规经营，这包括税收、环境、劳工法规等各个领域。遵循法律法规是维护企业的可持续性和信誉的基础。政工工作者和领导干部应当积极宣传法律法规，确保员工了解并遵守相关法律，同时通过内部培训和监督机制来确保合规。

第四，讲究把关定向的科学方法。把关定向的过程需要科学方法和战略规划。政工工作者应该综合考虑企业的中心工作，同时兼顾各项工作，以确保政工工作与企业战略和目标相契合。这包括开展市场调研，分析竞争对手，了解客户需求，以便为企业提供正确的定位和战略建议。此外，政工工作者应该注重实际工作中的践行，确保理论与实践相结合，以有效地引导企业的发展。

企业政工工作要发挥好把关定向的表率作用，需要确立正确的理念，树立良好的形象，严格遵守法律法规，以及采用科学方法来引导企业的发展。这将有助于确保企业始终朝着正确的方向前进，实现可持续的发展和成功。

（二）引导服务功能

政工工作虽然在企业生存、改革和发展过程中起着重要的作用，但它本身并不是企业的中心任务。企业的中心任务仍然是要以生产或服务满足社会的需要，进而追求企业的盈利和发展，而政工工作在这一过程中，更多地体现为引导和服务的功能。

企业在发展过程中，会适时地变更自己的发展目标和战略，也会适时地调整自身的经营策略，这些都会引起企业内外部环境的变化，从而冲击着企业员工的观念，影响着企业员工的心态。这时若是对员工变化的观念、心态不加引导的话，则会造成员工与企业之间的矛盾激化。

引导从字面上理解，即为指引和导向，它强调通过某种手段或方法去推动某事物的发展。企业政工工作正是强调通过其自身独特的工作方法，围绕企业的目标，对企业成员施加意识形态和心理的影响，以期转变其思想政治品德、引导其行为的一种教育疏导工作。因此，政工工作的引导功能对推动企业的发展十分重要。

引导服务功能具体体现在，企业政工工作者广开言论渠道，创造条件让员工畅所欲言，然后通过循循善诱的方式，引导员工认识和分析实际问题，对正确的思想和意见予以采纳、支持，对错误的意见给予解释，从而把企业员工心态的引导到积极、健康、正确的方向上来。

除此之外，企业政工工作还具有服务的功能。政工工作与经济工作及其他一切业务工作不是领导和指导关系，而是服务和保证关系，即它为经济工作和其他一切业务工作服务。这一服务功能主要指四个方面：①企业政工工作要为企业打造牢固的政治思想基础服务；②企业政工工作要为企业营造融洽的人际交往环境服务；③企业政工工作要为企业夯实一致的价值文化认同服务；④企业政工工作要为企业提供持久的增效发展活力服务。企业政工工作的服务功能发挥的程度，制约着有时甚至决定着企业的中心工作的开展，因此我们必须要加强企业政工工作的服务功能建设，确保企业各项工作的顺利进行。

（三）利益整合功能

当前社会处于转型期，经济体制也正处于转轨期，在这样的时期内，社会领域利益主体多元化、利益取向多极化、利益差别显性化、利益矛盾尖锐。身处这种大环境中的企业也不例外，同样存在上述的情况，当前企业的改革发展过程中，不可避免地会触动不同成员的利益，而不同主体的利益需求又是多样化的，这就使得利益问题的整合尤为重要。因而，当前的企业政工工作不能仅仅注重政治动员，更应该重视和加强其利益整合功能。这是因为，政工工作要达到效果，必须要与利益相结合，否则就是空洞的、没有说服力的。

当前的企业政工工作的顺利开展受到限制，其中重要的原因之一就在于它不仅涉及纷繁复杂的工作对象—人，更在于它的工作内容涉及的是纷繁复杂的利益问题。

在当前的企业，一方面，企业政工工作既要整合不同成员间的利益，又要整合企业员工与企业之间的利益，还要整合企业当前经营与今后发展的利益，这加重了利益整合的内容；另一方面，企业中利益差别的显性化，使得员工之间的矛盾、员工与企业之间的矛盾、企业领导层的矛盾都日益突出和加剧，这加大了利益整合的难度。

形势的严峻，更要求企业政工工作要发挥其对人群或个体施加意识形态和心理的影响作用，采取其独特的工作方法，实现多元利益主体和多样利益取向的整合。这就需要在政工工作过程，既充分了解企业内部不同成员、不同群体、不同层面的利益需求，承认对个人利益的关注和追求具有一定的现实合理性，让不同的利益得以表达；又要结合企业发展的实际情况，疏导不当的利益需求，引导员工将个人的利益追求放到企业全局范围内加以考虑，分化企业内部的利益矛盾，最终将企业不同成员、不同群体、不同层面的利益需求更多地转到精神层面，转化为个人价值的实现高度，将多元的利益整合到企业发展与个人价值实现一致的层面上来。

（四）经济增效功能

企业政工工作不同于经济工作，但是却有着不容忽视的经济价值。这一经济价值，集中体现在物质之间的转换和精神力量向物质力量转化的过程中。物质之间的转换，是指企业之间物质力量，如厂房、资金、设备、人员等，形成物质优势，进而实现"投入—产出"的最大化。这一过程，即通过计划、组织、协调和控制来加以安排，其中要借助政工工作的精神力量，实现物质资料的优化配置，从而发挥最大功能。精神力量向物质力量转化这一过程，更加突出了企业政工工作的作用。

精神力量向物质力量的转化对于企业的发展至关重要，尤其是那些面临困境或危机的企业，更是如此。要使得这一转化得以实现，政工工作发挥着重要的作用。它通过晓之以理、动之以情等工作方式，有助于弘扬艰苦奋斗和奉献精神，调动劳动者的生产积极性，进而鼓励他们开拓创新，这都在无形中将企业员工的精神力量转化成高生产效率和优质产品，这也是"投入—产出"比增加的表现之一。

此外，政工工作对于企业人力资源的开发也起到了重要的作用，这种人力资源本身就是企业经济增效不可或缺的重要因素之一，它的积累和运用将是企业面临激烈竞争的坚强堡垒。因此，在企业政工工作过程中，不能忽视它的经济增效功能，相反，应该借助政工工作，力求使企业再创佳绩。

二、员工层面的功能

（一）解疑释惑功能

政工工作要解决人的思想与行为活动，面临外部环境的变化，人的内心思想容易发生波动，进而产生疑惑。这就需要政工工作进行引导和解释。具体到企业，企业的内外部环境较易发生巨大的变化，较之于其他的企业，企业的不稳定性是它的特点之一。这就使得在企业工作的员工们，容易因为企业的改革，而面临失业或暂时下岗的局面；也容易因为企业的改革不到位，而遭遇到不公平的利益分配；还会因为企业效益的下滑，而危及自身的生活保障等。这些矛盾如果不及时处理和化解，就有可能演变成企业的危机，危害到企业的发展。

企业政工工作应该结合企业的内外部环境变化，发挥其超前性和防范性优势，既针对可能出现的不良情况，有针对性地进行事前的解疑解惑，把各种不利于引导人们思想的问题消灭在萌芽状态，防患于未然；又要针对已经出现的不当情况，有针对性地进行事后的疏导教育，把各种损害员工利益的情况下情上达，及时补救和减少对员工的危害。企业政工工作通过发挥解疑释惑的功能，力求减少矛盾冲突给企业带来的震荡和风险。

（二）调节情感功能

企业政工工作在管理与领导方面起着至关重要的作用。在这个过程中，调节情感的功能变得愈发重要，因为员工的情感状态不仅影响到他们的工作绩效，还关系到整个企业的和谐氛围。

首先，企业政工工作应注重人文关怀。这意味着领导者和管理者需要真正关心员工的生活、情感和需求。通过建立一个温馨的工作环境，员工会感到受到尊重和关心，从而更愿意为企业做出积极的贡献。人文关怀还包括倾听员工的声音，了解他们的问题和疑虑，以便及时采取措施来改善工作条件和员工福祉。

其次，心理疏导在企业政工工作中也扮演着关键角色。员工可能面临自工作和个人生活的各种压力和情感问题，如焦虑、压力、沮丧等。企业政工工作应提供心理疏导的支持，帮助员工应对这些问题。心理疏导可以包括个别咨询、心理健康培训和集体讨论，以帮助员工更好地理解并应对他们的情感需求。

最后，企业政工工作还应引导干部和员工使用正确的方法来处理人际关系和表达利益诉求。积极的人际关系对于一个团队的成功至关重要。通过提供培训和指导，员工可以学会沟通和解决冲突的技能，从而改善与同事和领导之间的关系。此外，员工还需要学会如何有效地表达他们的利益诉求，以确保他们的需求得到尊重和满足。

满足员工的合理愿望是企业政工工作的另一个重要方面。员工通常会有关于薪酬、福利、晋升机会等方面的期望。企业政工工作应该倾听员工的需求，确保这些需求得到公平的满足，这将有助于增强员工的满意度和忠诚度，从而提高他们的工作绩效。

情感调节不仅有助于员工个体的心理健康，还有助于员工形成融洽的人际关系。在一个充满关怀和尊重的工作环境中，员工更愿意合作，互相支持，并建立良好的团队关系。这将使企业拥有一个更加和谐的氛围，有助于提高整体的工作效率和员工的快乐感。

（三）价值实现功能

从企业员工的角度来看，市场经济激活了企业用人机制，为员工实现个人的理想与价值提供了舞台和机会。政工工作不是要扼杀个体的价值追求，而是要把个体价值引导到集体目标上来。企业政工工作更是如此，企业作为一个流动性大、变化快的组织，更需要多样化、创新型的人才，这就更应该在人才培养上重视挖掘员工的潜能，实现个人的理想、价值。这既有利于满足企业发展的切身需求，也有助于预防企业人才流失的局面。只有一个能让员工实现自我价值的企业，才能让员工真正地把它当作家来建设和拥护。也只有一个员工全面实现自我价值的企业，才能获得发展的不竭精神动力，这是因为，根据马斯洛的需求层次理论，员工在需求上已经摆脱了片面的物质追求，而是达到了自我实现的精神需求层面，这将是人的需求的最高层次。

（四）凝聚认同功能

企业也是一个社会组织，它是由广大的企业员工组成的，没有员工的参与和响应，企业生产无从谈起，企业的改革更无从下手。因此，企业的生存、发展和改革都离不开员工上下达成共识，形成合力。而只有把企业中每个成员结成统一的整体，才能确保他们达成共识并形成合力，朝着明确的目标共同努力奋斗。

要将企业全体员工凝聚成一股强大的精神力量，必须加强企业共同价值观的建立，只有从价值观层面入手，才能形成企业员工对企业的认同感和归属感，才能将这种认同感和归属感转化为发展企业的持久动力。这就需要借助于企业政工工作，因为它能以自身特有的内容和方法，发挥巨大的凝聚认同功能。政工工作可以深入到文化层面，通过更新改造传统价值观，融汇整合新价值，进而形成企业的精神、经营理念和制度文化。在这一过程中，政工工作还应依托于企业的生产活动和文化建设，既采取家访、谈心等方式，及时解决员工群众的各种思想问题和困难，寓教于帮，做到以员工为本；又应采取各种员工喜闻乐见的方式，如文化竞赛、体育活动等形式，将企业的价值理念、精神追求等灌输给员工，寓教于乐，构建企业共同的价值观念和文化信仰。

总之，企业政工工作在企业中具有不可或缺的地位，它发挥着许多重要的功能。这些功能的发挥程度，制约着企业的生存、改革与发展，因此要重视发挥企业政工工作的巨大作用。当然，这些功能的发挥，从根本上讲，应该立足于关心、爱护和凝聚企业员工，着眼于企业发展的新情况、新矛盾、新形势，适时调整工作的内容、方法和目标，从而真正实现政工工作的意义。

第三节　政工工作的发展与意义

一、政工工作的发展

企业政工工作的发展是一个在中国改革开放进程中引人注目的现象。随着改革开放的深入进行，中国的企业改革也逐渐向现代企业制度迈进，这对企业政工工作产生了深远的影响。

第一，改革开放带来的企业改革深化，现代企业制度的建立，为企业政工工作提供了更好的环境和条件。在传统的计划经济体制下，企业的管理往往较为集中，而企业政工工作通常侧重于思想教育和政治动员，以确保员工的忠诚度和思想统一。但随着市场化的推进，企业开始更多地面临市场竞争和经济效益的考量。因此，企业政工工作必须适应这种新的环境，更注重与企业的经营活动相结合，以更好地满足市场经济的需求。

第二，社会组织形式和生活方式的重大变革也对企业政工工作提出了新的挑战。中国社会发生了巨大的变化，包括城市化进程的推进、信息技术的普及以及社会多元化的发展。这些变化不仅影响了人们的生活方式，还对他们的思想和价值观念产生了深刻影响。在这种多样化的社会环境下，企业政工工作需要更加灵活和多样化，以满足员工不同的需求和背景，促进员工更好地融入企业文化和价值体系。

第三，企业政工工作的发展与中国的市场经济体制的建立和发展密切相关。社会主义市场经济要求企业内部强化治理，建设强大的员工队伍，同时也需要在外部树立积极的企业形象，拓展市场发展机会。企业政工工作在这一过程中发挥着关键作用，它有助于构建更加团结一致的企业文化，增强员工的凝聚力和向心力，从而推动企业按照市场经济规则更加健康地运作和发展。

企业政工工作在中国的改革开放进程中发展至关重要。它必须适应现代企业制度的要求，顺应社会变革的潮流，同时也支持市场经济体制的建立和发展。企业政工工作的成功发展可以为企业提供精神动力和思想保证，促进员工的思想统一，增强企业的凝聚力，有助于企业在竞争激烈的市场中健康运作和持续发展。因此，企业政工工作在新时期的重要性日益凸显，是中国企业治理的重要组成部分。

二、政工工作的意义

（一）企业改革和发展的生命线

企业的政工工作与整体经营治理密切相关，它们相互渗透，共同影响企业治理。政工工作旨在管理企业员工的思想和态度，以确保他们遵守公司政策，维护企业利益。这与整体治理的目标相契合，因为好的治理需要一个合作的、有共同目标的员工队伍。

政工工作不仅仅是对员工进行思想政治工作，还涵盖了人力资源管理、员工激励、员工培训等各个方面。这使政工工作能够直接支持企业的运营和管理，为企业提供有力的支持。

政工工作必须从企业改革和发展的战略高度来考虑。这意味着政工工作需要与企业战略保持一致，以确保员工的思想和行为与企业的长期目标一致。政工工作还应紧密结合企业的改革和发展计划，以提供思想保障和支持。

政工工作应当围绕企业的效益中心展开，确保员工行为和决策能够最大化地促进企业的盈利和可持续发展。政工工作不仅仅是为员工提供教育和培训，还应帮助他们理解企业目标和战略，以便更好地为企业的成功做出贡献。

（二）推动企业改革和发展的动力

就企业改革而言，由于体制转变涉及诸多深层次问题和责、权、利关系的调整，如何协调好各方面利益关系，使企业改革顺利进行，除了相关配套的制度和政策因素外，最根本的就是要发挥政工工作的教育、激励和引导作用，以便形成企业内部团结一致的局面，达到开拓进取、争创一流、爱岗敬业、成本控制、政通人和、事业发展的蓬勃生气和良好的工作氛围。

就企业的发展而言，企业的正常运转，有赖于物质力量与精神力量之间的相互作用和动态转化。这种转化不会自动进行，政工工作恰好在其中发挥着不可或缺的作用。具体表现在，企业必须通过管理来实现生产，而管理不仅是由人来进行，其核心更是对人的管理。

因此，有效的管理必须要能调动人的积极性、充分利用人力资源，而要实现这一目标，政工工作的方式十分重要。它能对企业员工的意识形态进行规范和引导，并且以调动人的积极性、充分利用人力资源为自己的任务，这对于企业的发展至关重要。

（三）培养企业核心竞争力的途径

企业核心竞争力是企业持续创新的能力，即吸纳先进技术能力，提高工艺能力，合理科学组织能力，持续发明专有技术能力，以及适应市场、拓展市场、提高企业知名度的能力。其中创新是核心竞争力的精髓。因此，只有切实加强政工工作，以人力资源开发为目标，不断提高员工整体素质，才能为企业竞争力的提高，真正把企业搞活奠定坚实的思想文化基础。

企业政工工作是开发企业人力资源的突出方式。企业要增强核心竞争力要创新，而创新的基础在于人才，在于企业所拥有的人力资源。人力资源的开发不仅包括对员工的知识技能培训与组织调配，也包括对人的思想、心理和行为进行恰当的引导、控制和协调，人的思想观念、态度品德也是人力资源的要素之一。

因此，企业人力资源的开发与企业政工工作在目标上是一致的，在内容上是兼蓄的，在功能上是互补的，具有密切的关联性和较强的一致性。通过政工工作，激活企业的人力资源，才能为企业提供它所需要的不竭动力与活力。

(四) 塑造企业文化与精神的方法

企业精神是在企业员工正确价值观培育出来的群体意识，是一种强大的精神力量，具有驱动、激励和导向作用。

在经济、科技、文化一体化的新形势下，企业文化观是企业品牌、企业形象的观念形态，又是企业生存发展的重要资源、无形资产和精神动力。企业政工工作不仅是企业文化建设的重要方面，也是企业文化的塑造者。企业文化的实质和核心是企业的核心价值观，是企业文化的核心理念，它决定着企业的经营目标、经营方向，规范员工的行为，也是员工树立正确的世界观、人生观的基础。

企业核心价值观念的形成，离不开政工工作的推动。政工工作的根本目的就是教育人们树立正确的世界观、人生观和价值观。每个人总是根据自己的世界观、人生观和价值观观察和处理问题，不管他们自觉与否，世界观、人生观和价值观都在决定和影响着他们的生活与活动。

具体到企业，企业的员工只有树立辩证唯物主义和历史唯物主义的世界观，才能树立全心全意为企业服务的人生观；只有树立这样的世界观、人生观，才能处理好个人同企业、社会、国家的关系，树立起集体利益高于个人利益的正确价值观。"在培育员工正确世界观、价值观的过程中，加强员工思想理念的建设和培养，有助于促进员工的全面发展以及企业的全面发展。"[1]

在改革开放和发展社会主义市场经济的新形势下，加强世界观、人生观、价值观的教育有着更为重要的意义。通过宣传教育，提高认识，化解矛盾，增强认同感，促进企业文化发展和核心价值观念的形成，既是企业政工工作的重要职能，也是企业政工工作地位和作用的重要体现。

第四节　政工工作的方针与原则

企业政工工作是企业管理顺利进行的有机组成部分，为企业生产经营活动提供精神动力和思想保证。做好新时期企业政工工作，以增强企业的凝聚力和向心力，促进企业健康运作和发展显得更为重要。企业政工工作是一项科学性与政治性很强的工作，必须明确方

---

[1]　芦海英. 新时期企业政工工作面临的挑战及解决方案 [J]. 采写编, 2021 (07): 96-97.

向，把握方向，了解政策，贯彻原则才能促进这项工作的顺利进行。

一、政工工作方针与原则的重要性

企业政工工作的方针与原则的重要性，是由政工工作的特殊性和复杂性决定的。企业的政工工作，作为一项政策性很强的工作，需要有大政方针和工作方针作指导。

（一）政工工作要有方针与原则作指导

从大的方面来看，加强政工工作是发挥党的政治优势的重要环节，是促进中国特色社会主义现代化建设的精神保证。政工工作是发挥党的先进性，贯彻社会主义核心价值观的重要保证。加强企业政工工作，能够把握社会主义市场经济发展的大方向。

在社会主义市场经济发展的过程中，既要大胆吸收借鉴资本主义市场经济的有益成分，又要牢牢把握社会主义的大方向，保持自身的性质，坚定不移地走中国特色社会主义道路，做到既要运用市场机制优胜劣汰，提高效率，又要坚持以公有制为主体，多种所有制共同发展的经济制度。通过政工工作帮助人们解放思想，转变观念，增强社会主义市场经济的新意识，树立市场观念、竞争观念与效率观念，为建立社会主义市场经济提供必要的思想前提。

社会主义市场经济是实现现代化的必由之路，需要在发展社会主义市场经济的过程中，通过政工工作引导人们自觉抵制腐朽思想的侵蚀，树立正确的人生观、世界观与价值观，促进社会主义市场经济的健康发展。

从小的方面来看，加强企业政工工作是企业发展生产力，进行社会主义现代化建设的保证。企业是国民经济的重要组成部分，它的基本任务是发展生产力，生产出数量和质量上都占优势的产品，满足人民群众日益增长的物质文化需要。在企业生产力的构成中，员工是最重要最核心的因素，充分发挥员工的积极性是企业生产力得以健康稳定发展的必要条件。

（二）政工工作方针与原则的要求

任何有既定目的的工作都不能没有目标和方向的指引，政工工作更是这样。要做好企业的政工工作，必须明确以下要求。

1. 与时俱进

一切工作都要与时俱进，政工工作也不例外，也要与时俱进。企业政工工作是党对企业员工的工作，是党在企业员工中所开展的宣传、教育、引导、激励等思想性工作。政工工作是做人的工作，而人的思想观念是随着时代、社会的变化而变化的。企业政工工作者要保持自己对时代发展深刻的感知力和接受新事物、获取新知识的能力，使自己的思想跟得上飞速发展的趋势，跟得上员工思维、观念和行为方式的变化。这样才能依据新的社会环境和工作环境确立新的工作方针，努力增强政工工作的时代感，体现时代性。只有这样，政工工作才能有针对性和有效性。

2. 贯彻人本性

企业政工工作是一项讲求方法与策略的工作。企业政工工作人员在开展工作时要树立"以人为本"的观念，将自己对员工的深切感情带到工作中去，坚持用科学的先进的理念塑造自己，以科学的先进的理念去感化员工。企业政工工作人员必须明确企业政工工作过程中的方针与原则，因为方针从宏观层面上确保企业政工工作的大的方向与最基本的工作方法，能够确保企业政工工作在大的框架下进行；而原则又是很明确很具体地规范着企业政工工作的具体行为，使企业的政工工作能够有目的有计划地顺利进行。

企业政工工作的成功与否关系着党对企业的领导能否牢固的问题，关系着在新形势下中国特色社会主义事业能否顺利进行的问题。企业政工工作是一项重大的工作，只有企业的政工工作人员在思想上全力以赴，在行动上讲求方法却又不失原则，才会收到积极有效的效果。

3. 把握规律，创新运用规律

政工工作要体现长久的生命力，就必须研究新情况，解决新问题，探索新规律，把握规律并创造性地运用规律。不仅要研究和把握政工工作的一般规律，而且要研究把握新形势下企业政工工作的特殊规律，增强政工工作的预见性和主动性。当企业面临困难时期时，企业政工工作重点要放在对干部员工进行艰苦奋斗、共渡难关的教育上，鼓励大家树立信心。当企业遇到突击性任务时，政工工作要把握时机，最大限度调动人的积极性，进行吃苦耐劳和团结协作精神的教育和鼓励，以保证生产和其他任务完成。当企业进行较大改革决策时，政工工作要围绕企业发展，对干部员工进行面向未来，大展宏图的教育，引导大家着眼长远，真抓实干，为实现企业新的飞跃而共同努力。

4. 富于创造性，树立竞争和效益观念

新形势下企业的政工工作要富于创造性。企业政工工作无论从环境、内容、任务到渠道、方式、方法都不是一成不变的。政工工作同样要树立市场观念，转变传统政工工作的高高在上，一味教育的观念，借鉴沟通互动的新观念，以有效满足广大员工群众思想及实际需求为宗旨，把政工工作目标与广大员工群众具体需求有机结合起来。政工工作还要树立竞争和效益观念。最大限度地激发政工工作主体的活力，调动政工工作者研究新问题、解决新问题的积极性，促进政工工作自觉优化自身机制和管理，优胜劣汰，最终实现企业政工工作的创新与发展。

二、政工工作的方针

（一）实现党的总任务总目标方针

实现党的总任务总目标，这是企业政工工作的总方针，也是企业政工工作的指导思想。我国是社会主义制度的国家，一切权力属于人民，人民是国家的主人。中国共产党是中国特色社会主义事业建设的领导者，经济工作必须实现发展为了人民，发展依靠人民。企业管理工作也应该根据党的大政方针来进行。在社会主义市场经济条件下，各种类型的企业是国民经济的重要组成部分，是社会主义经济制度的基础，是党执政地位的基本经济依据，是国家调控经济并且保证社会和谐稳定发展的基本力量和全面建成小康社会的重要保证。对企业的员工进行政工工作就是坚持党对企业的政治领导，以此将员工的思想统一到党的大政方针上来，这样可以保证正确的政治方向，保证党的路线、方针、政策的贯彻执行。

企业应深入贯彻落实科学发展观，紧紧围绕党和国家的工作大局，紧紧围绕建设社会主义核心价值体系，紧密结合企业生产经营、改革发展中心任务，坚持解放思想、实事求是、与时俱进、开拓创新，坚持党的全心全意依靠工人阶级根本方针，坚持以人为本、尊重人理解人关心人，坚持把解决思想问题与解决实际问题结合起来，贴近实际、贴近生活、贴近群众，创新内容形式、创新方法手段、创新体制机制，努力提高企业政工工作科学化水平，为推动企业科学发展、促进社会和谐稳定作出新贡献。

（二）疏导沟通方针

疏导沟通是具体的工作方针，疏导沟通意味着在进行具体的工作时，要以理服人而不是强制性地使人接受。企业的管理者要采取民主的方法，因为只有采取民主的方法去做政工工作，员工才能针对不同的问题畅所欲言，说出自己的内心真实想法，表达出自己的深层思想。管理者才能根据反馈的信息去进行有针对性的工作，使企业员工愿意接受，乐意接受，而不是在枯燥乏味的教育过程中产生逆反心理，才能使政工工作收到良好的效果。

1. 采用疏导方针的原因

采用疏导的方针，是由以下两方面的原因确定的。

(1) 在社会主义条件下，大力发展社会生产力，不断改善人民的物质文化生活，是实现社会主义本质的体现。在这一背景下，许多企业内部的利益关系与利益矛盾是人民内部矛盾的体现。企业政工工作人员在面对这些矛盾时，一方面要通过法律法规对这些矛盾进行规范与协调，另一方面要采用疏导的方针，要善于与员工沟通，要改变工作作风，通过循循善诱，批评与自我批评的方法，有效地解决问题，从而充分调动干部群众的积极性，反之即采用强制的方法解决矛盾只会使矛盾更加激化。

(2) 采用疏导的工作方针是根据人们民主意识与自主意识的增强而决定的。随着社会的发展，广大群众民主意识普遍增强，遇事善于独立思考，不盲从不轻信，人们喜欢接受与人为善，温和轻松的帮助教育，排斥简单粗暴的工作作风。因此，企业政工工作人员要坚持疏导的方针，耐心说服，因势利导，促进工作的有效开展。

2. 坚持疏导方针的策略

(1) 调查研究，积极主动地掌握员工的思想动态。凡事预则立，不预则废。企业政工工作人员要多方面多渠道了解企业员工的思想状况，根据各种情况认真考察，从现象入手，研究不同的思想状况，探讨对策来确定疏导方针的开展。

(2) 以诚相待，善于运用交流技巧而达到目的。一些企业政工工作人员采取粗暴强制的手段对待企业员工，致使干群矛盾激化，不仅不能解决问题，还会导致人民群众对党产生不信任。因此必须增强平等待人的观念，不能有等级意识，而是要做员工的知心人，与员工建立信任关系。工作人员与员工相处时，既讲原则又要有灵活性，既要有诚意地交流，用语言来感化群众，又要广开言路，发扬民主，树立正确的群众观念。对群众的不同意见，合理的建议要认真采纳，偏激一点的要正确引导。坚持疏导的方针，意味着不仅以情而疏，而且要以理而导，通过先进性教育促进员工理论素养的提高。

三、政工工作的具体原则

在建立现代企业制度的新形势下，如何做好企业政工工作，对于正确发挥政工工作在生产经营活动中的舆论导向、鼓舞士气、精神激励、团结稳定具有积极的作用。而做好企业的政工工作，必须要遵循一定的原则，使各项工作有章法地进行。

（一）效率为先，服务大局

对于企业的管理层来说，要根据企业改制、改革的大形势，政工工作的机构设置也要适应市场经济需要，本着"精干、高效"的原则，引导专职人员进行卓有成效的工作。要在如何使政工机构管理功能多样化和政工干部队伍的整体素质高效化这两方面下功夫，形成简练高效的新模式，这是深化企业改革，倡导高效工作机制的大势所趋。具体来说，就是要建立一支以专职政工干部为骨干、专兼结合、专群结合的政工工作队伍，形成党政工团共同管理共同负责的政工工作新格局。在各级干部中实行一岗双责、行政政工干部轮岗交流，培养复合型干部制度，把管人、管事、管思想工作结合起来，使政工工作与生产经营管理相互交融，相互支持、覆盖全员、全过程、全方位，取得事半功倍的成效。

在具体的工作过程中，政工人员也应该把"效率为先"的原则运用到企业的政工工作中。企业是通过生产经营而获取利润的部门，企业的天然存在是通过生产经营给社会创造财富。这种特点就要求企业的政工工作的具体安排应该顺应企业的生产性要求，不能将生产经营与政工工作对立起来，而是根据效率为先的原则，将企业的政工工作统一到企业的生产过程中。并且企业的政工工作也应该重视企业员工的特殊性，实事求是地安排教育内容与教育方法。因为对于将主要精力与时间花费在企业的生产实践中的企业员工来说，时间就是效率，不能采取学校的模式进行政工工作，而是通过日常生活和平时的生产组织活动开展政工工作。

（二）正面引导，尊重员工

政工工作在革命、建设和改革中占有很重要地位并且发挥着极为重要的作用。政工工作必须坚持正面引导和教育为主的原则，以科学的理论武装人，以正确的舆论引导人，以高尚的精神塑造人，以优秀的作品鼓舞人。当前，社会主义市场经济要求企业必须在内部深化改革以适应市场变化的需要。要针对市场经济的多变性，产品竞争的严峻性，不断地加强管理，严格纪律。政工工作必须根据形势的需要，在员工中进行形势任务教育、艰苦奋斗教育，引导广大员工以企业大局利益为重，积极投身到企业的生产经营工作中。树立爱岗敬业、拼搏奉献的先进典型，弘扬正气，把员工的思想统一到为企业的稳定和发展多作贡献的正道上。

企业政工工作人员要尊重企业员工，必须真诚相待，实心实意。在做具体的政工工作时，要设身处地，将心比心，以心换心，换位思考，就会收到良好的效果。政工人员切不可以领导自居，在工作中不讲究方法策略，自负强势，而要在尊重员工的基础上，在平等和谐的气氛中真心实意地交谈思想，以达到增进共识的目的。同时要做到虚心听取对方的建议和批评，即使对不正确的意见也要耐心地听下去，不可操之过急，简单化处理，那样不仅会伤害员工的感情，而且工作也达不到理想的境地。必须真诚相待，实心实意，企业领导干部和政工人员在做企业员工政工工作时，只有真诚地对待员工，才会调动他们的工作积极性和创造性，增强员工的归属感与认同感。通过有情感的互动才能促进工作的顺利进行。

（三）民主商议，公开透明

企业政工工作者要及时宣传党和政府的政策主张和企业的重大问题和重要决策，公开透明，让员工了解。要通过平等坦诚，实事求是的协商对话与民主讨论，双向沟通的模式，解决员工思想中的各种问题，协调各方的利益关系。

只有采取民主的原则去实施企业政工工作，才能从本质上收到良好的效果。员工才能针对不同的问题畅所欲言，说出自己的内心真实想法，表达出自己的深层思想。教育者才能根据反馈的信息去进行有针对性的工作。使企业员工愿意接受，乐意接受，而不是在枯燥乏味的过程中产生逆反心理。

（四）以理服人，以情动人

做好企业员工的政工工作，实际上就是双方之间的心灵沟通，是一种对员工建立在深厚感情基础上的信任、互爱、理解和帮助。这就要求政工工作者对人要开诚布公，开门见山，不保留自己的观点，尽最大努力消除对方的心理戒备和虚情感觉，营造一个让员工心情愉快，畅所欲言，无拘无束的环境，使双方互相之间能够有感情的沟通，使员工自愿倾吐思想深处的东西，从而根据其思想情绪，有针对性地进行双向交流。

首先，以理服人。以理服人，就是摆事实，讲道。客观实际是做好企业政工工作的关键，必须通过调查研究，既要摸准弄清整体的事实真相，又要了解不同人的具体思想问题。摆事实既不能言之无物，也不能言过其实，要有充分依据，要让员工真正信服。讲道理要有针对性，要根据人们的思想水平、觉悟程度、接受能力的不同，逐步地进行诱导；要针对具体人的具体思想，有的放矢地摆事实，讲道理，对具体问题具体分析，是什么问题解决什么问题，要有针对性。要有艺术性、科学性地讲道理，道理必须正确透彻，要把道理与群众的思想实际结合起来。

其次，以情动人。政工工作不仅要摆事实，讲道理，以理服人，更重要的是要真正打动人心，将情理结合，以情动人。在说服教育过程中，绝不可忽视人们的感情因素。感情是政工工作力量的一个重要因素，企业政工工作者只有对同志、对员工有了深厚的感情，进行感情投资，才能正确地从思想上真正对待员工，才能从本质和主流上发现员工身上的巨大的积极性，并采取正确的方法把这种积极性真正调动起来。有了这样的感情，才能有更大的耐心和韧劲，不怕困难，不怕反复，坚持不懈地把政工工作做深做细做好，真正发挥其有效作用。

（五）物质与精神激励相结合

企业政工工作，就是如何最充分地调动广大员工积极性的工作。而要调动员工的积极性，就必须把物质鼓励与精神鼓励结合起来。

所谓物质鼓励，就是指在按劳分配的基础上，对于优秀的员工根据其贡献的大小给予其包括奖金与奖品在内的实物奖励。物质鼓励是物质利益原则在政工工作和生产经营管理工作中的具体应用。

所谓精神鼓励，就是运用表扬先进、予以荣誉等办法来激发员工的工作热情，鼓舞员工上进，调动员工积极性，使员工为企业发展和个人目标而奋斗。

物质鼓励和精神鼓励是相辅相成，互为补充，缺一不可的。它们之间既不能相互对立，又不能互相代替。政工工作如果脱离了物质鼓励的原则，就不能收到应有的效果；但物质鼓励脱离了精神鼓励，就会使员工片面的追求物质而忽视精神。通过政工工作而形成的积极性是最可宝贵的积极性，也是最可靠的积极性。员工的积极性不能单纯依靠奖金来提高，单靠奖金调动起来的积极性，是不稳固、不持久的。必须把精神鼓励与物质鼓励结合起来，才能真正调动员工献身企业的积极性。

（六）耐心教育与严格纪律相一致

在企业政工工作中，要坚持耐心的思想政治教育。所谓耐心，就是不言放弃，坚持不懈，要不怕曲折，反复工作。政工工作是说服人的工作，需要有耐心。企业政工工作人员要树立高度的责任心，坚持用科学发展观教育引导广大员工，提高员工的思想政治觉悟，使员工坚定不移地跟党走，忠心耿耿为企业服务。

企业员工中会出现疑虑和思想认识问题，员工互相之间在交往中，也会产生一些矛盾。企业政工工作人员的责任，就是要及时耐心消除员工的疑虑，提高员工的认识，解开员工的思想疙瘩，促进员工的团结，使员工同心同德为企业发展服务。对于犯了各种错误的员工，要坚持耐心说服教育，帮助他们改正。但是说服教育并不是万能的，如果犯下了损害企业和员工利益的严重错误，那就要实行严格的纪律处分。实行纪律处分，也是一种教育形式，是说服教育的辅助手段。正确的纪律处分，对于走错误道路的人来说，能起到悬崖勒马的作用，而对于其他员工来说，也等于敲了一次警钟。恰当的严格的纪律处分，往往效果很好。

第二章　政工工作与企业管理研究

第一节　政工工作与企业文化建设

一、企业文化的认知

企业文化是企业在发展奋斗过程中形成，并对企业进一步发展起着激励作用的物质文明与精神文明的集合体。其中，企业精神是企业内在的灵魂，企业宗旨是企业发展的依据，企业作风是企业特质的沉淀，企业故事是企业人足迹的记录，企业责任是企业风范的表征，企业道德是企业人行为的规范。而企业文化以上核心内容的形成、积累和发展都离不开政工工作的倡导、谋划、支撑、实施和推进。

企业文化是企业的衍生物，企业在创造物质财富和精神财富的时候也就衍生出文化，这种文化是企业在生产物质和精神产品的同时必然催生出来的。企业积淀文化，文化推进企业，企业与文化共存亡，文化伴企业同兴衰。当一个企业最兴盛的时候，也是这个企业文化最发达的时候，具体表现在：企业的各项规章制度日益健全，企业精神得到提炼，企业的文化活动方兴未艾，企业的产品包装层次提高，企业内部文化气氛渐浓等现象。

企业文化是企业的独特创造，大到企业建筑的设计风格和装饰，小到产品包装和产品造型，从企业整体风格到员工价值取向无一不折射出企业特有的文化品格。企业文化由环境文化、经营广告文化、娱乐文化、制度文化、精神文化等层次构成，每个层次的企业文化建设都渗透着企业人的创造，每个层次的企业文化都表达出企业的追求和创新，因而使企业文化成为一种独特的竞争优势，成为企业宝贵的无形资产。

（一）企业文化的内容

1. 物质文化

物质文化即企业成员所创造的由产品和物质设施等构成的器物文化，以物质形态为主要研究对象。包括企业标志、企业环境、企业建筑、企业生产工艺与技术、生产设备和生产的产品以及广告、媒体和企业文化活动及其成品等。物质文化是企业的"硬文化"。从一个企业的产品标识、工艺技术、机器设备能够看出一个企业目前的经营状况。从干净整洁的厂容厂貌、整齐堆放的产品，热情周到的服务能够看出企业严格的制度管理和企业成员的精神面貌。

2. 制度文化

制度文化是为了规范和约束企业成员行为而制定的，必须遵守和执行的共同行为准则，是精神文化的载体，主要包括企业的领导组织体制、机制，企业从生产到销售各个环节和各个部门的规章制度、条例等管理制度以及一些企业仪式、企业活动、企业风俗、企业节庆等。在市场经济条件下"制度高于一切"已经成为现代企业管理的金科玉律。制度文化为企业实现目标提供了制度保障。

3. 精神文化

精神文化是企业文化的观念层面，也是企业文化的主体与核心，是形成物质文化与制度文化的基础所在，有无精神文化是衡量一个企业是否形成了企业文化的基本标志。精神文化是企业及企业成员的精神财富，帮助企业成员树立正确的世界观、价值观、人生观，从精神层面规范企业成员的思想与行为。企业的精神文化主要包括企业精神、企业目标和核心价值观以及企业风气、企业道德、企业宗旨等，它是企业的"软文化"。

(二) 企业文化的特点

第一，人本性与整体性的统一。企业文化最本质的内容就是以人为本，以企业整体为前提，强调在企业管理过程中要尊重成员、关心成员和信任成员，强调激发成员的使命感、自豪感和责任感。因此，企业文化集中反映企业的整体利益和整体精神，追求企业的整体优势和整体意志的实现，是企业成员所普遍接受的一种整体感觉和共同的价值观念，强调成员一致的集体主义情绪和团结协调的行为方式。

第二，继承性和创新性的统一。企业文化是企业在长期的生产与经营管理实践中逐步积累起来的一系列群体意识的总称，这种群体意识相对于不断变化的企业内部、外部环境来说具有继承性。企业文化形成后，其基本内核更加稳固，企业文化既会在不断变化的环境中继承优秀的传统企业文化，同时又会按照企业的内在要求，依据不同时代的特征在继承中创新企业文化。

第三，相融性和独立性的统一。企业文化的相融性体现在与企业内外部环境的协调和适应性方面。企业文化反映了时代精神，它必然要与企业所处的经济环境、政治环境、文化环境以及社区环境等外部环境相融合，同时也必然要与企业内部环境相融合，以确保企业文化的生命力。此外，企业根据生产经营管理特色、企业目标、企业传统、企业成员素质以及内部、外部环境的不同，形成具有鲜明的个性和特色的企业文化，具有相对独立性。

二、政工工作与企业文化的共同点

（一）人本思想相同

企业文化和企业政工工作的工作对象都是人，都是以尊重人、理解人、关心人、激励人为共同的出发点，重视培养人的集体意识和提高人的思想道德素质，都把调动员工积极性和主动性作为自己的重要任务。总之，企业文化和思想政治工作在培养人的良好品质、塑造人的美好灵魂方面是完全一致的。也就是说，他们遵循的人本思想是一致的。

企业文化建设的兴起本身就是人本思想的产物，把人看作企业的主体，反对"见物不见人"的管理思想。要将培育进步的企业文化和发挥人的主体作用作为企业管理的主导环节。所以任何一个有格局的企业，都不是完全受制于商业化的束缚，一味强调"经济效益至上"而忽视了"人的需求"。一个企业要长久发展，一定要把精力投向人，大力加强"人"的建设。通过体系化的企业文化活动，引导全体员工主动参与构建企业核心价值观的建设过程，达到员工对企业核心价值观的认同，从而发挥和调动每个员工的主观能动性，为企业的后续发展增添活力。

政工工作的目的是通过教育引导员工群众，使其树立正确的世界观、人生观、价值观，通过遵纪守法和职业道德教育以及爱国主义、集体主义、社会主义教育来贯彻党的基本路线，目的是培育社会主义新人，全面提高思想政治素质。

（二）基本功能相近

第一，凝聚功能。政工工作是用崇高的理想信念去统一员工的思想，凝聚员工群众的力量，努力去实现企业的奋斗目标。而企业文化是通过构建大家所认可的企业核心价值和企业精神来达到凝聚人心的作用。

第二，协调功能。在企业中，广大员工的根本利益是一致的，可以形成良好的人际关系。但人与人之间存在许多差异，矛盾是不可避免的。政工工作是采用民主的、说服的以及批评与自我批评的方法进行经常性的协调。同样，企业文化也能够通过情感沟通、统一目标、道德修养等文化手段，协调企业内部关系。

第三，激励功能。在一定意义上，企业政工工作与企业文化的主要功能是调动人的积极性。思想政治工作以发扬优良传统的精神鼓励为主要形式；企业文化是通过奋发向上的企业精神的引导和良好的文化氛围的熏陶来激励员工勇于奉献，不断进取。

第四，约束功能。思想政治工作通过对人的长期教育和熏陶，可以创造良好的企业风尚，这种风尚反过来可以对人起到重要的制约作用。企业文化的共有价值观念，一旦发展到落地生根的程度，就会产生强制性的规范作用，从而促使员工的思想和行为与企业目标、企业价值观尽快趋于一致。

（三）工作手段相似

第一，教育灌输。围绕确定的目标，采取不间断的反复教育，以达到企业员工统一认识，提高素质的目的。这是政工工作和企业文化建设所采取的手段。

第二，情感渗透。政工工作理论认为情感是人对客观事物是否符合需求的态度的体验。政工工作动之以情，就是激励员工勇于进取。在企业文化中，情感管理是人本管理的一种方式，即通过情感的双向交流和沟通实现有效的管理。其核心是激发员工的积极性，消除员工的消极情绪。

第三，典型示范。政工工作采用榜样示范方法，让广大员工学有榜样，赶有目标，为员工指引前进方向。企业文化同样坚持示范原则，坚持榜样的示范作用，通过对他们的先进事迹和先进思想的宣传、倡导，使之产生巨大的示范效应。

第四，民主参与。政工工作从政治上阐明员工群众是企业的主人，必须全心全意依靠工人阶级办企业。而企业文化的实践证明，企业文化建设的力量就在于员工的参与，因此二者都要敞开民主渠道，创造多种条件让广大员工积极参与企业管理决策，参与解决企业的各种问题。

三、政工工作推进企业文化建设的路径

（一）注重政工工作对企业文化建设的引领

第一，以社会主义核心价值观引领企业文化建设。社会主义核心价值观，是企业政工工作的价值导向与核心内容，以政工工作引领企业文化建设，就是要以社会主义核心价值观作为企业文化建设的指导思想与道德基础，以社会主义核心价值观为企业文化建设提供价值遵循和精神动力。以社会主义核心价值观引领企业文化建设，意味着以社会主义核心

价值引导企业文化建设的宗旨目标，统领企业文化建设的实践活动过程与环节，主导企业核心价值观的形成，保障企业文化建设的发展方向。

第二，确立企业文化建设的人本主题。坚持以人为本是贯彻落实科学发展观的核心，是党的一切工作的基本宗旨。以人为本是企业政工工作的最根本原则，也是企业文化建设的核心和灵魂。"企业适时开展政工工作，是企业向正确方向发展的保证，同时也是党和国家政策方针能够落实进入企业的重要方式。"① 企业政工工作导向下的企业文化建设，就是要坚持、贯彻、实现以人为本的核心宗旨，将以人为本作为思想政治视角下的企业文化建设的主题。

第三，推进企业文化建设的主体自觉。企业文化建设，是企业文化建设主体的实践活动，而企业中的政工工作与企业文化建设的内在关联性，决定了企业政工工作与企业文化建设主体的同一性。因此，企业文化建设要在政工工作的引领下实现主体的自觉性。

第四，助推企业文化的功能价值实现。政工工作视角下的企业文化建设是现代企业管理的重要手段，是推动企业发展的驱动力，是提高企业凝聚力的关键因素。企业政工工作作为企业软管理方式，通过企业文化建设的路径，为企业创建和谐的发展环境，助推企业持续稳定发展。在政工工作的引领下切实实现文化建设的功能价值，具体措施如下。

（二）发挥政工工作功能推进企业文化建设

"企业政工工作在企业文化建设中的引导和督促作用可以更好地促进企业建设，进而影响中国整体经济发展。"②

第一，发挥政工工作的凝聚功能，推进"物质文化"建设。政工工作的凝聚功能，是指在企业的政工工作中，依靠马克思主义理论教育和爱国主义、集体主义思想教育、社会主义核心价值观教育，以及民族精神教育、爱国主义教育、职业道德教育等思想政治理论教育，以企业文化建设形成的企业共同价值观念，紧密连接起企业目标与企业成员的利益诉求，形成对于企业、企业发展方向目标的高度认同，并打破人与人之间的精神壁垒和思想界限，将分散的个体凝聚成一股力量，形成一个"利益共同体"，为企业的近期及长远目标而共同奋斗。

物质文化是由企业成员创造的产品和物质设施等构成的器物文化，以物质形态为主要表现，主要包括企业标志、企业环境、企业建筑、企业产品、企业品牌、企业形象等外在

---

① 钟毅. 巧抓企业文化建设，推进政工工作开展 [J]. 中小企业管理与科技（下旬刊），2020（04）：138-139.

② 邓海刚. 浅析企业政工工作在企业文化建设中的引导和督促作用 [J]. 中外企业文化，2023（02）：133.

的物质现象。

第二，发挥政工工作的导向功能，推进"行为文化"建设。政工工作的导向功能是指通过政工工作活动，对人们的思想意识、价值取向、行为方式进行引导，使之能够保障思想的先进性以及价值观的正确性，并由思想道德观念的引导外化为人的行为的导向，具有指向鲜明，内容和方式多样化等特点。其导向方式包括目标导向、政策导向、舆论导向和自主导向等四种方式。企业政工工作通过企业文化的建设实践，能够实现社会主义核心价值观、企业发展愿景、企业道德规范对于企业成员思想的凝聚、行为动机的引导，并在内化的基础上外化为企业成员在企业生产经营和企业文化建设中的行为导向，这就是企业政工工作对于企业行为文化的导向功能的实现。

企业的行为文化主要包括企业处理与社会、政府、顾客、企业、成员等各方面关系所遵循的规则。这些规则通过具体的企业和企业成员的行为表现出来，具有可识别的特性，是企业精神和企业价值观的具体体现。虽然行为文化的主体是企业，但实际上企业的行为文化是通过具体的企业成员表现出来的。企业政工工作可以此为切入点，运用多种方式和手段，充分发挥其导向功能，推进企业的"行为文化"建设。

第三，发挥政工工作的约束功能，推进"制度文化"建设。政工工作的约束功能是指利用政工工作蕴含的精神、理念、传统等无形的因素，以宣传、教育、引导的方式形成一种群体道德和行为准则，对人的思想、心理和行为等进行规范和约束。企业政工工作通过企业文化的建设实践，将社会主义核心价值观导向下的思想观念、道德信仰、价值取向的教育和规范，通过企业的各项管理制度、纪律规范、行为准则体现、实现出来，以此形成对于企业成员思想的引导、行为动机的调控，以及形成对于企业成员生产经营和企业文化活动中的行为规范与约束，这就是企业政工工作对于企业制度文化的约束功能的实现。

制度文化是企业从制造产品和提供服务的实践、从企业行为文化中提炼出来的相对固化的规则总和，是企业的规章、规则、条例、准则、纪律等的体系化、制度化，具有公认、权威和稳定等特点，对企业物质文化和行为文化起到了评判和制约的作用。制度文化是企业文化软管理中的硬约束、软实力，对企业成员的思想和行为具有强有力的约束和规范作用。政工工作作为软实力的企业管理方式，应充分发挥其约束功能，推进"制度文化"建设。

第四，发挥政工工作的激励功能，推进"精神文化"建设。政工工作的激励功能，就是利用政工工作的内容和教育活动的实施，发挥政工工作的凝聚功能、导向功能，通过企业文化建设的路径和载体，凝结、确立企业的共同价值观念、发展目标、道德准则，并将其与企业成员个体的价值诉求、道德意识、发展愿景相结合，激发企业成员的思想动机，调动其内在积极性，激励企业成员在生产经营和企业文化工作中的积极性、能动性、创造性，从而推进企业精神文化建设。

精神文化是企业在长期生产经营过程形成的一种精神成果和文化观念，是企业文化的观念层面，也是企业文化建设的主体与核心，是形成物质文化与制度文化的基础，是企业及企业员工的精神财富，包括企业的发展目标、价值观、经营理念、企业道德、企业宗旨等。推进"精神文化"的建设，必然要充分发挥企业政工工作的激励功能。

第二节　政工工作与企业经营战略

企业经营战略是企业内部各部门和所属单位在企业总体战略指导下，经营管理某一个特定的经营单位的战略计划。它的重点是要改进一个经营单位在它所从事的行业中，或某一特定的细分市场中所提供的产品和服务的竞争地位。企业经营战略是企业面对市场竞争变化的态势为谋求长远发展，对未来发展走向所做的超前期谋划和预测性思考。一个企业的成功很大程度上取决于其战略分析和定位优势。企业加强政工工作必须与企业经营战略紧密结合，为实现经营战略目标提供政治和思想保障。这样才能拓展政工工作的空间，凸显其地位和作用。

一、企业经营战略的认知

（一）企业经营战略的任务

企业经营战略的任务主要表现为一系列活动，主要包括：①确定企业的经营方向，明确企业的经营范围及办企业的指导思想等；②鉴别和开发企业的内部实力，了解企业内部各项条件的长处和弱点，企业的素质及改善素质的潜力；③搞清外部环境，包括搞清直接环境和一般环境两个方面；④把外部环境和内部实力结合起来进行企业发展机会的分析，并提出多种可能的方案；⑤根据企业的经营方向，在多种方案中淘汰不符合要求的方案；⑥在符合要求的方案中，从战略高度选取一组特定的长期经营目标和经营战略；⑦根据长期经营目标和经营战略，提出近期的经营目标和经营策略；⑧做出资源分配的预算，以此为基础，对工作项目、人员、技术、组织机构及薪酬制度等进行协调，制订近期的经营计划，并付诸实施。⑨审核整个战略管理过程的成效。

企业经营战略本质上就是要争取企业经营全局的主动性，使企业能经受住各种艰难险阻的考验，在激烈的竞争中战胜对手，实现企业与外部环境变化的动态平衡，持续保持企业旺盛的生命力，这是制定企业经营战略的根本目的所在。

（二）企业经营战略的内容

第一，战略思想。战略思想即指导经营战略制定和实施的基本思想，是企业领导者和员工群众在生产经营中发生的各种重大关系和重大问题的认识和态度的总和，对企业经营者和员工群众在生产经营活动中，起着统率作用、灵魂作用和导向作用。

第二，战略目标。所谓战略目标，是指企业以战略思想为指导，根据主客观条件的分析，在战略期内要达到的总水平，是经营战略的实质性内容，是构成战略的核心，正确的战略目标是评价和选择经营战略方案的基本依据。

第三，战略重点。所谓战略重点，是指那些对于实现战略目标具有关键性作用而又具有发展优势或自身需要加强的方面，是企业资金、劳动和技术投入的重点，是决策人员实行战略指导的重点。

第四，战略方针。战略方针是指企业为贯彻战略思想和思想战略目标、战略重点，所确定的生产经营活动应遵循的基本原则、指导规范和行动方略，起着指导作用、指针作用和准则作用，包括综合性方针和单项性方针；目的性方针和手段性方针。

第五，战略阶段。战略阶段是根据战略目标的要求，在规定的战略期内，所划分的若干阶段。

第六，战略对策。战略对策又称经营策略，是指为实行战略目标而采取的重要措施和重要手段，具有阶段性、方针性、具体性、多重性的特点。

（三）企业经营战略的分类

企业经营战略按照不同的标准可以分为不同的类别。比如，从战略适用的不同层次分类，可以分为公司战略、事业部门战略、职能部门战略；从企业的战略姿态和直接效果分类，可以分为增长战略、稳健战略、退出战略；从战略的谋划领域分类，可以分为市场销售战略、科技开发战略、自制战略、外购战略、财务战略、海外发展战略、企业组织改革战略；从时代发展的新要求分类，可分为企业筹资战略、企业竞争战略、企业品牌战略、企业技术战略和企业文化战略等。

1. 企业筹资战略

企业筹资是指企业为了满足生产经营对资金的需要，而从企业内部和外部筹集资金的活动。企业的筹资活动是企业资金运动的前提与起点，企业有效的筹资活动，是企业正常生产经营活动的保证。

企业的筹资活动，受到企业内部和外部各种因素的影响，从企业外部筹资条件来看，主要受到筹资成本、筹资风险、资金市场发育程度、宏观经济环境与政治、法律环境条件的影响。从企业内部来看，则主要受企业筹资能力的影响。

2. 企业竞争战略

竞争是企业生存和发展的条件，没有竞争就没有进步。企业竞争地位和战略选择包括以下方面。

(1) 市场领导者战略。大多数行业都存在着一家为大众所熟悉的市场领导者企业，这家企业在相同产品市场上拥有最大的市场占有率，它通常在价格调整、新产品导入、市场覆盖面及促销密度等方面，都领导其他的企业，并成为其他企业挑战、模仿或回避的对象。

(2) 市场挑战者战略。这些挑战者企业大多是在本行业产品的销售额中处于前几名的大公司，它们要向市场主导者和其他竞争者挑战。大多数市场挑战者的战略目标是增加自己的市场占有率，市场挑战者可在三种类型的企业中选择自己的攻击对象和竞争对象：一是领导者；二是那些与自己规模相当，但经营不良且财务状况不佳的公司；三是地方性或区域性的营运与财务状况均不佳的小企业。在选定竞争对手和目标后，就该考虑采用何种进攻策略。常见的进攻策略有：正面进攻策略、侧翼进攻策略、围堵进攻策略、迂回进攻策略以及游击进攻策略等。

(3) 市场跟随者战略。市场跟随战略是指在强手面前，宁愿追随领导者而不去攻击领导者，在跟随能够在实质性产品创新或突破性营销方式改变之前，在低投入、低风险的情况下，获取目标利润的战略。跟随战略有三种情况：①紧密跟随；②有距离跟随；③有选择跟随等。

3. 企业品牌战略

企业品牌战略也称为企业创名牌战略，它同企业其他战略的区别在于它的取向和目标更为明确，那就是创造或创立名牌。品牌战略的内容主要分为名牌开发战略和名牌市场战略。名牌开发战略中，名牌的具体内容是名牌产品。所谓名牌产品，它是指那些能够满足消费者的某种需求，质量超群、技术先进、服务优异、商标驰名，令消费者称心如意的商品。它具有多方面优势的特征，是多种优势的集合。而名牌市场战略主要包括三大内容：名牌产品的命名、名牌产品的扬名以及名牌产品的护名。

4. 企业技术战略

企业技术战略是指企业提高技术水平，不断促进自身技术发展的筹划、设想、规划及实施等活动。企业技术战略是围绕企业总体经营目标，从技术角度为推进企业发展而实施的活动，它包括多方面的战略性选择：在技术投资方面，企业面临新建、改建、扩建还是对原有设施进行更新的选择；在技术内容方面，企业面临采用先进技术还是比较适用但并不很先进的技术的选择；在技术来源方面，企业面临自主开发还是从外部引入技术的选择；在技术领域方面，企业面临在原领域发展还是转向其他新的领域的选择。

5. 企业文化战略

企业文化是企业围绕其生产经营管理而形成的观念的总和。它包括企业的经营理念、经营宗旨、发展战略、奋斗目标；员工品质、职业道德、行为规范；企业作风、礼仪庆典、社会形象、信誉形象等。

企业文化具有导向功能、凝聚功能、激励功能、约束功能和协调功能等战略功能。更确切地讲，由于企业文化是企业发展的内在驱动力，是人才、管理和创新的催化剂，它影响着企业的长期经营业绩并决定企业兴衰的关键因素，由此可以看出，企业文化与企业经营战略紧密相关。因此，企业文化战略也成为企业经营战略中很重要的组成部分。

（四）企业经营战略的制定

企业经营战略选择是企业一项重大的战略决策，这是企业决策者通过对制订的几种战略方案进行比较和优选，从中选择一种较满意战略方案的过程，是企业领导人的专业知识、工作能力、业务水平、实际经验、领导作风和领导艺术的集中体现。

制定企业经营战略的程序为：①确定战略思想。首要的是确定制定经营战略的指导思想。②确定战略方针。确定制定战略的总则，概括建立目标、选择战略和实施战略的框架结构。一般以简洁的文字表述出来。③环境分析。包括企业内部条件审计（或称企业能力分析）和外部环境分析，找出两者的最佳组合。④规定战略目标。战略目标经常是提出一个目标体系。⑤战略目标要求设计战略方案，划分战略阶段、明确战略重点、制定战略对策。⑥将实现战略目标的各方案规范化、具体化，形成方案集。还应包括对不测事变的应变计划方案。⑦对各战略方案（战略规划）进行评价、优选，确定决策方案。⑧对决策方案进一步规划，列出具体步骤、方法和实施时间表。以此作为企业今后开展各项经营活动的基本依据。

（五）企业经营战略的实施

企业经营战略的实施使战略意图成为行动。尽管战略的制定作为一种规划活动和战略的实施作为一项贯彻执行的活动在理论上划分并不困难，但在企业的实践中两者会相互交叉。例如职能策略的制定，既可以看作一种规划活动，也可以看作企业总体的经营战略的实施过程中的一个步骤。因此，广义的战略实施指的是为实施企业总体战略可进行的一切活动，包括企业战略经营单位的战略和职能策略的制定，为实施企业总体战略所采取的重大战略行动，企业组织机构的设计和调整，资源分配的决策（诸如预算和经营计划的编制）、激励和控制系统的建立等。狭义的战略实施则指的只是为实施各个层次战略（策略）所进行的组织、指导、控制、激励、协调等活动。

二、政工工作与企业经营战略的关联

企业经营战略的内容及其实施与控制过程，客观上必然存在两个方面的思想差异：①企业最高领导集体下面的各级各部门负责人和全体员工对企业愿景、企业使命、企业目标和企业环境所持的认识存在差异；②在战略的实施与控制过程中，各种内外因素的时空变化导致人们的思想产生差异。这两种思想差异只有通过政工工作及其带有政工工作性质的一系列激励约束措施才能将人们的思想统一到认同企业愿景、使命、目标和战略的方向上来；统一到促使战略的实施与控制过程沿着既定的企业愿景、企业使命、企业目标和企业环境前进的方向上来。"随着经济的发展和社会的不断进步，企业越来越重视政工工作的发展。与此同时，政工工作在企业中发挥的作用也越来越重要。"[①]

可见，政工工作是企业经营战略的生命线，把政工工作放在企业经营战略的层面上进行研究，以充分发挥企业政工工作将企业战略蓝图转化为现实生产力的作用，具有非常重要的意义。

（一）政工工作与企业经营战略内容

1. 企业愿景与政工工作

企业愿景是企业战略发展的重要组成部分。企业愿景是指根据企业现有阶段经营与管理发展的需要，对企业未来发展方向的一种期望、一种预测、一种定位。并通过市场的效应，及时有效地整合企业内外信息渠道和资源渠道，以此来规划和制定企业未来的发展方向、企业的核心价值、企业的原则、企业的精神、企业的信条等抽象的观念，以及企业的使命、存在意义、经营方针、事业领域、核心竞争力、行为引导、执行力等细微性的工作。

企业最高领导集体对企业愿景的描述正是政工工作所奋斗的、让员工意识中形成的价

---

① 徐宁. 企业经济管理与政工工作共同发展的有效性研究 [J]. 活力，2023，41 (16)：124.

值取向，即企业愿景也是政工工作的价值取向。把构筑企业愿景作为主要目标，是时代赋予政工工作的新使命，是企业发展对政工工作提出的新要求。政工工作为保证企业愿景的最终实现提供有效保障。

政工工作从构建企业愿景出发，应主要做好如下两件事。

（1）培养企业共同的语言。企业共同语言是企业理念内容的高度浓缩和概括，是企业文化精神层的生动再现，最能够反映时代要求和企业的发展要求，它能成为统一思想、协调行动、凝聚人心，鼓舞广大员工是企业发展的有效手段。政工工作要通过网络信息传播、各种媒体的宣传报道、各类群众性的文体活动和思想政治教育的耳濡目染，在员工中培植企业的共同语言，从而实现企业理念的深入人心和企业观念、形象的树立。

（2）开展团队学习。团队具有较强的凝聚力，能够汇集起巨大的创造力量。在开展团队学习的过程中，要充分运用现有的机构和组织形式，将员工较好地吸引到企业的周围；要在企业内部进行良好的沟通，让员工及时全面地了解企业的发展方向、政策制度、管理措施，形成"上下同欲"的理想氛围。

2. 企业使命与政工工作

企业是社会的细胞，可以看作是社会系统中的一个子系统。它在整个社会系统中担负着何种使命，起何种作用，这是企业在其经营战略规划中必须首先确定的问题。所谓企业使命，是指企业在社会进步和社会经济发展中所应担当的角色和责任。企业使命一般包括五方面的内容：①企业的经营范围；②企业的生存、发展和盈利及其相互间的关系；③企业的经营指导思想——经营哲学、宗旨；④企业形象；⑤企业的社会责任。

企业在制定战略之前，必须先确定企业使命。事实上，规定企业使命，不仅为制定企业经营目标和战略提供依据，更便于统一企业员工特别是各级经理人员的认识达到步调一致，而且对企业生产要素的优化组合，包括吸引志同道合的人才，合理调配和使用资源，以及形成企业的行为规范都具有十分重要的意义。

企业最高领导集体将企业愿景转化为可操作的企业使命（即生产经营总方向、总目标、总特征和总的指导思想），就是政工工作作用于员工思想的出发点和归宿。政工工作的根本目的就是调动员工的积极性来保证企业使命的实现。政工工作正是通过对企业员工进行理想教育、党和国家的方针政策教育、使命教育等，形成正确的认识和价值观，克服各种错误思想和错误倾向，树立为实现企业使命、推动社会前进而奋斗的意识。

3. 企业目标与政工工作

企业目标是指企业在特定期限内，考虑其内外环境条件的可能性，在实施其使命中要求达到的程度和要求取得的成效。以企业使命为依据的企业长期经营目标是指导企业制定经营战略以及战略经营单位制定近期经营目标的基础。而各经营单位的近期经营目标又是制定企业各个领域职能策略、编制预算和开展日常经营活动的基础。

企业最高领导集体将可操作的企业使命转化为具体的、可以价值指标衡量的企业目标就是政工工作检验自身效果的指标。企业目标从确定、实施到实现是一个推进过程，政工工作要渗透这一全过程中。首先，政工工作通过对企业决策层的政工工作，影响着他们的思想观念、思维定式、价值取向和工作方法，从而为确定企业目标提供思想先导，起着指导和保证监督作用；其次，政工工作也为实现企业目标提供软实力支撑。政工工作要保证企业目标的实现，就要坚持"以人为本"，努力培养一支高素质的员工队伍。只有高素质的员工队伍才是实现企业目标的根本保证。

（1）为实现企业目标提供思想保证。不断变化发展的市场经济的新形势，给企业政工工作也提出了新的课题。一方面，市场经济的发展，使带有行业特点的不正之风也随之而来。这些不正之风，直接影响企业目标的实现。另一方面，随着改革的不断深化，经济及分配的多元化必然带来思想的多元化。人的需要希望得到满足；人的价值希望得到承认与尊重；人的归属希望得到落实与确定。而政工工作正是通过有针对性地对企业员工进行理想信念教育、职业道德教育、遵纪守法教育和人文关怀，充分体现政工工作的说服力；通过建设体系、规范制度，使不正之风无机可乘，充分体现政工工作的约束力；通过标本兼治，查处违纪，充分体现政工工作的威慑力。

（2）为实现企业目标提供组织保证。政工工作贯穿于企业目标实现的全过程，并在实践中不断完善管理体系，在组织上建立起一支以专职政工干部为骨干，以广大行政业务干部为主力军和党团员、积极分子参加的宏大的政工工作队伍，全方位加强政工工作，为企业目标的实现提供组织保证；在教育在内容上，通过经常开展形势任务教育，党的路线、方针、政策教育，先进典型事迹教育，科学文化知识教育，使员工不断提高思想政治觉悟和业务素质能力。

（3）为实现企业目标提供精神动力。员工是企业的主人，也是实现企业目标的实践者，只有把企业目标变成广大员工的自觉行动，才能保证目标最后实现。政工工作正是通过在员工中开展企业目标教育活动，为企业目标的实现提供精神动力。使员工在思想上达到三个明确：①明确企业在国民经济建设中的地位和作用；②明确企业工作的根本方向；③明确实现企业目标与个人利益的关系。使企业目标落实到企业工作的各个环节，落实到员工工作的各个岗位。

4. 企业环境与政工工作

任何一个企业都存在于环境之中。所谓企业环境，从动力学的观点，是指影响企业经营与成效的外部力量。具体而言，企业环境是指一些相互依存、互相制约、不断变化的各种因素组成的一个系统，是影响企业管理决策和生产经营活动的现实各因素的集合。按照它们对企业的影响力度，可以划分为一般环境和任务环境。一般环境是指各类企业生存发展的共同空间。一般环境可以包括五个方面的因素：政治、经济、技术、社会、自然等。任务环境则是指具体企业赖以生存和发展的特殊空间，前者较多地指"文化的"环境和国际环境，后者主要涉及市场、行业等领域。企业经营战略管理过程中的环境分析，则是战略环境分析。所谓战略环境，是指对企业战略成效影响显著的各种环境因素的总和。

企业环境建设与政工工作密切相关，要充分发挥政工工作优化企业环境尤其是内部环境的重要作用。发挥政工工作在优化企业内部环境中的作用，是员工以什么样的价值观、行为规范、道德标准，把力量和智慧凝聚到推动企业各项工作中所必需的。本质上讲，即新形势下政工工作落实党的依靠方针在实践上的具体体现。因此，应从企业的物质环境和文化环境建设的现实需要出发，重点在员工的行为规范、价值观、道德准则以及树立坚定的信念等方面下功夫，这样才能更好地把蕴藏在员工中的积极性和创造性统一到实现企业愿景、企业使命和企业目标上来。

为了充分发挥政工工作在优化企业环境尤其是内部环境的重要作用，依据现实经验，要以"五讲清、五增强"为主要内容，找准政工工作在优化企业内部环境中的定位。①讲清国家和党的方针政策，增强信心；②讲清企业所处行业面临的形势，增强紧迫感；③讲清企业的目标任务，增强责任感；④讲清企业改革措施和发展前景，增强稳定意识；⑤讲清员工肩负的责任，增强大局意识。在此过程中，要以方法创新为手段，不断增强政工工作在优化企业环境中的作用。

（二）政工工作与企业经营战略过程

"随着我国社会经济的快速发展，企业间的竞争越来越激烈，对企业经营管理工作提出了更高的要求。在此背景下，企业需要及时转变发展思路，加强企业内部管理工作，提高企业员工的思想觉悟。"[①] 在企业经营战略中，企业经营战略过程的主要环节与政工工作的关系主要表现在以下四个方面。

---

① 杨松. 新时代背景下企业政工工作面临的挑战和对策 [J]. 现代企业文化，2023（11）：69.

1. 战略制定中的战略思想定位

政工工作在战略制定中战略思想的准确定位发挥着至关重要的作用。优秀而先进的政工工作是战略制定获得成功的重要条件。企业的战略思想是一个较为抽象的概念，没有广大员工的实际行动是不可能变为现实的。而每个员工的追求又不一定与企业的追求相一致。要将企业与员工的追求融为一体，使广大员工的思想认识高度统一于企业战略思想之中，如果只靠规章制度来推行，极易造成部分员工的口服心不服，或是盲目服从。在这种情况下不可能充分调动员工的主观能动性，会给企业战略管理的高效实施埋下先天不足。由此可见，如果战略制定中的战略思想定位出现偏差，则会从根本上影响战略的实施与控制过程。而政工工作可以采用诸如宣传工作、学习培训、会议讨论等多种灵活的方式以有效保证战略制定中战略思想的准确定位。

2. 战略实施中的思想工作保障

政工工作是战略实施过程中的重要保障。政工工作既要为实施企业战略服务，又会制约企业战略的实施。企业制定战略以后，需要全体成员积极有效地贯彻实施，优秀的政工工作具有导向、约束、凝聚、激励及辐射等作用，能够大大激发企业员工的热情，充分调动其积极性和创造性，从而在整体上统一了员工的意志及欲望，为实现企业战略目标而努力奋斗。

3. 战略调整中的思想工作疏导

政工工作与企业经营战略必须相互适应和协调。这就意味着，应当充分发挥战略调整中政工工作的疏导作用。严格地讲，当企业战略制定后，政工工作应随着新战略的制定而有所变化。但是企业文化一旦形成以后，要对其进行变革难度很大，也就是说企业文化的刚度较大，而且它具有一定的持续性，会在企业发展过程中有逐渐强化的趋势。当企业制定了新的战略要求企业文化与之相配合时，企业的原有文化变革速度却非常慢，很难马上对新战略做出反应，这时企业原有文化就可能成为实施企业新战略的阻力。因此，在企业战略调整中，有效的政工工作能够及时疏导企业内部落后的思想观念，从而为经营战略顺利实施提供获得成功的保证。

4. 战略评价中的思想工作责任

企业战略评价是组织战略评价的一种类型，是在企业战略管理与实施推进过程中，为保证企业战略总体目标和经营宗旨的实现，所采取的一系列分析、评价、监控、评议活动。

战略评价中政工工作的责任不容忽视。如上所述，企业政工工作贯穿在企业经营战略整体过程中，在不同的战略阶段发挥着不同的作用。因此，对企业经营战略的评价这一环节中必须要体现出政工工作的责任与要求。这样一来，一方面，可对经营战略过程中政工工作的作用作为充分反馈，以对下一个阶段的政工工作做出有效指导。另一方面，也只有强调战略评价中的思想工作责任，战略评价的内容才更具完整性，战略评价的可信度才能得到保证。

三、政工工作与企业经营战略的完善

（一）企业战略思想的矫正

所谓企业战略思想，是指规划企业全局，引导企业发展，进行战略决策的指导思想。它给企业指明了发展的模式、依托的基础、最终的目标。正确的战略思想是对企业、企业成员与企业环境的全面认识。它从整体角度去看待企业与环境的关系以及人在这种环境中的作用。因此，企业战略思想具有导向功能与创新功能。

政工工作应当依据随时变化的企业环境，协同企业其他部门，以实现对企业战略思想适时的矫正。确切地讲，可灵活机动的采用集体动员、个别引导等方式使员工的思想达到统一，将个人追求转向于、符合于、融会于企业的共同理想中去，从而在工作实践中准确体悟企业战略思想，以发挥每个人的智慧、精力和潜力，最大限度地为实现企业战略目标而努力。

（二）企业战略优势的确定

企业战略优势是指企业在较长时期内，在关系全局经营成败方面拥有强大的实力、丰富的资源和优势地位。战略优势既考虑到了企业在一定行业环境中的竞争优势，包括市场份额、位置、先发优势、顾客忠诚度、品牌知名度等，也强调企业拥有的内部资源优势，包括资金优势、企业文化、高效的内部沟通、优秀的人力资源、核心技术、研发能力还包括市场网络、渠道资源、公共关系，环境应变能力等内外结合的综合优势。

确定战略优势是所有工作的重心。在政工工作中，谋求及确定战略优势须考虑三种关系：①企业自身的实力；②顾客和消费者的需要；③竞争对手的压力。即积累或积聚企业的能力，形成与众不同的实力；适用市场的需求，与顾客保持深层次和谐的关系，使企业在主要竞争方向及竞争领域中处于相对有利的位置上，并依靠这种相对优势，谋求及确定持久的优势或扩张的优势。

（三） 企业战略人才的培育

战略人才按主要工作领域可以分为：军事战略人才、政治战略人才、经济战略人才、文化战略人才等类型。企业战略人才属于经济战略人才中的一种。企业战略人才对企业经营战略具有至关重要的意义。毋庸置疑，它是企业长远发展不可或缺的稀缺资源。因此，企业政工工作必须要注重对战略人才的培育工作。在政工工作中要按照全面发展的要求，提高人才自身的思想道德素养和科学文化素养，充分发挥人才的主观能动性和创造精神；要科学认识人才在企业中的地位和作用；要努力吸引和凝聚人才，以人才保障和支持企业发展，达到人力资源功效的最大化，以形成培育战略人才的良好氛围。

（四） 企业战略规划的完善

企业战略规划是一种管理过程。它是指在企业的目标、能力和不断变化的市场营销机会之间，发展和保持某种战略适应性的过程。企业战略是企业为适应环境变化和实现长期发展而进行的整体性谋略。它是企业的生命线；是企业一切行动的指南和各项工作的总纲，也是企业持续、快速、健康发展的根本保证。

要想不断完善企业战略规划，政工工作应当突出全局性、长期性和方向性的特点。具体讲，就是要把政工工作放在企业经营战略的整体过程中，随时注意企业战略规划的完善。企业最高领导集体为实现企业目标，所采取的希望获得竞争优势的经营战略依赖于政工工作使员工思想观念和行为方式首先获得或保持先进性，以形成一个良性的企业环境。在这一良性的企业环境中，企业战略规划的完善需要政工工作去想方设法引导员工自我管理和自我激励，统一步调、协作配合，从而向着有利于把构想转化为行动、使行动实现构想的方面去努力。

第三节　政工工作与企业形象塑造

企业形象是企业内外部公众对一个企业的全部看法和评价、整套要求和标准。随着时代的变迁和科学技术对经济的推动，当代企业所面临的环境发生了重大的变化，尤其是在市场经济条件下，企业所发生的多种变化都使得企业形象的塑造问题带有一种紧迫性和现实性。

一、企业形象的价值

对于企业而言，我们一提到形象，似乎远远没有产品的质量、企业的规模、技术装备等来得具体。人们在衡量一家生产型企业的时候也往往首先看重其生产能力、销售能力、科研开发能力，不可否认，这些实实在在的方面，是现代企业生存、竞争的基本条件。

良好的企业形象有利于得到社会公众的肯定和支持，有利于赢得公众对企业产品和服务的好感，给公众创造出良好的消费信念。如果企业能够在公众心目中树立一种诚实、公道的形象，社会公众就会产生一种依赖该企业产品或服务的心理倾向，因而更容易在激烈的市场竞争中选择该企业的产品或服务，从而使这个企业立于不败之地。

良好的企业形象，能为保留和吸引人才创造一个良好的条件。商品经济条件下，竞争的实质是人才的竞争。良好的企业形象为人才的活动和成长创造了适宜的社会生态环境，会使该企业的领导和员工产生强烈的归属感和认同感。这样，不仅可以稳住企业内部的人才，使他们为企业的发展尽心尽力，还可以吸引大量企业外部的人才。

良好的企业形象，有助于企业之间的密切合作，使企业获得一个较好的外部环境。如果企业能以一种让人信赖的形象出现，企业的各种协作部门，同行业的竞争对手，和企业有着直接或间接联系的其他组织就会主动接近该企业，乐于和该企业交往，这对企业来说是一种巨大的资源和优厚的待遇。

良好的企业形象，有助于增进政府、主管部门及社会各界对企业的了解，有助于获得社区的谅解和关注，减少企业在经济活动中不必要的纠纷和摩擦，尤其是当企业经营一旦处于不利情况的时候，各方面的谅解和支持无疑是企业的无价之宝。

良好的企业形象，还有利于使企业和社区的社会风气净化，促进企业内外部环境的优化，促成良好的社会风尚和融洽的社会关系，满足人们对真善美的追求，使企业内外公众受到潜移默化的熏陶和影响，反过来为企业发展创造有利的社会环境。

二、企业形象的表征

(一) 企业形象的外在表征

一个企业首先以它的外在形象展示在社会公众面前，企业的名称、建筑与装饰、设备与装备、产品商标、广告、办事效率、工作环境、商品包装、经济实力等都属于把企业形象传播给外部世界的外显性视觉对象和感受对象。

企业形象识别的视觉系统（VI），就是针对企业外显性的形象要素展开设计的。这些外显性的形象要素，是企业形象外化的表现形式，它们和企业内在形象要素共同构成企业形象系统。这些外在形象要素包括以下方面的内容：

1. 企业名称

企业名称是给公众最初的、最基本的概念和印象，公众对某个企业的兴趣最初是从它的名称开始的。一个企业的名称可以以某种方式或在必要的地方创造和传播企业形象。企业名称是企业成功后的荣耀或失败冲击的载体，也是企业形象的基本载体。企业的经营当然不取决于名称本身，但好名称有利于企业的发展。

企业的名称，可以和企业的职能、产品、服务特色联系起来；可以和企业的地理位置、归属部门与行业联系起来；可以和企业的信念、愿望、宗旨联系起来；还可以和已经出名的产品或服务联系起来，为塑造企业形象服务。在许多情况下，企业名称和企业产品名称有一种依赖关系，这大多数是由于优秀品牌一旦名扬市场，就会给企业本身带来某种新的冲击，企业往往把自己的生存希望和未来发展建立在这个已经打开市场的品牌上，以致企业名称被某一优秀产品的名称替代了。这种替代过程是市场竞争的结果，带有一种不以人的主观意志为转移的必然性。企业名称及产品名称是商品综合信息与顾客心理之间的第一个接触点。

2. 企业建筑与装饰

企业的建筑群落，包括办公楼、员工宿舍、生产车间、文体建筑设施的外观风格及其装饰特色，构成企业形象的综合性、概括性象征。

企业的建筑群以其实体形态传播给内外公众，是公众对企业整体形象的重要的第一印象和最初的现实感受，因而构成企业外在形象的最主要内容。企业的建筑群落是企业实力最有说服力的表征，其建筑风格展示了它的创新意识和企业精神。建筑物还以它特有的设计构思、色调对比、美化装饰、位置对应显示着企业的独有个性。总之，建筑艺术的选择，反映出主体意识的价值取向，成为鼓舞和召唤企业内外公众的无形力量。

3. 企业设备装置

设备是企业在生产活动中所需各种机械和装置的总称。以工业企业为例，其设备装置主要包括生产设备、动力设备、传导设备、科研设备、运输设备、管理设备、公用设备等。企业设备装置状态的好坏，直接影响着企业所生产产品的数量、质量以及企业的经济效益。相对来说，一个企业的设备阵容越好，其外在形象就越佳。当代社会，一流设施、一流产品、一流服务三者是相辅相成的。无论是工业企业，还是商店、旅游宾馆，现代化的设备装置都会令人耳目一新，使人流连忘返，分别给企业的内外公众平添几分自豪感和羡慕感。

4. 企业产品商标

商标是企业产品的文字名称、图案记号或两者相结合的一种设计，它表示一商品区别于其他商品的独特性质，有着指导消费者选购、树立企业和产品声誉、促进市场销售、保障生产经营者合法权益的功能。

商标实际上是一种特殊的品牌，它可以是品牌的某一部分，如品牌名称或品牌标志。商标的最本质特征在于，它是受法律保护的。商标实质上是一个法律用语。商品的品牌、商标一经注册使用，经过反复的广告宣传，逐渐为公众所熟知，就会成为企业形象的象征，成为企业强有力的产品推销手段。许多国内外企业，利用新闻传播媒介，长期宣传本企业的商标，这是对企业形象的一笔战略性投资。好的商标，会家喻户晓，众人皆知，成为企业的一笔无形财富。

5. 企业广告

广告是广告主有计划地通过媒体向公众传递企业、商品或服务信息，以促进销售的大众传播手段。现代广告是密切联系企业与公众、生产与消费的信息桥梁，是生产者、经营者、消费者之间的信息传播行为。它具有指导消费、刺激需求、加速流通、扩大销售、参与竞争、促进生产、沟通情商、活跃营销等多种功能。

广告可以获得远距离、大面积公众对某企业的了解、熟悉和关注。随着市场经济的发展，产品广告让位于企业广告，商业性广告让位于公共关系广告。通过广告树立一种鲜明的企业形象，而不仅仅是推销某种商品，已成为广告发展的大趋势。因此，广告对塑造、传播企业形象作用非凡，已成为企业形象的最佳象征。

(二) 企业形象的内在表征

企业形象，不仅来自有形的外显性事物，而且出自企业行为所体现出来的内在素质和内在精神，不但有能够为公众直观感知到的象征性内容，而且有经过长期努力形成的一整套管理制度、服务规范、质量保障、技术水平、信誉保证、企业精神等内在基础性的内容，这是企业外在形象的根源，构成企业内在形象。

1. 企业产品质量

商品生产的历史，就是质量竞争的历史。产品质量是指产品适合一定用途、满足使用要求所具备的特征和特性的总和，它通过产品的性能、使用寿命、可靠性、安全性、经济性等五个方面表现出来。产品质量的好坏，是企业素质高低的反映，是衡量企业经营管理水平的主要标志，是企业竞争的强有力后盾。因此，可以说质量是企业的生命，是企业生产经营的永恒主题，是企业形象的实质性内在要素。产品质量的概念，虽然表现为产品所具有的各种质量特性——客观属性，但主要又是对客观属性的一种主观评价，因而构成企业精神形象或内在形象的重要要素。

2. 企业服务水平

传统经营的核心观念就是赚钱、盈利，虽然有时也采取一些手段取悦顾客，但都是一种暂时性和应对性的措施，当代社会的经营观念有了重大转变，已从消费导向的经营战略，转变为以人为中心的营销策略。公关关系的发展反映了这一重大转变，它的一个主要结论就是，企业经营要以服务为导向。服务水平，亦称为服务质量，一般包括服务态度、服务技能、服务及时性等所体现的服务效果。

产品从工厂生产出来，实现本身价值的过程是第一次竞争；产品的送货、服务、安装、咨询等则是第二次竞争，第二次竞争比第一次竞争对公众更有吸引力，更能使公众倾心。工业企业的售前售后服务，商业、服务企业的优质服务，都会使公众体会到企业的整体优秀性，因而成为企业重要的内在形象要素。

3. 企业管理水平

企业管理是对企业的生产经营活动进行的计划、组织、指挥、监督和协调。企业管理水平的高低，影响到企业的工作效率、经济效益和长远发展，不仅如此，还影响到企业的公共关系状态。能否科学地调节和控制企业生产要素之间的数量比例，能否有效地调节生产过程中各生产要素之间的时间节奏，能否合理地调节生产过程中各生产要素的空间位置，是衡量企业管理水平的标志。其具体表现是：合理的管理体制、完善的规章制度、稳定的生产秩序、完整准确的原始数据、科学的管理手段。

管理水平是企业基本素质的综合反映，是企业产品质量、工作效率的内在基础，因而构成企业内在形象要素。如果一个企业管理手段落后，对人财物的协调杂乱无章，便从根本上损害了企业形象。

4. 企业技术水平

企业的技术水平体现在企业技术装备的情况和技术力量的阵容上。当代国际市场的竞争，正是从机器、设备、工具等物质产品的竞争，转变为知识、信息、技术、软件等一类知识工业产品的竞争。企业的技术开发能力和技术力量阵容越来越成为企业形象重要的内在标志。

现代化企业的特点是多种科学技术的综合运用。有雄厚技术力量和较高技术水平的企业，能使人产生一种信任感，使公众对它们的技术改造、新产品开发、技术更新能力坚信不疑。

三、政工工作在企业形象塑造中的作用

良好的企业形象为企业政工工作发展和各项工作的进步打开通路，提供条件；有效的政工工作又为企业良好形象的塑造创造条件和提供发展空间。

企业形象的好坏对企业前途和发展的意义显而易见，企业政工工作的功能对塑造良好的企业形象的作用也不能忽视。

（一）弥合自我期望形象与实际社会形象的差距

企业的自我期望形象，是一个企业自己所希望具有的社会形象，亦即角色的自我认知形象。企业自我期望形象虽然具有主观性特征，但它表达了企业的愿望和奋斗目标，规范和激励着企业的行为，是企业生存发展的内在动力。企业的实际社会形象是一个企业所面临的社会舆论和社会公众的实际评价，亦即企业在社会公众心目中的知名度和美誉度。这种实际社会形象反映了社会公众对一个企业的真实评价和客观态度，是企业制定经营战略和策略的可靠依据。

在实践中，将企业的自我期望形象和实际社会形象及其差距揭示出来，是一项十分重要的基础性工作。它为企业客观全面地了解自己，了解外部环境，了解其公众关系状况，了解自身的问题和不足，并根据客观情况，科学有效地调整企业战略，制定合理的经营规划提供了可靠的信息数据和形象化的分析观察资料。

企业政工工作部门一个很重要的职责就是为企业沟通与社会的联系，对外宣传企业形象，维护企业形象；对内做好塑造企业形象的基础性工作，完善企业形象各要素。从而定期不定期地将企业的社会评价及时准确地反馈给企业领导决策层，特别是出现企业形象危机的时候，积极协助企业有关部门沟通倡导，分析环境，提出调整企业形象的方案，制定改进企业形象的对策。不断尽力指出和设法弥补企业实际形象与社会公众要求之间的客观差距，为决策层提供企业社会环境的第一手信息资料，推进企业发展环境的优化。

（二）推进企业精神与精神形象建设

任何一个企业，他们各自的特征均有着具体可见的物质形式。这些物质的、硬件的、具体的客观实在所形成的形象，通过公众的感受加工，印入其形象记忆系统，又经概念驱动的认识加工，就得到了对这些有形形象内在本质特征的高度概括，这种概括便是公众对

企业主体意识的较清晰的本质认识。企业主体意识能做出物质表征的标志有很多，如企业的设备装置、建筑群落、团体徽标等。

社会表征形象是指通过企业经营文化、环境文化、娱乐文化建设和企业管理过程所表现出来的企业素质和企业风格特征。包括企业的包装设计、广告形象、人才和技术力量阵容、办事效率及公共关系活动的效果等。一个企业除了其物质表征给公众以具体、有形的刺激外，社会地位、经营文化系统、管理的方针和水平、公共关系状况等社会表征同样给公众带来刺激，带来形象冲击。精神表征形象是指企业行为所表现出来的内在精神和价值观。企业精神是企业形象的精髓，是企业生存、奋斗、发展的全部价值观念的体现，它具体地体现和显现在企业的凝聚力、员工的精神风貌、企业内部的群体心理气氛之中。

(三) 展示和传播企业的良好形象

形象需要创新、需要展现、需要传播。那种皇帝女儿不愁嫁，好酒不怕巷子深的观念已成为陈腐之见。做得好还要说得好是公共关系的重要信条。从注意的选择性规律来看，一种事物只有具有新意，有独到之处，有爆发力，有吸引力，才能引起关注。企业在竞争大潮中，其形象往往很快被稀释、被冲淡，只有不断刷新，才能获得公众认可和记忆，否则，塑造企业形象就失去了意义和作用。

企业形象有静态和动态之分。动态形象实质上是企业已有形象、过去形象、凝固形象的一种创新，一种发展，同时是对创新形象和发展形象的一种扩散、展示和张扬。没有动态的扩散、展示和张扬，企业形象就难以被更大范围的公众所认知，并且容易被公众淡漠甚至遗忘。企业形象一旦走向陈旧，走向呆板，企业在塑造形象上所做过的一切努力就会付之东流，这是由当代社会公众求新、求异、求变的心理所决定的。

因此，企业政工工作者必须在重视形象塑造的同时重视形象传播。在实践中，企业的各种新闻发布会、公益广告，各种新颖的专题社会活动，对社区或当地政府举办的各种活动的积极支持和参与都是动态形象展示的好途径和好方法。通过这种科学有效的形象展示，促使企业将塑造良好形象作为长期战略，从而促进企业的进步和发展。

(四) 把塑造和培养优秀的企业人作为职责

主体形象即企业形象塑造者的形象，亦即企业生产经营的主体——员工的形象，包括企业的操作工人、技术人员、管理人员及企业家的形象。主体形象实际上是企业内部全体员工在工作态度、服务水平、职业道德、敬业精神、风度仪表、精神风貌、公关意识、文化素养等方面表现出来的总体风格和整体特征。主体形象实质上是人的形象，是企业形象的内在基础，因为企业形象的塑造归根到底是由人来完成的，主体形象塑造的根本任务实际上就是优秀企业人的培育，是高素质企业人的造就。

政工工作归根结底是塑造人的。而优秀的企业形象归根结底是靠优秀的企业员工支撑的。企业政工工作要把塑造优秀的企业家人格，塑造优秀的企业员工形象作为自己的神圣职责，通过学习培训、组织进修、社会活动、参与管理等多种途径培育人，塑造人，从而为企业形象的不断改进，企业社会环境的不断优化贡献力量。

（五）企业家人格的塑造与精神提升

企业家阶层是当今社会的重要组成部分，是企业总体价值的化身，企业文化的代表。近年来，随着我国市场经济的发展，非公有企业迅速发展起来，一大批非公有制企业家也应运而生，他们凭借自己超人的智慧和胆识，通过艰苦的奋斗和努力取得了辉煌的成就。企业家这一特殊的阶层也越来越为社会所关注。一个企业发展的成败不仅取决于企业家的领导、决策能力，而且更主要地取决于企业家的人格力量，这种人格力量表现为一种精神境界、一种政治品质、一种思想格调、一种价值取向、一种道德情操。它不受时空条件限制，能通过形象感染、舆论宣传而征服人心。

企业家人格除了指企业家性格、气质、能力等思想和行为特征以外，还可以进一步综合、概括化为反映企业家特性的企业家精神。所谓企业家精神就是指企业家经营企业的指导思想，是企业精神的核心和支柱。在激烈的市场竞争中，企业家精神具体体现为企业家的价值观念、思维方式、精神素养、理想信念等。它不仅涵盖了企业家才能，同时也包含更多的内涵，如冒险精神、效率精神、诚信精神、合作精神和敬业精神等，正是这些人格特质造就了企业家，使之能在市场舞台上叱咤风云。塑造优秀的企业家人格特征是企业形象塑造的重要任务。

第四节　政工工作与企业人力资源开发

人是生产力中最活跃的因素。满足人的需要，促进人的发展，是社会主义的生产目的。政工工作的对象是人，人力资源开发的对象也是人，这两项工作具有高度的一致性和内在关联性。政工工作与人力资源开发有机结合，将使人的积极性、主动性和创造性得到更充分地调动。

一、人力资本与人力资源开发

人力资源和人力资本都是以人为基础而产生的概念，研究的对象都是人所具有的脑力和体力，从这一点看两者是一致的。而且，现代人力资源管理理论大多都是以人力资本理论为依据的；人力资本理论是人力资源管理理论的重点内容和基础部分；人力资源经济活动及其收益的核算是基于人力资本理论进行的；两者都是在研究人力作为生产要素在经济增长和经济发展中的重要作用时产生的。人力资本可以看作所投入的物质资本在人身上所凝结的人力资源，人力资本存在于人力资源中。

人力资源开发是指一个企业或组织团体在现有的人力资源基础上，依据企业战略目标、组织结构变化，对人力资源进行调查、分析、规划、调整，提高组织或团体现有的人力资源管理水平，使人力资源管理效率更好，为团体（组织）创造更大的价值。

人力资源开发具有四个基本特性：①人力资源开发是一种规划性活动。它涉及需求评估、目标设定、行动规划、执行效果评定等；②人力资源开发的对象是人力资源及其整个组织，目的在于改善人力资源质量和组织管理战略效能；③人力资源开发以明示人类的价值为基础，通过将组织的人力资源及其潜能与技术、结构、管理过程紧密联系在一起，并应用若干学科的理论与方法以解决人力及组织问题；④人力资源开发的核心是持续不断的学习，是组织成员持久的行为或行为能力的改变。这种学习既包括个人学习，也包括组织学习；既包括学校中的学习，也包括工作实践中的学习。

二、人力资源开发对政工工作的影响

随着现代企业制度的建立，企业越来越需要一种管理文化的渗透，实现由传统的具有浓厚行政色彩的管理机制，向市场的带有温情人本精神的管理体制迈进。"人力资源管理与政工工作有着一定的相似性，通过加强两者的结合，能够更好地促进施工企业员工的发展。"① 建立适应本企业发展的以人为本的管理文化，丰富政工工作内涵，是增强企业核心竞争力的迫切需要，也是企业生存与发展的重要保证。

第一，人力资源开发是企业政工工作的有效手段。加强企业的政工工作，全面提高人的素质，是现代企业人力资源开发的重要组成部分，是企业经营管理者必须搞好的头等大事。人力资源的开发与管理包括两方面内容：①人力资源"量"的开发管理工作，即根据人力和物力的量及其变化，通过管理使二者时常保持最佳比例和有机结合；②对人力资源

① 郑茜. 施工企业人力资源管理在政工工作中的作用 [J]. 活力，2023 (10)：58.

"质"的开发管理，即采用现代化的科学方法，对人的思想、心理和行为进行有效整合，全面提高人的素质能力，充分发挥人在生产经营中的主观能动性。要达到这两个目的，不仅要靠建立完善的制度章程，从硬件上管理约束，而且还需要从软件上对员工进行思想道德的教育和精神风貌的培养，对个体和群体的思想、心理、行为进行协调和控制。

第二，人力资源开发是企业政工工作水平的重要体现。现代企业人力资源开发与管理冲破了传统的劳动人事管理的束缚，不再把人看成是一种"技术要素"，而是把人看成是"具有内在的建设性潜力"的因素，把人看作一种使组织在激烈的竞争中生存、发展，总是充满生气与精力的特殊资源来特殊地发掘。企业只有将以物为中心的管理转向以人为中心的管理，更加注重人才资源的开发和人才资本的投资，提高人才资源的有效利用效率，才能提高自身经济效益和企业形象。而要达到这一目的，就必须借助当代诸多学科的最新研究成果，将企业人力资源开发与政工工作有机结合，通过扎实有效的政工工作培养出锐意改革、立场坚定、积极进取、团结合作、善于经营、精通管理的人才，进而形成先进的、健康的、厚重的企业文化。

三、政工工作在企业人力资源开发中的作用

(一) 政工工作促进人力资源的持续积累

政工工作以人为工作对象，以人的素质的提高为工作目的，是一种参与人力资本存量积累与有效运营的重要工具。通过政工工作，实现人力资本科学有效的运营，一方面是企业发展的客观要求，另一方面又是提高企业政工工作实效性的重要途径。

1. 政工工作在人力资本积累中的作用

(1) 通过有计划有目的的思想教育工作提高人的思想政治素质。思想教育能从微观角度培养人的个性特点，改善人的精神状态、提高人的综合素质。除了智力、体力外，劳动者的思想觉悟、劳动态度、兴趣、志向等都构成其素质，并影响素质的发展水平及作用程度。此外，劳动力的思想道德素质也决定了劳动者能力发挥的程度。

(2) 通过政工工作的文化功能改变企业人力资本积累的宏观社会环境。思想政治教育通过形成一定社会意识形态影响社会经济发展。只有通过思想政治教育进行深入、透彻的分析、说理、引导，才能逐步改变习惯传统，创造有利于人力资本开发的社会文化环境。

(3) 通过政工工作促进人力资源开发在宏观、微观两方面的作用发挥。人力资源开发是个复杂的系统工程，其开发、利用、配置、流动、保障方面都要求有关制度的变革和政策的创新，而这些制度改革需要相互配合。思想政治教育则能作为一个渗透性要素与这些

改革结合，解决许多由人的素质、道德等因素带来的问题，提高各项改革方案的效能。

2. 将政工工作融入人力资本积累的途径

（1）明确人力资本积累工作中企业政工工作的核心内容。①对企业人力资源量的管理，即根据人力和物力的量及其变化，通过管理使二者经常保持最佳比例和有机结合。②对人力资源质量的管理，即采用现代化的科学方法，对人的思想、心理和行为进行有效管理，全面提高人的素质，充分发挥人在生产经营中的主观能动性。

（2）通过开展政工工作把握现代企业人力资源管理的特点。与传统的劳动人事管理相比，现代企业人力资源管理冲破了传统劳动人事管理的约束，不仅把人看成是一种技术要素，还把人看成是具有内在建设性潜力的因素。因此，在开展企业政工工作时，要紧紧围绕人才培养这一主旨，尊重人才、重视人才，把人当作一种在激烈的竞争中生存、发展、始终充满生机与活力的特殊资源来挖掘和开发。

（3）借助政工工作创新人力资本积累工作的方式方法。要多方面吸取营养，综合运用当代社会学、心理学、管理学、经济学等科学的方法和手段，结合实际有效地对劳动者进行科学教育和管理。同时要注重工作的系统化、规范化、标准化以及教育手段的现代化，运用最新的理论和实践成果武装企业员工头脑。

（4）以企业文化开发为切入点，充分发挥人力资源管理的载体作用。一方面，企业文化开发需要人力资源管理工作的支持，人力资源管理又是企业文化的一种具体体现。另一方面，企业文化通过人力资源管理制度对企业成员的行为产生影响力，文化愈深厚成员接受愈广泛，对行为的影响也愈大。

（二）政工工作促进企业人力资源的合理调配

人力资源调配是指经主管部门决定而改变人员的工作岗位职务、工作单位或隶属关系的人事变动，包括企业之间和企业内部的变动。

1. 政工工作对人力资源调配的意义

就个体人力资源来看，人力资源调配的结构可以概括为三大系统——适用系统、辅助系统与再生系统。工作能力是岗位工作的适用系统；工作态度、品德观念是岗位工作的辅助系统；虚心好学的态度和进取精神则是岗位工作的再生系统。人力资源无论以何种方式划分，人的思想、观念、态度倾向及其品德都是其中的重要构成要素。从社会宏观的角度来看，人力资源的调配不仅包括对与一定物力相结合的人力进行知识技能的培训、组织与调配，使人财物处于最佳配置状态，而且包括对人的思想、心理和行为进行恰当的引导、控制和协调，以充分发挥人的能动作用，更好地为组织服务。由此可见，现代企业政工工作与人力资源调配在目标、内容、功能等方面具有一致性，是企业生存、发展必不可少的环节。

2. 政工工作与人力资源调配相融入的路径

（1）以政工工作为指导，通过人力资源调配满足企业发展需求。企业的生存和发展与其拥有的人力资源密切相关。对于处于环境的快速变化和激烈市场竞争中的企业，其生产经营领域、采用的技术、组织的规模都在不断变化，这就必须分析供求的差异，并采取适当的手段予以调整。在政工工作指导下开展人力资源调配工作，可以使企业和员工在思想和行动上同步适应企业在数量、质量和结构方面的变化，更有效地实现人力资源的需求和供给的平衡。

（2）以政工工作为指导，通过人力资源调配保证企业组织管理工作开展。企业有了足够的人力资源后还必须学会利用，这样才能将人力资源的价值发挥到最大，才能为企业创造更多的经济效益。随着企业规模的扩大和结构的复杂化，企业管理的工作量和难度都在迅速提高。合理有效的思想政治指导有助于员工理清思路、统一认识，为人力资源调配提供准确的信息和依据，并在此基础上形成有效的企业组织管理调整方案，同时保证方案强有力的实施，以免使企业因组织人事变动陷入相互割裂和混乱的状况。

（3）以政工工作为指导，通过人力资源调配控制人工成本。人工成本中最大的支出是工资，而工资总额在很大程度上取决于企业中人员在不同职务、不同级别上的数量状况，同时需要考虑外部的因素。这需要有计划地逐步调整人员的分布状况，把人工成本控制在合理的支付范围内。人力资源调配中的人工成本控制往往涉及企业员工切身利益，如果不开展政工工作，就不能让企业员工对个人利益与企业利益达成统一认识，企业的效益也就没有保障。

（4）以政工工作为指导，通过人力资源调配帮助员工做好职业规划。对企业员工而言，人力资源调配实际上也是在引导人才做好个人的规划工作。企业的发展规划、岗位设置、奖惩机制、薪酬计划等，都会对其员工产生影响。成功的思想政治教育与引导，可以让其内部职员都有一个明确的发展目标和计划，从而去积极地争取各种机会，让自己的潜在价值得到全面发挥。

（三）政工工作促进人力资源的有效培训

1. 企业人力资源培训中开展政工工作的意义

人力资本作为企业生产的关键性要素，其潜力开发具有无限性。人力资源培训能够提高企业成员个人的知识、技能、观念，同时增强团队的协作精神、培育独特的企业文化。而作为人力资源培训的重要实施手段和载体，企业政工工作则对人力资源培训有着辅助作用，他可以让企业员工以饱满的工作热情、统一的价值理念开展工作，使企业发展符合市场需求，从而实现企业的最大经济效益。

2. 依托思想政治教育进行企业人力资源培训的途径

现代人力资源开发理论认为，对员工的开发分为五个层次：知识开发、技能开发、态度开发、观念开发及心理开发。这五个层次的开发是由表及里逐步深入的，他们要求的培训深度也有所不同。企业政工工作则是现代人力资源培训的重要载体和手段。

（1）政工工作推动下的知识开发。对员工知识开发的主要任务是对培训者所拥有的知识进行更新，其主要目标是解决"知"的问题。企业政工工作的一项重要任务就是借助现代培训，不断开拓人的发展期，使人不断适应新环境及工作变化，开拓新的局面，达到新的水平。

（2）政工工作保障下的技能开发。技能开发的主要任务是对参训者所具有的能力加以补充，其主要目标是解决"会"的问题。思想教育在技能开发的实施过程中保障了德与能的统一，将现代人现有的技能和知识转化为能力的同时思想境界也得以提高，使员工得到全面的发展。

（3）政工工作参与下的思维开发。思维开发的主要任务是使参训者固有的思维定势得以创新，其主要目标是解决"创"的问题。借助现代培训这一平台，思想教育通过其特有的方式探索和训练了人的思维模式，使获得创新思维成为现代员工的一种新追求。

（4）政工工作指导下的心理开发。心理开发的主要任务是开发员工的潜能，其主要目的是解决"悟"的问题。借助灵活多样的思想教育的方式与手段，企业可以通过心理调整引导员工开发个人潜能，最大限度发挥工作的积极性和主动性。

（5）政工工作引领下的观念开发。观念开发的主要任务是使参训者持有的与外界环境不相适应的观念得到改变，其主要目标是解决"适"的问题。企业开展思想政治教育，其最终目的也是要通过各种类型培训辅导，使员工的思维方式得到客观的转变，拓宽他们的个人眼界，以适应社会及经济的快速发展需要。

第三章 政工工作方法与企业保障

第一节 政工工作的方法与载体

新时期政工工作应该服从服务于改革和发展的大局，适应企业改革和发展的需要，这是做好企业政工工作的必然要求。新时期政工工作必须在方法与载体方面努力进行创新和改进，特别要在增强时代感，加强针对性、实效性、主动性上下功夫。

一、政工工作的方法

（一）政工工作的基本方法

1. 说服教育

说服教育，就是通过摆事实、讲道理，启发工作对象，以理服人的工作方法。党的政工工作，就是针对工作对象的思想问题和认识问题，通过运用马克思主义理论和其他科学知识，用事实说话，深入浅出，循循善诱，耐心启发，帮助工作对象明辨是非，提高思想觉悟，从而达到创建和谐企业和教育员工的目的。用说服教育的基本方法，能及时、有效地化解企业员工中存在的各种矛盾，是企业政工工作的基本方法。

说服教育法通常采用参观讲解、座谈讨论、调查走访等形式。采用此种方法要求必须有针对性、有感染力、有民主氛围，这样的政工工作才能让人心悦诚服。

企业在生产经营过程中，干部与员工、员工与员工之间存在诸多矛盾，这些矛盾严重制约着企业的发展。如果不及时解决矛盾，员工思想中的怨气逐步增加，就会导致矛盾升级、思想涣散、人心不稳；企业内部不和谐，就会影响企业的改革与发展。只有加强企业政工工作，引导员工提高思想认识，充分调动广大员工的工作积极性，及时有效地化解矛盾，才能扭转企业不和谐局面，从而促进企业的改革与发展。

说服教育的关键在于以理服人，"理"是指"道理""事理""政策"，在多数情况下指的是道理。说服教育是沟通人们心灵、统一人们思想的工作。它既是思想的交流，又是感情的交流，只有以情感人，才能说服人，只有说真话，才能赢得人心，只有真情，才能打动人心。

（1）耐心细致，"对症下药"。政工工作是做人的工作，是提高人们的思想觉悟和认识能力的工作。耐心细致和精准应对问题，是政治工作的核心。由于思想问题多种多样，只有了解和掌握了不同人的具体思想及其产生的原因，才能有针对性地进行说服教育工作，要把道理表述得通俗易懂，打动人心。

说服教育需要根据不同的对象采取不同的方法，根据个体的特点和问题采取精准的措施，只有这样才能实现说服教育的效果。对症下药是要根据工作对象的职业、岗位、年龄和经历等不同因素，有针对性地进行分层次、个体化的说服教育。需要找到员工矛盾产生的主要原因，对于一般的认识问题，只需耐心阐明道理，员工就能理解；而对于突出的矛盾，需要深入分析研究，理解客观规律，从根本上解决问题。在与员工交流时，教育者应该表现出温和诚恳，这样员工更容易接受。心平气和是说服教育的基础，也是解决矛盾的关键沟通方式。

当企业内部发生矛盾，无论是员工之间的矛盾还是员工与企业之间的矛盾，首要任务是平息情绪。在这时，语言表达必须格外谨慎，因为不当的表达会加剧矛盾。随后，以平和的态度启发和劝说，只有通过情感和理性的结合，说服教育才能产生良好的效果。唯有真诚，才能建立信任；唯有情感，才具有道义。因此，我们必须通过情感感化人，通过理性说服人，根据不同情况采取有针对性的措施，才能实现说服教育的目标。

（2）坚持说服教育，疏通员工言路。在利用说服教育的基本方法来解决矛盾时，必须允许员工发表意见。应该创造条件，鼓励员工畅所欲言，允许他们表达不同的想法、意见以及内心的感受，通过正常的表达来缓解矛盾。如果我们堵塞言路，就像阻塞了奔流的江水，河水的宣泄会受阻，最终可能导致决堤。如果不畅通言路，企业内部的矛盾和冲突将变得尖锐。因此，应该根据情势引导，让各种意见得以充分表达，这样矛盾和问题就能更容易解决。这被视为说服教育的一种方法和艺术。

（3）说服教育要将有意识教育与无意识教育相结合。要解决思想和意识问题，不仅需要进行有意识的教育，还需要重视无意识的教育。有意识的教育包括党的路线、方针、政策教育，遵守法纪、培养职业道德、弘扬家庭美德等方面的教育。无意识的教育则是指通过各种富有趣味性的企业文化活动，使员工在娱乐中接受教育，这种教育更容易为员工所接受，并且具有较强的说服力。通过企业文化建设，可以利用各种不同形式的教育来影响员工的思想和行为，培养他们的集体主义和团结协作精神，这种方式同样可以实现说服教育和解决矛盾的目标。

（4）说服教育要关心人、理解人、帮助人。在企业政工工作中，做工作的是人，被做工作的也是人，出发点是人，落脚点也是人。教育者要始终坚持一切为了员工，一切相信员工，一切依靠员工，引导员工认清自己的利益和责任，激励员工为实现社会、企业、个人的根本利益而奋斗。在说服教育过程中，情和理是互为条件、相互作用的辩证关系，既要晓之以理，又要动之以情，做到情真意切、情理结合。由此可见，要化解员工之间的矛盾，就要关心人、理解人、帮助人。坚持以人为本的思想，运用政工工作说服教育的方法和艺术，就能促进企业和谐与发展。

（5）说服教育要坚持正确的政治立场。坚持正确的政治立场，与错误思想和行为作斗争，是政工工作必须遵循的原则。在面对错误思想和行为时，必须旗帜鲜明，态度明确，不能不讲原则，也不能对错误行为妥协或回避矛盾，这样不利于矛盾的解决。对于员工中存在的不正确的思想和过激的行为，不能听之任之，更不能随波逐流。

对于员工中错误的思想和行为，必须坚持正确的政治立场。对错误倾向妥协，不利于矛盾的解决，反而会伤害广大员工、挫伤员工的积极性，给党的事业造成损失。因此，在说服教育过程中，教育者在以理服人、以诚相见、平等待人的同时，必须坚持正确的政治立场。

2. 榜样示范法

榜样示范法是以正面人物的优秀品质和模范行为来影响政工工作对象的方法。其特点是通过榜样的言行，把高深的思想政治工作原理和抽象的道德规范具体化、人格化，使政工工作对象在对比中看到自身的差距和不足，从而转变思想观念和态度。采取榜样示范法时，要注意树立榜样的威信，要激发政工工作对象的学习动机，增强其学习的自觉性。学习榜样绝不能停留在思想层面，还必须付诸行动。

企业要引导干部员工在平时工作中积极肯干，奋发向上；在困难面前主动抢挑重担，迎难而上；在关键时刻挺身而出，忘我奉献。这是企业政工工作需要注意研究和解决的课题。榜样的力量是无穷的，要采取榜样示范的方法，运用先进典型进行激励，最好抓住员工队伍中涌现出的先进人物，从中总结出好思想、好作风，让这种鲜活、看得见、摸得着的好形象激励广大干部员工，使学有榜样、赶有目标、干有方向。

（1）发挥先进典型的示范引导作用，是我党政工工作的优良传统。政工工作是我们党的事业取得成功的经验之一，发挥先进典型的示范引导作用，是我们党长期以来开展政工工作的重要方法和手段。回顾我党的政工工作史，不难看出我们党在各个不同的历史阶段，都把发挥先进典型的示范引导作用与党的中心工作紧密地结合起来，塑造了一个又一个激励人们学习的榜样和典型，对完成革命任务、推动社会进步、促进社会风尚好转起到了积极作用。历史事实表明，先进典型对于广泛宣传党的路线方针政策、增强党的凝聚力和号召力、唤起人民群众的革命和建设热情，有着巨大的影响作用。

（2）发挥先进典型的示范和引导作用，是加强和改进新形势下政工工作的有效方法和途径。每一个时代都骄傲地拥有值得向同时代和后来者叙说的英雄故事。尽管时代在前进，我们的生活也发生了巨大的变化，特别是当前，社会生活已进入祥和、富足的商品经济时代，信息和网络已作为时代的特征，但老一辈英雄人物的精神依然激励着无数人，他们在平凡的岗位上默默奉献自己的光和热，成为新时期的楷模。许多新时期先进人物的事迹，在社会上引起了强烈的反响和共鸣，他们的先进思想、先进事迹向人们展示了，在发展社会主义市场经济和现代化建设的过程中，应确立怎样的世界观、人生观、价值观和道德观。人们不仅从这些新时期的先进模范人物身上看到了一种时代的精神，而且还把他们作为学习的榜样。榜样的力量是无穷的，在新的历史条件下，我们要取得政工工作的实效，依然要充分发挥榜样的带动作用。

（3）正确把握发挥先进典型示范引导作用的方法，努力提高政工工作的有效性。发挥先进典型的示范引导作用，并非容易，这里面有很多东西值得研究和探讨。如果把握不当，不但达不到预期的目的，甚至会产生副作用。当前，发挥先进典型的示范引导作用应当着重把握好以下方面。

第一，围绕本单位的中心工作来树立和宣传先进典型。要结合本部门实际，将提升服务质量作为中心任务，在树立先进典型时紧紧扣住这个主题进行。只有紧贴中心工作，先进典型的示范引导作用才会有现实主义。

第二，坚持先进典型为群众所公认的原则。树立先进典型人物，必须走群众路线，只有群众公认的先进典型，才可能成为群众学习的榜样，才会对大家产生示范引导作用。尤其是在树立本单位先进典型时，更应该广泛听取周围群众的意见，这样树立起来的先进典型就会有群众基础，也容易引起员工群众的共鸣。

第三，树立先进典型必须坚持实事求是的原则，不能人为地拔高。树立先进典型，主要看他的思想、行为是否具有时代的先进性，是否可以成为大家学习的榜样。不能指望先进典型人物没有一点缺点，也没有必要人为地拔高甚至虚构所谓的先进事迹。

第四，宣传学习先进典型要注重把握精神实质。通过先进典型的榜样作用来开展政工工作，要注重宣传他们的精神实质。要教育员工学习先进典型的精神实质，并结合实际运用到本员工作中去。

运用榜样示范法要注意三点：①典型要体现时代精神。不同时代有不同的典型，在全面落实科学发展观、促进企业又好又快发展的今天，就是要树立勇于开拓创新、在激烈的市场竞争中拼搏进取以及在各个岗位上做出显著成绩的先进模范典型，这些典型往往具有广泛、持久的影响力和号召力。②树立和宣传典型要实事求是。先进典型要来自群众，为群众所公认。对典型的宣传要讲得恰如其分，特别是要正确反映先进人物与周围群众的关系，不能因宣传典型而贬低群众的作用，也不能人为地夸大、拔高先进人物。③要在企业中逐步形成尊重、爱护和学习先进典型的好风气，坚决抵制和排除某些孤立、打击先进人物的不良现象。同时，要注意教育先进人物一分为二地看待自己，对他们的缺点、毛病给予热情帮助，使他们用更高的标准要求自己。

总之，发现先进典型、总结推广先进经验、运用先进经验指导工作，是加强和改进政工工作的重要方法和手段，要善于发挥先进典型的示范引导作用，使政工工作的实际效果得到进一步的提高。

3. 实践活动法

实践活动法就是组织、引导人们积极开展和参加各种实践活动，在活动中提高思想道德品质和科学文化水平的方法。政工工作不仅要对人们进行思想理论的学习和教育，还要组织和引导人们开展并参加各种实践活动，尤其是精神文明创建活动。只有这样，才能把理论与实践结合起来，把知和行统一起来，使人们对思想理论的认识转化为自己的立场、观点和方法。实践活动的形式是多种多样的，企业要充分重视网络、报刊、电影、电视、广播、音乐、舞蹈等现代化工具在实践活动中的作用。在具体运用时，要针对不同的对象、不同的思想实际，选择适当的实践形式。要精心设计活动方案，正确对待、积极支持群众的正当兴趣和爱好，广泛吸引群众参加，认真地组织和领导。

4. 灌输教育法

灌输教育法是由外界向受教育者系统地传播思想理论的方法。任何科学理论都不是人们自发形成的，只有通过灌输教育，才能被人民群众所掌握。

灌输的形式是多种多样的，对不同的教育对象和不同的教育目标，不仅要安排不同的教育内容，而且要采取不同的灌输形式。灌输教育不是硬性灌、满堂灌，而是运用形象化灌输、启发式灌输、普遍灌输、个别灌输等多种方式进行教育。灌输教育要激发受教育者接受正确思想和科学理论的客观需要和主观要求，调动他们接受灌输的积极性，与受教育者共同完成思想教育的任务。

教育的形式要多样化，从实际出发，注意灌输与疏导的结合，理论与实际的结合，把大道理融于活生生的典型事例之中，从而促使这些干部员工在思想认识上发生大的转变，树立正确的理想和信念。

5. 思想疏导法

思想疏导法是解决人民内部思想认识问题的根本方法。思想疏导法就是广开言路，让各种观点和意见都充分发表出来，并通过说服教育把各种不同思想和言论引导到正确、健康的轨道上来的方法。对人们不同的思想认识，靠强制压服或行政命令的方法是解决不了的，必须广开言路，让这些思想认识充分发表出来。但是，对人们的各种思想认识，放任自流也是不行的，必须循循善诱地把各种思想认识引向正确、健康的轨道。运用思想疏导法开展政工工作，要注意三点：①采取民主讨论的方式，让人们各抒己见、讨论争鸣；②肯定和支持正确的思想认识，促使其巩固和发展，并为更多的人所接受；③让人们不正确的思想认识充分表达出来，并给予引导和教育，使其得到纠正。

6. 激励法

在企业政工工作实践中，正确运用激励的方法，是提高政工工作有效性的一个重要途径。激励就是激发和鼓励，激发人们的动机，最大限度地发挥人们的积极性、主动性和创造性，鼓励人们把工作做得更加完美而有效。

（1）强化激励。强化激励有两种：一种为正强化，即对人取得的任何一点成绩和进步，及时给予表扬与肯定，使之巩固和发扬光大，正确运用正强化的方法，既能帮助员工认识自己的优点，又能感受到领导的认可和赞扬，使人振奋，催人上进，从而满腔热情地投入工作；另一种为负强化，即对人的某种行为给予否定和惩罚，使之减弱或消退。在员工中开展政工工作，负强化不是不可运用，而是不可多用。不论采取什么批评方式，都要恰如其分，既要注意把握时机和掌握分寸，又要以理服人，而绝不可以力服人，以防产生逆反心理。惩罚既要做到严肃慎重，又要合理得当，使受惩罚者心悦诚服，化消极因素为积极因素。

（2）责任激励。责任激励是通过有意识地将任务和责任分配给员工，从而让他们认识到自己在组织中的作用和责任。这种激励方法的目标是激发员工的责任感，使他们更有动力和自觉地履行职责。责任激励的优点包括能够建立员工的自信和自尊心，增强他们的自我驱动力，提高工作满意度，从而提高绩效。然而，要注意确保任务分配合理，不给员工过分负担，以避免产生过度压力和不公平感。

（3）目标激励。目标激励就是帮助员工制定在一定时间内的进步目标，激励员工向着制定的目标奋发前进。制定目标要做到具体、实在，可望而可即，且具吸引力。目标激励的优点包括激发员工的积极性和动力，提高工作效率和绩效，增强员工的自我管理能力。

然而，要确保目标设定的过程是合理的，员工有机会参与其中，以提高目标的可接受性和可执行性。

（4）典型激励。典型激励具有一定的先进性、生动性、代表性和很强的生命力。通过典型的示范，可以引起员工在情感上的共鸣，促使他们努力达到一定的目标。在企业中，科技人才和自学成才的人为数不少，他们把学到的知识全心全意地运用到工作中，要及时对这些典型进行有效扶植、培养和宣传，使大家学有方向、赶有目标。要善于运用典型激励的方法调动员工的积极性和创造性，这是提高政工工作效率必不可少的方法。

（5）情感激励。情感在生活中表现出来，并在生活中得到巩固和提高。人拥有丰富的感情，人与人之间建立良好的感情关系，便能产生亲切感。在有了亲切感的人与人之间，相互的吸引力就大。积极的情感可以使员工焕发出惊人的力量去克服困难，而消极的情感则会妨碍员工去完成各种任务。

在开展政工工作中，会遇到少数员工因某种原因而产生某种想法，如果在做其思想工作时采取简单、生硬、粗暴的方法，这些员工就会对我们回应以冷淡，产生距离。相反，当用一颗滚烫的心做到动之以情、晓之以理、关心和体贴他们，对他们作出的成绩给予积极的支持，对他们的缺点诚恳地给予帮助、指正，对他们生活、工作和家庭中遇到的困难予以同情并尽力协助解决，自然会对他们的思想认识产生巨大的作用。在一个单位、一个集体中，大家相互关心、相互帮助，这个集体就会成为一个强有力的战斗集体。可见，灵活运用情感激励的方法加强政工工作是十分必要的，当然它不是无原则的，也不是目的，而是一种手段。

（6）领导素养激励。领导干部的素养具有很强的激励作用，领导要政治坚定，信仰明确，事业心强，品质高尚，生活俭朴，为人宽厚，关心体贴人。领导需要对待工作真诚倾力，善于团结同事，善于听取不同的意见，言行一致，为人表率，不计较个人得失，有广博的知识、技能、才干，善于分析判断。德才兼备的领导干部，能够赢得人们的尊敬和服从，从这些干部的素养中受到感染、受到影响、受到教育和鼓舞，给人以信心和力量。

（7）集体荣誉激励。集体为人们共同活动创造了有利的条件，集体荣誉是人们在向共同目标活动过程中所产生的荣誉感、自豪感和责任感。它明显地体现在集体成员之间建立起的融洽感情之中，有利于他们同心协力、同甘共苦，形成一种自觉地维护集体荣誉的力量。这种力量是无形的，但又是切实存在的。所以，要强调集体中的每一个成员都要有强烈的集体荣誉意识。

在实际工作中，要将激励方法与其他方法有机地结合起来，才能发挥其更大的作用。作为一名领导干部，应根据员工的不同情况，采取适当的激励方法，使他们焕发出工作激情，更好地为群众服务，更多地为构建和谐社会贡献自己的力量。

（二）政工工作的具体方法

1. 加强基层党组织建设

党的基层组织建设是党的全部工作和战斗力的基础，是做好新形势下企业政工工作的组织保障。当今企业要从以下方面做好基层党组织建设。

（1）丰富学习内容，保证全员参与，确保学习成效。

（2）在公司、工厂、车间、班组等基层组织中，从各自的实际情况出发，认真履行党章规定的职责，团结和带领员工完成组织任务。

（3）在保证正常生产经营的前提下，采取集中与分散、脱产与业余等灵活多样的形式开展组织活动。

（4）适时调整组织设置和隶属关系，保证哪里有党员，哪里就有党组织。

（5）按时进行支部换届选举，配好配强支部书记，重视基层党支部书记业务素质的提高，加强从一线工人、技术骨干、基层管理岗位发展党员的工作，改善党员队伍的结构，对不合格党员应及时处置。

2. 强化思想教育工作

思想教育工作是我们党的优良传统和政治优势，也是企业增强自身凝聚力和竞争力的重要保证。企业是党执政的经济基础，企业党组织是党执政的组织基础，企业员工是党执政的阶级基础和群众基础。因此，强化思想教育工作，对做好新时期下企业政工工作具有十分重要的意义。做好新时期下企业思想教育工作应从以下方面抓起。

（1）抓"主题教育法"。把"两个维护"大讨论、"五型机关"创建等活动与思想教育工作有机结合起来，有针对性地对广大干部员工中存在的热点、难点问题，集中精力和时间抓好宣传发动和思想教育。

（2）抓"情感注入法"。充分发挥工会组织的作用，把狠抓广大干部员工关心的项目，作为关心员工疾苦、为员工办实事的落脚点，认真履行，乐于实践，进一步融洽干群关系。

（3）抓"纪律约束法"。完善企业的各项规章制度，以抓各项规章制度的落实为着力点，不断强化纪律观念。

（4）抓"政策引导法"。以教育为引导，做好政策宣传，确定政策导向，引导广大干部员工以国家法律法规和行业法律法规规范言行。

（5）抓"文体娱乐法"。进一步发挥工会组织的职能作用，以丰富广大干部员工的业余生活为目的，以开展形式多样、员工喜闻乐见的活动为载体，营造企业风清、气正、劲足的和谐局面。

3. 全面落实科学发展观

科学发展观是我国经济社会发展的重要指导方针，是发展中国特色社会主义必须坚持和贯彻的重大战略思想，毫无疑问也是推动企业政工工作的重要理论。全面落实科学发展观，必须牢牢把握发展这个第一要义，努力推动企业生产经营实现新的发展。发展是当代中国的主题，我们要在思想上重视全面落实科学发展观的意义，认清发展对企业生存的作用。

全面落实科学发展观，因而必须牢牢把握以人为本这个核心，为促进企业改革、发展和稳定奠定坚实的思想政治基础。科学发展观的核心是以人为本，其实质就是以最广大人民的根本利益为本。企业的科学发展，关键在人，因而必须紧紧依靠广大干部员工发挥主观能动性。企业政工工作既要深刻认识自身的政治优势和有利条件，也要清醒地看到当前社会上各种思想观念相互激荡，企业政工工作难度加大的新情况，切实把政工工作摆在重要位置，采取有效举措抓紧抓好、抓出成效。

全面落实科学发展观，必须牢牢把握全面协调可持续这个基本要求，切实找准企业政工工作在全局工作中的地位。科学发展观的基本要求是全面协调可持续。根据这个要求，我们要在全面推进企业发展过程中，正确认识和把握政工工作和生产经营是相互联系、相互促进的有机统一体，清醒地看到企业政工工作可以为企业经济建设提供思想保证、精神动力、文化环境和智力支持。

全面落实科学发展观，必须牢牢把握统筹兼顾这个根本方法，正确认识和妥善处理企业政工工作的重大关系。从党和国家全局出发，正确认识和妥善处理企业政工工作在现代化建设中的重大关系，是坚持统筹兼顾的必然要求。对我们来说，坚持统筹兼顾，就是要正确认识和妥善处理企业政工工作的重大关系。要正确处理继承与创新的关系，坚持继承与创新相统一，在继承的基础上进行创新，在创新的过程中更好地继承，科学把握新形势下企业政工工作的特点和规律，使政工工作体现时代性、把握规律性、富于创造性，努力做到在推动工作上有新思路，在破解难题上有新举措，在繁荣发展上有新成效。

要正确处理改革、发展、稳定的关系，坚持实事求是，一切从实际出发，切实把尽力而为和量力而行结合起来，把改革的力度、发展的速度和干部群众的可承受程度统一起来，稳步推进企业经济的发展。要正确处理集体利益和个人利益的关系，坚持以人民利益为重，把实现个人追求与实现企业的奋斗目标、员工群众的利益紧密结合起来。正确看待个人利益、个人得失，不为私心所扰、不为名利所累、不为物欲所惑，淡泊名利，克己奉公，努力作出经得起实践、人民、历史检验的实绩。

4. 以经济建设为中心

当前经济建设是企业一切工作的中心，没有好的经济发展，就没有强有力的物质基础。经济建设和政工工作二者相辅相成，经济建设是做好政工工作的物质保障，政工工作推动经济建设蓬勃开展。

政工工作利用其宣传职能，通过抓好"两个教育"，增强员工的自信心和紧迫感。

（1）抓好企业的经济形势的教育。劳动是员工谋生的重要手段，员工参与企业经济活动的主要目的之一是谋取合理的经济利益，而企业生产经营状况的好坏、经济效益的高低、发展前景的明暗，直接关系员工的切身利益，左右着员工积极性的发挥。因此，通过教育可以使员工正确认识企业的经济形势，从而稳定员工队伍、调动员工积极性。

（2）做好深化企业内部改革的宣传教育。以劳动、人事、工资制度改革为主要内容的企业内部改革，涉及每个员工的切身利益，必然会引起员工的强烈反应。员工对改革的心理承受能力如何，在一定程度上决定着改革的成败。改革的关键在于转变旧的传统观念。要取得改革的成功，需要大量的宣传工作，既要搞好改革方案出台前的宣传教育，也要搞好方案实施过程中的宣传教育，使员工认识到现行制度的弊病和改革的必要性及紧迫性。通过"两个教育"，解决了广大员工的思想、观点、政治立场等问题，提高了思想觉悟，充分调动了工作积极性，为企业经济建设打牢思想基础。

5. 完善企业文化建设

企业文化建设可通过培育企业精神、打造企业形象以及优化企业环境进行完善。

（1）培育企业精神。企业精神是企业文化的核心。它是企业员工在长期的生产经营实践中形成，并有意识确立的优良传统、价值观念、时代精神、共同理想、行为准则等思想境界和精神风貌。企业精神把思想、行为和纪律融为一体，把生产信条、意志信念和行为准则集于一身，最大限度地调动员工的主动性、积极性和创造性，推动企业不断向前发展。新时期企业政工工作应该以企业精神建设为结合点，将社会主义核心价值观教育融入企业精神的培育中，把展示企业特色鲜明的个性与坚定走中国特色社会主义道路的共性结合起来，并找准个性与共性相统一的最佳结合点。

（2）打造企业形象。企业形象是指人们通过企业的各种标志（如产品特点、营销策略、人员风格等）而建立起来的对企业的总体印象。企业形象是企业精神文化的一种外在表现形式，它是社会公众在与企业接触交往过程中所感受到的总体印象，这种印象是通过人体的感官传递获得的。企业形象能否真实反映企业的精神文化，以及能否被社会各界和公众舆论所理解和接受，在很大程度上取决于企业自身的主观努力。要将企业政工工作贯穿于企业目标、企业哲学、企业精神、企业风气等看不见、摸不着的核心企业形象部分和企业的名称、商标、广告、厂房、厂歌、产品的外观和包装、典礼仪式、公开活动等看得见、听得到的外在企业形象部分。

（3）优化企业环境。企业环境包括软环境和硬环境两个层面。企业环境对员工具有潜移默化的影响力，良好的企业环境在增强企业凝聚力、扩大企业影响力、提高企业竞争力、发展企业生产力、塑造企业形象等方面具有重要作用。企业政工工作应渗透到企业工作氛围、人际关系等软环境的优化中，通过工团组织开展健康向上的文体娱乐活动、福利性活动、技术性比赛等，丰富员工业余生活，增强员工集体主义观念，凝聚人心。企业政工工作应贯穿于企业硬环境的打造，包括企业所处的自然环境、建筑布局和建筑风格、厂房的装修和布置、建筑雕塑等。良好的企业环境不但能够给置身其中的员工以美的享受，使他们心情舒畅地投入工作，而且能够充分反映企业的文化品位。企业环境的优化应实现管理学与美学的有机结合，充分调动员工的工作热情，激发其内在的创造能力，营造一个有益于人的生理和心理需要相一致的环境，实现人与自然的和谐。

6. 加强企业人才队伍建设

人才是企业生存和发展的关键性战略资源，企业间的竞争在很大程度上取决于人才资源的较量。加强人才队伍建设是企业增强自身适应性和竞争力的客观要求，也是做好企业政工工作的重要保障。

（1）明确人才队伍建设的职责。企业要将人才队伍建设高度重视起来，坚持自身培养原则与市场化选聘人才机制相结合，坚持正确的选人、用人导向，营造人才开发与运用的良好组织环境，充分调动各类人才的积极性、主动性和创造性，努力使企业成为优秀人才的聚集地，使优秀人才成为企业政工工作者永不枯竭的源泉。

（2）关爱、培养人才，积蓄人才资源。①关注年轻人的成长，为年轻骨干提供发展的舞台和成长的土壤，也是为企业政工工作的发展储备好人选。②注重教育培训，建立企业政工工作者培训管理制度，制定企业政工工作者教育培训规划；通过报纸、书籍、互联网等传播媒介加强干部、员工思想道德教育和科技文化培训，也委托有关高校办好企业政工工作培训班等，不断提高干部、员工的思想道德素质和科学文化素质，使企业的发展有不竭的精神动力和智力保障。

7. 加强党风廉政建设

党风廉政建设好坏直接影响到国家、社会与企业的发展。加强和改进党的作风建设，要以人为本，充分尊重员工的主人翁地位，维护员工的合法权益；坚持和完善员工代表大会制度，全面推进厂务公开，保障员工群众的知情权、参与权和监督权；关心员工群众生活，认真解决群众利益关系的失衡问题，比如当前的收入悬殊、干群隔阂等。

政工工作者要加强政治理论学习，必须把廉洁自律作为重要内容，努力提升自身的政治素质。每个政工工作者都应时刻保持清醒头脑，倍加珍惜党和人民的信任，倍加珍惜荣誉，常修为政之德、常思贪欲之害、常怀律己之心，自觉抵制拜金主义、享乐主义、极端个人主义等腐朽思想的侵蚀，树立正确的人生观、价值观和世界观，筑牢防腐拒变的思想政治防线，视群众如父母，待人民胜亲人。

同时，企业要建立与现代企业制度相适应的惩治和预防腐败体系，促使党员树立监督意识，置身于组织、群众和法律的监督、约束之下；党员特别是政工工作者认真落实党风廉政建设责任制和廉洁自律的各项制度，既要廉洁从业以身作则，又要通过思想教育做好政工工作，而且要养成洁身自好和谨言慎行的生活作风，时刻警惕不正之风的侵蚀。

二、政工工作的载体

企业政工工作的载体是指在企业内部，为了加强政治思想教育、党建工作和员工管理的目的，所设立的各种组织、机构、活动或渠道，用以传播党的政策、宣传党的理论、弘扬党的精神，推动企业的经济、社会和文化发展，以及确保企业始终按照党的路线方针政策和法律法规开展工作。企业政工工作的载体包括以下方面：

（一）党组织

党委和党支部等党组织在企业内具有重要的领导作用。它们负责党的组织建设、思想政治工作和党风廉政建设，通过这些工作，确保党的领导地位不仅得到法律保障，还在企业内得到充分的体现。党组织通过制订企业内部的党建工作计划，组织开展各种政治教育活动，引导员工积极参与到党的建设中来，从而提高了员工的政治觉悟和思想认同。此外，党组织还负责党风廉政建设，监督企业内部的廉政建设工作，确保企业的经营活动合法合规，维护党风廉政的纯洁性。

（二）宣传平台

企业内部可以设立宣传部门或宣传委员会，它们负责宣传党的政策、宣传党的理论、传达党的声音。通过内部刊物、企业内部网站、员工培训等方式，宣传平台可以将党的政策和理论传达给员工，帮助员工更好地理解和认同党的方针政策。宣传平台的存在有助于构建一个信息畅通的环境，使员工更容易获取党的相关信息，提高政治觉悟。此外，宣传平台也可以通过宣传党风廉政建设的成果，树立企业的良好形象，提高企业的社会声誉，有助于企业的可持续发展。

（三）培训机构

为了提高员工的政治素养和综合素质，企业可以建立培训机构，通过这些机构，企业可以不仅提高员工的业务水平，还可以培养党员干部和工会骨干。政治素质的提升也是培训机构的一个重要任务，这有助于员工更好地理解党的指导思想，充分认识到政治在企业中的重要性。培训机构的存在为员工提供了一个学习和成长的平台，使他们能够更好地胜任企业中的各种职责和角色。

（四）文化活动

文化活动也是企业政工工作的重要载体，活动包括党建活动、文化节、党课、读书会等。通过这些活动，企业可以传达党的精神和企业文化，增强员工的凝聚力和向心力。党建活动可以帮助党员更好地履行党组织的职责，推动企业按照党的要求开展工作。文化节和其他庆祝活动则可以增强员工的集体认同感，激发他们的团队合作精神。党课和读书会则提供了一个学习和交流的机会，使员工能够更好地理解党的理论和企业文化，从而更好地服务企业。

（五）社会组织

社会组织包括工会、妇女联合会、共青团等，它们在企业政工工作中扮演着重要的角色。这些社会组织是与企业员工息息相关的利益相关者，因此，与它们建立合作关系非常重要。工会可以代表员工的利益，促进劳动关系的和谐，监督企业合法权益的维护，以及与企业领导层进行对话。妇女联合会可以关注女性员工的权益，确保性别平等和福祉。共青团可以培养和引导青年员工，帮助他们成长为有社会责任感的公民。与这些社会组织合作可以促进党的政策与企业管理的有机结合，实现共赢的目标。通过定期开展对话和合作项目，企业可以更好地理解员工的需求，满足他们的合法权益，并通过这种方式建立更牢固的企业党组织。

（六）员工代表大会

企业可以设立员工代表大会，通过选举产生员工代表，以确保员工的合法权益得到维护。这种制度为员工提供了参与企业决策和管理的机会，使他们有权对企业事务提出建议和意见。员工代表大会是一种民主决策机制，可以促进企业内部的参与和透明度，有助于建立更加和谐的劳动关系。通过这一机制，员工能够表达他们的诉求和需求，而企业可以更好地了解员工的期望，从而更好地满足他们的合法权益。此外，员工代表大会还有助于增强员工对企业管理的信任感，使他们更愿意积极参与企业政工工作，共同维护企业的发展和稳定。

企业政工工作的载体是实现企业党建工作的重要保障和支持，有助于增强企业的凝聚力、向心力和创造力，确保企业按照党的路线方针政策和法律法规开展工作，推动企业的经济、社会和文化发展。因此，充分发挥这些载体的作用，建立健全企业政工工作的体制机制，是企业党建工作的关键一环。

第二节　政工工作与企业党组织建设

一、党的建设与政工工作的关系

政工工作是党的工作的重要部分，是实现党的领导的重要途径，也是我们党的优良传统和政治优势。企业党组织是企业政工工作的领导和保障。

党的领导主要是政治，思想和组织领导。①政治领导，就是政治方向、政治原则、重大决策的领导，集中体现在党的路线、方针、政策方面。②思想领导，就是坚持以科学发展观作为党和国家的指导思想，教育和武装广大党员和人民群众，向人民群众宣传党的路线、方针、政策，把党的主张变成人民群众的自觉行动。③组织领导，就是通过党的各级组织、党的干部和广大党员，按照革命化、年轻化、知识化、专业化方针，建设一支适应社会主义现代化建设需要的高素质的干部队伍，组织和带领人民群众为实现党的任务和主张而奋斗。实现这三方面的领导，都离不开思想教育。

党的建设和政工工作的创新息息相关，二者相互影响、相互作用，他们也共同对社会实践和社会发展产生影响。一般情况下，党的建设和政工工作都会借助社会实践的开展、并由此作用于社会发展的过程。当然，这种作用，既由于党的建设和政工工作之间的内在联系性而呈现出一致性，又因为各自的对象范围、发生条件、时代要求和实践价值的不同而存在差异。

企业政工工作是整个政工工作的重要组成部分，做企业政工工作必须坚持党的领导。

党的理论为企业政工工作的开展和创新提供理论基础，党的路线、方针、政策为企业政工工作指明了方向，党的组织体系为企业政工工作提供了强有力的组织支持。在当前改革开放深入发展、利益多元化和思想观念多元化的历史条件下，坚持党对一切工作的领导，对于做好企业政工工作显得尤为重要。

企业政工工作是为了实现一定的教育目标，通过一定的组织形式，运用一定的方法手段，对企业成员开展思想教育，组织、引导和督促本单位的成员自觉改造主观世界、坚定理想信念，提高思想政治素质的活动。其目标既包括实现本单位的经营目标，形成稳定的企业文化，也包括增强本单位党组织的凝聚力和战斗力，使全体干部员工理解、认同企业发展愿景，遵循党的路线方针政策，巩固企业内部团结奋斗的思想基础，从而把全体干部员工的精神、意志和力量凝聚到企业科学发展上来。

二、党的建设是企业政工工作的保障

企业党组织是企业政工工作的领导和灵魂，企业政工工作只有坚持党的领导，贯彻党的路线方针政策，才能保持正确的政治方向，才能形成健康向上的企业文化，才能引导广大员工树立正确的世界观、人生观和价值观，才能使企业的经济目标与社会目标相协调。而要坚持党对企业政工工作的有效领导，就必须不断加强和改进企业党的建设。

（一）党组织是企业的政治核心

党组织作为企业的政治核心具有深远的历史渊源和理论依据。马克思主义经典著作早就提出了党组织应在工人和群众中发挥政治核心作用的观点，这一理念在中国共产党的党建思想史上得到了持续的强调和发展。

首先，党组织的政治核心地位体现在其对企业内部的组织管理和决策过程的引领作用。在中国共产党的指导下，党组织在企业中起到了协调各方面工作、统一指导的作用，确保了企业在政治方面的稳定和统一。党的政治核心地位使得企业内各级党组织在决策中拥有关键的话语权，这有助于确保企业的发展方向与国家的政策目标保持一致，促进了经济和社会的协调发展。

其次，党组织在企业中的政治核心地位还表现在其对员工的政治教育和思想引领方面。党组织能够组织开展各种政治教育活动，引导员工树立正确的政治觉悟，维护国家和党的核心利益，从而提高员工的政治素质和思想觉悟。这不仅有助于维护企业内部的政治稳定，还能够培养出一支高度忠诚、高度纪律的员工队伍，为企业的长期稳定和可持续发展提供坚实的保障。

最后，党组织作为企业的政治核心还能够推动企业在社会责任方面的积极履行。在党的指导下，企业党组织可以推动企业积极参与社会公益事业，关心员工的福祉，关注社会的可持续发展，使企业不仅仅是经济增长的推动者，还成为了社会发展的参与者和引领者。这有助于增强企业的社会形象，树立企业的社会责任感，进一步提高企业在市场中的竞争力。

党组织作为企业的政治核心，不仅在企业内部起到了重要的协调和引领作用，还能够促进企业在政治、思想和社会责任方面的全面发展。这一观点是中国共产党党建思想史上的重要理念，也是中国企业发展的重要保障之一。

（二）新的历史条件下党建工作对政工工作的保障

在改革开放和社会主义现代化建设的关键时期，保持企业党组织的政治核心地位，既是深化我国经济体制改革的需要，也是保持党的先进性和巩固党的执政地位的必然选择，更是企业保持社会主义性质和正确航向的有力保证。无论企业怎样改革，保持企业党组织的政治核心地位是一个基本原则，任何时候都不能动摇。

第一，党的建设是企业政工工作政治方向正确的保障。企业党组织作用的发挥有利于保证党的路线方针政策在企业贯彻落实，保证监督企业严格遵守国家的法律法规，使企业保持正确的政治方向，并培养壮大党员干部队伍。同时，企业党组织还能代表和维护员工的切身合法权益，保证企业的经营活动兼顾国家、企业和员工的利益。

第二，党的建设有利于政工工作的贯彻落实。由于企业的基本社会功能是生产经营，经济效益是企业的生命线。因而，很多企业往往存在重生产经营轻政工工作的倾向，特别是民营企业，这种倾向更加突出。而政工工作是党组织的重要职责，加强企业党组织建设为落实政工工作提供了坚强的组织保障。只有企业党建工作扎实有效，党员先锋模范作用突出，党组织领导有力，企业领导重视支持，企业政工工作才能得到贯彻落实。

第三，党的建设有利于提高员工的科学文化素质和工作的积极性。企业党组织通过对员工进行科学文化教育，帮助员工掌握现代科学知识，提高劳动技能；通过开展政工工作，影响员工的思想观念，帮助他们理解和支持党和国家的方针政策，树立正确的世界观、人生观和价值观，调动其工作的主动性、积极性和创造性，保证生产经营管理等各项任务的完成，推动企业健康发展。

第四，党的建设有利于维护安定团结的政治局面。企业党组织通过开展形势政策教育，针对企业改革和利益调整中出现的新情况、新矛盾、新困惑，做好理顺情绪、化解矛盾、凝聚人心的思想工作，提高员工对改革、发展意义的认识，增强他们理解改革、参与改革、支持改革的自觉性，维护社会安定团结。

三、政工工作在党的建设中的作用

随着改革开放和市场经济的深入发展，企业不仅数量越来越多，而且联系的群众也越来越多，成为新的历史条件下党组织建设的重要阵地。然而，加强企业党组织建设面临诸多困难，特别是在数量庞大的民营企业中加强党组织建设，离不开有效的政工工作。

第一，只有不断加强企业政工工作，才能为企业党建工作顺利开展提供良好的思想基础和舆论氛围。只有广大企业和员工认同党的思想理论、方针政策，从心里拥护党的领导，才能主动加入党组织，才能认真履行党员义务，发挥先锋模范作用。坚持把思想理论建设放在首位，注重思想教育，提倡在党内开展积极的思想斗争，这是我们党的优良传统和政治优势，也是我们党推进自身建设的宝贵经验。

第二，只有不断加强企业政工工作，特别是加强对企业经营管理人员的政工工作，才能为企业党建工作赢得理解和支持。随着现代企业制度的逐步建立和完善，指挥企业生产经营活动由企业法人治理结构负责。企业党组织在企业中的地位发生了巨大变化，既没有最高权力地位，也不具有直接的经营管理权，处于法定权力的范围之外。这种变化使党组织与企业内外部的关系发生了重大变动，也使企业党建工作遇到了多方面的难题。在新的历史条件下，企业党组织不再是企业权力中心，不可能像过去那样直接行使职权。在这种历史条件下，做好企业经营管理人员的政工工作，使他们深刻认识到企业党组织建设与企业自身发展的一致性，提高他们的思想觉悟，获取他们的理解和支持，对于做好企业党建工作具有十分重要的意义。

第三，加强企业政工工作，是落实"党管干部"的原则，加强企业党员干部队伍建设的必然选择。党管干部是党组织工作的基本原则，在企业中同样要贯彻。但党管干部不是对企业法人治理结构人事权的剥夺，而是间接的影响。落实党管干部，要"管"企业领导班子建设，提高领导班子的思想政治素质和领导水平。在干部的提拔任用上，要把好"政治关"。将政治素质好，领导能力强的管理人员推荐到企业领导班子。对于政治立场不坚定、作风腐朽、不称职的班子成员，要及时向主管部门反映。落实党管干部，要"管"企业中层干部队伍建设，在尊重企业行政人事权的基础上，参与干部培养教育、管理考核和提拔使用制度的制定，做好干部提拔中的政治审查和推荐、教育等工作。党组织通过干部考察培养，发现优秀干部，将优秀的党员干部推荐到企业决策机构、管理部室、生产一线，也将未入党的优秀人才培养、吸纳为党组织成员。在对外人才引进中，落实好人才培养、选拔、引进、使用以及留住人才的办法和措施，通过政工工作和开展党组织活动，感染教育新引进的人才，培养教育他们提高思想认识水平，使其逐步接纳、融入企业党组织。

第三节　政工工作的绩效与评估

为了提高企业政工工作的效果，激励企业政工工作者的成就，企业政工工作的成效或成果，需要有一种定量的评价，需要有一些可判定的明确指标来说明。由于政工工作的特点，这些指标体系和这类评价方法是有难度或不确切的，但朝着这个方向的努力是必要的和有价值的。

一、绩效与企业政工工作绩效

（一）绩效的类别

"绩效"，又称"业绩"，汉语中"绩"指业绩，"效"指效率、效果，"绩效"就指行为主体的工作和活动所取得的成就或产生的积极效果。"绩效"一词内涵丰富、应用广泛，要对其内涵做出唯一的、明确的界定是非常困难的，也是不科学的，因此，要根据不同领域和不同组织的具体发展情况来诠释和界定绩效的含义。根据我国企业政工工作的发展情况而言，目前，企业政工工作绩效是指企业政工工作的工作人员以各种积极有效的方式和手段作用于企业的员工（受教育者）所引起的员工的思想行为的变化对企业整体效益输出的积极影响。

就绩效这一概念的发展来看，主要有以下类型。

第一，结果导向的绩效。以结果为导向的绩效观主要是把绩效视为工作所要达到的最终结果，然而，结果本身是多种可控因素和不可控因素共同作用的结果，过度关注结果会导致对过程及过程影响因素的忽视，最终仍然无法达到预期效果。当今开放的市场经济条件下，工作和任务完成过程中的影响因素越来越多、情况也越来越复杂，这就要求对关涉企业生产效益的各种因素进行观察和判断，而不能只关注最终结果。

第二，过程导向的绩效，这种观点将"绩效"理解为"过程"的同义语，认为绩效就是行为过程本身，这种观点对结果导向的绩效观提出质疑和批判，提出要结合过程对绩效进行考量的观点，弥补了以结果为导向的绩效观的某些不足，因而日益受到人们的重视和接受。

以上对绩效概念的解释都各有优缺点，绩效是结果的观点能够保证"结果导向"，但容易失去对过程的控制，并可能导致短视行为。绩效是行为的观点有利于掌控情况并及时进行调整，保证过程控制，但有时可能出现忽视工作结果的情况。因此，企业政工工作的绩效观要汲取上述绩效观的经验教训，坚持过程和结果共同导向的绩效观，即全面观察和掌控企业的生产经营，根据具体情况适时变化和调整，关注过程，注重效益，以良性运转的过程追求最大的企业效益，同时根据企业最终效益调整生产过程，达到过程的通畅和效益的最优。

（二）政工工作绩效

在政工工作的具体实践中，企业应根据具体的时空条件，依据现实组织战略目标，根据自身的情况和发展阶段的需要，来具体地对政工工作绩效的含义进行界定。因此，企业政工工作绩效的内涵也应该随着企业的具体发展和企业战略目标的不断变化而加以重新规定。

1. 政工工作绩效的测定目标

虽然绩效这一概念是一个随着经济社会发展而不断变更的概念，但对于当下的企业政工工作，需要有具体的、可测度的成绩与效果，那么至少应在以下三个方面引起重视。

（1）企业政工工作的实现状况。企业政工工作的实现状况包括未达到目标、达到目标和超越目标三个层级。由于主客观条件的变动不居，企业政工工作宜在宏观上设定有前瞻性的教育目标，而难以全面制定出适应未来社会要求的具体、详尽的教育目标。因此，企业政工工作绩效应当鼓励评估对象根据现实情况超越既定的教育目标。

（2）企业政工工作中资源配置状况。这里的资源并非仅仅指用于政工工作的设备和材料，还包括进行企业政工工作的人力资源和信息资源，以及能提高人们思想道德品质的任何东西。具体来说，就是涉及企业政工工作的所有资源的提供、配备、完善和整合状况，它既反映了企业对政工工作体系建设的投入情况，又反映了企业政工工作的条件和成果积累。

（3）企业政工工作过程中的优化状况。由于实施企业政工工作的过程的优化程度不同，企业政工工作绩效会大不一样。过程的优化是由实现或达到政工工作目标的一系列子目标或具体环节决定的，是标明企业政工工作质量的过程要求。

2. 企业政工工作绩效的特点

任何事物都是共性与个性的统一。企业政工工作的对象是人，人的思想行为具有模糊性和多变性，这一特性形成了企业政工工作绩效的特点，这种特点既不同于物质产品的属性，也不同于一般脑力劳动所创造的精神产品的属性，而是具有以下特点。

（1）企业政工工作绩效多因性与多维性同在。多因性是说企业政工工作绩效的形成是由许多主客观原因引起来的。因果关系的多样性决定了企业政工工作绩效因果关系的复杂性。企业政工工作绩效的这种多因性特点要求我们在企业政工工作中，应针对具体问题进行具体分析，充分考虑影响企业政工工作绩效的各种因素，以期取得最理想的企业政工工作绩效。企业政工工作绩效多维性是说企业政工工作绩效从不同的维度、不同的方面表现出来。因而，企业政工工作绩效的好坏可以通过政工工作的行为、政工工作的过程、政工工作的结果来考察，可以通过人们接受德育教育的前后变化来审视。从企业政工工作绩效的这种多维性特点出发，在企业政工工作绩效评估过程中应坚持全面的观点，必须从多个维度衡量绩效。企业政工工作绩效的多因性与多维性相互规定，相互支持，彼此互为存在条件，二者共进同在。

（2）企业政工工作绩效即时性与延迟性并存。企业政工工作绩效的即时性是指其立竿见影的、随即及时见效性。企业政工工作绩效的延迟性指的是企业政工工作绩效的潜在性和拖延性。企业政工工作绩效既可以在短期内直接表现出来，但更多地以潜在形式反映在较长时间内发生作用。企业政工工作不是直接创造物质和精神产品，而是以人为中介的，即通过主体与客体间的互动作用，使人们的思想发生积极的变化，然后在人们所参与的各项物质和精神活动中表现出来。这种延迟性主要有企业政工工作的潜移默化和后继实质性引起。企业政工工作绩效的即时性与延迟性并存指的是二者同时存在于政工工作的过程中，各自发挥着自己不同的功能。

（3）企业政工工作绩效系统性与增值性统一。企业政工工作绩效的系统性是指企业政工工作是一项系统工程。企业政工工作绩效的系统性特点，主要有两层含义：①从企业政工工作绩效本身具有多种表现形式和绩效结果来看，企业政工工作绩效是多种形式的有机统一，具有系统性；②从企业政工工作绩效的形成过程来看，企业政工工作绩效具有系统性，其主要由企业政工工作系统内部诸要素之间及系统与环境之间相互作用而产生的结果。该系统的外部环境主要包括自然界、人类社会中的政治、经济、文化等外在环境。内部诸要素主要包括工作主体、受工作主体、政工工作目的、政工工作资源、政工工作方法等。也就是说，企业政工工作绩效是一个有机的整体，具有系统性的特点。企业政工工作绩效的增殖性特点，表现在政工工作的投入加大，企业政工工作绩效会加速增加，就像物质资料生产过程一样。

二、政工工作绩效评估指标体系

（一）政工工作绩效指标体系的要求

企业政工工作绩效指标是对企业政工工作绩效评估的量化性解释。而企业政工工作绩效评估体系是指由各个评估指标相互区别、相互联系构成的能够反映企业政工工作效果的指标整体结构。它是表征政工工作绩效评估对象整体特征状态的一种形式，是由政工工作必须遵循的一定的价值标准和目标转化而来，评估人员进行评估时所依据的准则。企业政工工作绩效评估体系对评估指标具有导向的作用。评估指标的重点，往往也是政工工作组织从事政工工作的核心内容。因此，构建政工工作绩效评估指标体系是整个企业政工工作绩效评估体系的核心。

评估指标体系是由指标系统和指标权重集合构成。评估指标系统反映了指标的结构形式，指标权重集合反映了不同指标或指标集合的重要程度。评估指标是由目标逐级分解得到的，所以评估指标系统是一个具有分级的模块结构的指标集合。每一个指标集都是由若干个子集组成，每一个子集又是由更小的子集组成，直至最后一级，是不能再分解的指标，称为末级指标。指标权重系统反映了各个指标系统之内或者系统之间的相对重要程度。每一项指标对应一个权重系数，每一个指标集合对应一个权重集合。评估指标系统对应确定的评估指标的权重系数系统。

（二）政工工作绩效评估指标体系的建构

企业政工工作的绩效评估指标体系应该坚持一定的原则，这些原则主要包括整体性原则、客观性原则和可测性原则。①整体性原则是指评估指标体系作为一个系统，应保持自身的整体性，并且毫无遗漏地体现所应达到的目标。②客观性原则是指指标体系客观可信、符合实际才能确切地反映出评估的真实水平。③可测性原则是指评估目标是通过指标体系中各项指标对客体（评估对象）的实测来实现的。

1. 政工工作指标体系构建的程序

在评估对象和评估原则确定的前提下，企业政工工作绩效指标体系的构建一般应该包括以下环节。

（1）确定评估目标。评估目标，即零级指标，为指标设计规定方向与范围。

（2）分解评估目标。根据评估指标及指标体系的特征与设计的要求，将评估目标逐级分解，设计分级指标集合，直至末级指标。

（3）构建体系结构。分析指标体系，明确各个指标集合的内容及具体的末级指标及其在体系中的位置。

（4）选择权重确定方法。常用的确定权重的方法包括特尔斐法、层次分析法和主观经验法等。可以根据具体问题选定不同的权重确定方法。

（5）完善指标体系。评估指标体系的完善是对评估体系补充和调整，从而使得企业政工工作绩效指标体系更加清晰和全面鉴于企业政工工作绩效内容的复杂性和模糊性。

2. 政工工作指标体系的构造

（1）企业政工工作政策指标，包括企业关于政工工作的指导性文件，企业对政工工作建设的举措，企业政工工作的有关规定和制度体系等，这类评估可参照企业内部文件和相关规定的出台和实际贯彻运行。

（2）企业政工工作环境指标，包括企业开展政工工作的舆论环境、企业决策层对政工工作的基本态度和看法，企业员工对政工工作的理解和认同程度，企业政工工作者的精神面貌，企业政工工作运行的难易程度等，这类评估可根据问卷调查和参与式考察来实现。

（3）企业政工工作条件指标，包括企业开展政工工作的物质保障，企业政工工作的基础设施完备程度，企业对政工工作的投入及其变化，企业政工工作的稳定性组织系统的建设状况，企业政工工作者的构成，企业政工工作者的基本素质和工作经验等，这类评估可根据企业财务、设备、人员、组织统计资料来完成。

（4）企业政工工作成就指标，包括企业政工工作运行过程所取得的工作成效，如各种活动的有效策划和实施，各种会议如对话会、恳谈会、交流会、纪念会、汇报会、典礼的有效举办，各种思想教育工作的展开，企业完成员工培训的实际数据，各种矛盾和摩擦的有效解决，各种媒体的实际应用，各种有创意的活动或工作的推出及进展，各种文化活动的参与与策划等，这类评估可根据会议记录、活动报道等资料来进行。

（5）企业政工工作效果指标，包括企业决策层对政工工作效果的评价，企业员工对政工工作效果的评价，社会公众对企业政工工作效果的评价，各种媒体关于企业政工工作效果的评论和报道，其他企业对本企业政工工作经验的借鉴和评价等，这类评估可依据问卷调查、个别访谈、文献查看、媒体资料收集等来完成。

三、政工工作绩效的评估

（一）绩效评估及企业政工工作绩效评估

所谓评估，是依照一定的原则和标准对某事物或活动中做出的"评述"与"估价"。"评述"侧重于定性描述，"估价"侧重于定量描述，评估就是综合运用定性与定量的方法对事物做出的评判。

企业政工工作绩效的评估就是根据企业政工工作的社会主义性质和要求，通过系统地收集资料和对资料的定性、定量分析，对企业政工工作活动自身及其效果做出价值判断，以促进企业政工工作的改革和完善。企业政工工作绩效的评估是评估主体根据政工工作的特征，按照科学的评估原则和标准，运用适当的评估方法，对企业政工工作整体绩效进行价值判断的过程。企业政工工作绩效的科学评估是对政工工作绩效的政策执行、主体效果、运行过程、信息系统以及投入和环境的评估的综合，也是政工工作绩效评估中目标管理标准和社会效果标准相统一的内在要求。

对政工工作的重视程度（政策导向）的绩效评估包括政工工作的机构设置、人员配置和发展规划。对政工工作主体的绩效评估包括工作对象的政治觉悟和思想道德水平的提高程度，工作对象对其他人思想的影响，工作主体的素质和结构。政工工作实施过程绩效评估主要包括政工工作计划的系统性、程序的科学性和方法的创造性。政工工作绩效的正确评估是政工工作过程的必要组成部分，它体现了企业政工工作实施的实际效果，为工作主体总结经验和教训，进一步实施企业政工工作奠定基础，同时为恰当地评估工作主体的工作成绩提供客观依据。

（二）政工工作绩效评估的性质与特点

1. 评估的对象与范围——广泛性

企业政工工作绩效的评估作为对政工工作过程及效果的评述和估价，它是工作者根据党的路线、方针、政策和工作对象的实际，通过一定的工作内容和形式作用于工作对象的过程，也是工作对象主动接受并不断反作用于工作主体的过程。企业政工工作的效果主要是通过工作对象思想行为的预期转变体现出来。它既体现为精神成果，也体现为物质成果。因此，企业政工工作绩效评估的对象和范围具有广泛性特点，它是对工作过程各要素、各环节和工作效果各方面的评估，是一种全程、全域的评估。企业政工工作绩效评估不仅是对某个单因素的评估，而且是对各个因素的全面综合评估。

2. 评估的内容与标准——客观性

企业政工工作绩效评估的内容归根到底是人的思想与行为。人的思想与行为的发展变化是有规律可循的。企业政工工作绩效评估要根据社会发展规律以及人的思想发展规律制定评估的客观标准，并按照客观规律进行实事求是的评估。在具体的评估中虽然难免出现主观性的问题，但克服主观性，追求客观性，始终是企业政工工作绩效评估目标的内在要求。因而，企业政工工作绩效评估的内容是客观的，评估的标准是客观的。

3. 评估的结果——相对性

企业政工工作是促进人们思想转化的工作，政工工作绩效评估通过系统收集、分析各种信息，从而确定和估价工作对象思想实际是否发生变化和变化程度如何。由于思想的丰富性和变化的复杂性等特征，这种确定和估价往往要通过相对比较来进行。只有通过政工工作的现状与目标相比较，效果与评估标准相比较，才能比较客观、全面地认识和判定企业政工工作绩效。加之政工工作绩效并非一下子都能表现出来，效果实现的周期较长，有显性效果和潜在效果之分。因而，政工工作绩效评估的客观结果往往具有一定的相对性。

4. 评估的作用——导向性

企业政工工作绩效评估的直接目的是对政工工作价值进行确认和评定，但评估的功能决不能仅限于价值评定。企业政工工作绩效评估通过考察和检验政工工作的全过程及效果，从而对整个工作产生调控促进功能、诊断决策功能、反馈督导功能、预测先决功能等。因而，它对整个政工工作具有导向作用，其绩效评估指标具有强烈的行为引导功能，它明确并强化了评估对象的工作情况。

(三) 政工工作绩效评估的基本原则

1. 客观性原则

客观性原则是指企业政工工作绩效评估必须一切从实际出发，实事求是，客观公正，不能主观臆断或掺杂主观因素。这就要求评估内容要由科学设计的指标来反映。在指标的设计过程中，要尽量避免个人的主观因素，尽量采用客观尺度，使评估指标不仅内容准确、具体，而且应尽可能量化。考评应根据明确的考评标准、针对客观考评资料进行评估，尽量减少主观性和感情色彩。评估指标有定性指标和定量指标之分，对定性指标也要尽可能量化，对于难以量化的定性指标，要做到指标测度的可回溯，以避免较大程度上的主观随意性，增强评估的客观性和准确性。

政工工作是一个客观的历史过程，政工工作绩效评估是对这一客观历史过程的反映。在企业政工工作绩效评估过程中，最重要的是发扬实事求是、一切从实际出发的优良传统，从对政工工作的客观历史过程及其各个具体环节客观事实的调查分析入手，力求准确地反映这一客观的历史过程。如果违背客观原则，就可能导致绩效评估标准的模糊，影响政工工作绩效的效度和信度。

坚持客观原则必须注意四点：①充分占有资料，广泛收集评估信息；②将定性分析与定量分析两种方法相结合，优化评估技术手段；③从实际出发，根据不同对象的具体情况，将统一的规格要求与特色评估结合起来；④将专家评估、群众评估与自我评估结合起来，坚持群众路线，在兼听中求真实，求客观。坚持客观性原则，对保证企业政工工作绩效评估的准确性和有效性具有重要意义。

2. 全面性原则

全面性原则是指企业政工工作绩效评估必须从整体出发，对政工工作各个方面和实践的全过程及其社会效果作综合性考查与评估。在企业政工工作绩效评估中，坚持全面性原则必须注意三点：①把政工工作作为一个整体看待，从整体的角度评判其成效，不能简单地以某一个环节或项目做得好坏，以偏概全地评估政工工作整体。②从物质成果和精神成果两方面的统一中评估政工工作的绩效。坚持全面性原则，要求我们进行政工工作绩效评估不能单一地考查物质成果或者精神成果，而必须将二者有机结合起来。③采取层次分析方法，注意分析不同主体、客体的实际情况和层次差别，并与政工工作绩效联系起来进而分析考查政工工作绩效的层次差异，既看到主要成绩，又看到缺点和不足。

3. 历史性原则

企业政工工作绩效评估中的历史性原则，是以唯物史观为指导，强调把评估对象放到一定的社会历史条件中去，详细占有资料，进行具体分析，从中找出评估对象与社会历史条件间的内在联系。政工工作实践是一个不断发展并不断深化的社会历史过程，坚持历史性原则，要求对政工工作绩效的考察评估必须将现在与过去的情况和将来的发展联系起来，决不能割断历史。离开社会历史的发展，用孤立、静止的观点和方法是不能正确认识、考察、评估政工工作实践活动的。

4. 相对性原则

企业政工工作绩效评估的好坏，是根据政工工作绩效评估的客观尺度和标准做出的结论。但绩效的好坏，很多时候都是相比较而言的，具有一定的相对性。相对性原则要求对政工工作的绩效进行比较评估。比较评估有纵比和横比两种。纵向比较评估是将评估对象的现在和过去相比来考察政工工作的得失进退。横向比较评估是将一个评估对象与另一个评估对象相比较来看政工工作成效的差异区别。坚持相对性原则就是要坚持纵比评估与横比评估的统一。

(四) 政工工作绩效评估的主要方法

企业政工工作绩效评估是指评估主体通过采用科学的方法对政工工作决策者、管理者和实施者的工作的价值和有效性的整体判断，对政工工作的过程的优化程度以及政工工作资源利用情况进行合理评估，为政工工作改革提供经验，创造条件，从而促使政工工作活动有效、深入和健康发展的活动。

1. 定性评估法

定性评估方法主要有系统分析法和比较分析法。系统分析法是根据系统论的基本原理，采用系统分析技术对政工工作进行分析和评估的方法，其优点是将政工工作作为一个系统工程进行全面系统的评估。比较分析法主要是通过对事物的相关要素进行分析比较，以判断事物的演变趋势以及变化情况，其优点是将政工工作绩效与相关事物进行比较，使得评估具有一定的可信度。

定性评估法的优点是将政工工作绩效与相关事物进行比较，使得评估具有一定的可信度。目标管理法的优点是可以将评估对象与评估目标直接对比。数量化评估法的优点是将评估指标进行量化。效益评定法的优点是更侧重经济价值。从政工工作绩效评估的特征可以看出，采用单一的现有评估方法难以对其作出科学的评估。

2. 定量评估法

定量评估方法主要有目标管理法、量化评估法、效益评定法、接受程度评定法和分等加权法。目标管理法就是先确定政工工作所要达到的目标，然后对照这些目标来评估政工工作效果的方法，其优点是可将评估对象与评估目标直接对比。数量化评估法，即用模糊数学法和数量表述法对工作绩效进行评估，可以克服传统的定性方法的缺点，其优点是将评估指标进行量化。效益评定法是根据政工工作效果与消耗时间及投入工作量的乘积（成本）的比值来判断绩效，其优点是更侧重具体价值。分等加权法是指政工工作的每一个指标分为优、良、中、差，再根据指标在整个评估中的重要程度确定权数进行计算。

3. 实地调查评估法

实地调查评估法是通过观察、访问、问卷、量表等综合手段进行政工工作绩效定性定量评估的一种方法。这种评估方法注重对评估对象的调查研究，是一种具有调查特色的评估方法。实地调查评估实施的具体形式和方法如下：

（1）实地考察是评估人员直接深入到政工工作第一线，对政工工作过程和效果的各个要素、各个环节进行实际考察和调查研究，详细了解企业员工的思想、学习和生活情况，从而获得对评估对象的直观的感性认识。实地考察时通常使用的方法有观察法、体验法、听取报告法、访问法、座谈法等。其任务是在政工工作的实践中直接接近评估对象，通过看听问等形式从不同侧面了解评估对象，获得关于评估对象的第一手材料和信息。实地调查是一种较为直观、较重感受性的评估方法。

（2）抽样调查是从评估对象中的总体中抽取一部分作为样本，通过对样本的分析研究来推论总体状况的一种调查方法。它一般采取随机抽样的方法确定调查对象，并通过问卷、量表等技术手段详细收集样本资料，借助统计科学对样本资料进行科学定量分析。抽样调查是适用于较大范围评估对象的一种评估方法。

（3）纵向调查又称追踪调查，它是对评估对象的过去历史和未来发展进行纵贯式的考察分析，通过纵向比较，从而对评估对象做出动态估价。追踪调查是一种动态评估方法。

（4）横向调查，该方法是将一个评估对象的各个要素与另一评估对象的各要素相比较继而对之做出评估结论的评估方法。它通过横向相对比较评判优劣，权衡利弊，总结经验教训，从而找出差距，明确方向，推动政工工作不断发展。

4．模拟情景评估法

模拟情景评估法是通过设计逼真的模拟场景和模拟工作情景，采取一系列科学方法，考察和评估政工工作主客体的思想素质和能力素质的一种评估方法。其基本做法是，将主客体的思想素质和能力素质分为若干指标，设计模拟场景和模拟工作情景，并拟定主客体在其中的模拟角色，将指标和主客体一起投入模拟场景和模拟工作状态中，通过观察、研究主客体模拟角色的表现，对其思想、能力素质进行定量分析、测定和评估，从而确定主客体的素质等级。模拟情景评估法是特定的模拟场所对教育主客体的现场评估，它具有多个优点：①评估具有统一的客观尺度，便于定量评估；②评估是在动态中，在特定的实践中进行，能对评估对象的思想和能力素质做出准确的描绘和分析；③评估有利于被试者发现自身不足，明确自身努力方向。

5．模糊综合评估法

模糊综合评估法是现代管理研究方法中评估具有模糊性的对象广泛使用的科学方法。由于政工工作绩效评估内容的模糊性和评估范围的不确定性，同时为了克服现有方法的缺陷，提高评估的效果，政工工作绩效评估拟引进模糊综合评估法。该方法以定量评估为主，定性评估为辅，将二者有机结合，其优点是，采用系统分析法的优点将评估目标作为一个系统，设计成一个绩效评估指标体系，吸收比较分析法的优点将评估对象与有关问题对比分析，得出相对客观的评估标准，利用目标管理评估法确定目标的方法定出比较科学的评语集，使得评估更加客观，同时使用了模糊数学方法的量化和运算形式，在计算权重时运用了等加权法的特点。

四、政工工作绩效评估的实现途径

（一）科学的理解政工工作绩效评估

第一，注重企业政工工作绩效评估与一般绩效评估的差异。政工工作评估措施包含了思想政治在结果和过程价值目标上的冲突。追求自身个性和价值的最大体现的个体特性与政工工作追求成长为符合社会主义建设要求之间往往隐含着整体利益与个人利益之间的对立。因此，作为培养合格的社会主义建设者的政工工作所应承担的责任，决定了政工工作评估是以表现为政工工作的规范、行为标准为尺度，而不是以个体利益的实现程度为尺度。

第二，注重我国企业政工工作目标所处的发展阶段和具体国情。由于社会制度和具体国情与西方不同，政工工作职能定位、绩效目标、绩效标准、评估指标、绩效评估目的与任务等方面，与西方的德育教育评估具有一定的差异，甚至包括推进途径的差异。只有正确把握了这种差异，企业才能科学设计符合情况的政工工作评估制度。

第三，清晰界定企业政工工作绩效评估的功能。对于企业来说，政工工作绩效评估的功能是不断演变的。它的强大生命力是因为它是针对政工工作所面临的具体问题而采取的解决措施。因此，企业政工工作绩效评估必须明确政工工作所面临的问题及其成因，结合中国经济、社会所处的发展阶段，围绕政工工作绩效评估的历史使命来探索它的具体功能及实现途径，从而构建具有特色的企业政工工作绩效评估体系。

（二）科学的实践政工工作绩效评估

第一，流程再造与评估实践。通过流程再造明晰政工工作的职能、通过工作分析界定政工工作的岗位职责。绩效是行为主体政工工作部门或工作者在履行职能或岗位职责过程中形成的，因此，这就要求在实施政工工作绩效评估之前，要通过流程再造明晰各个部门的职能，使部门之间职能不重复、不交叉；通过工作分析形成职务说明书来科学界定政工工作的岗位职责。只有这样，才能真正明确政工工作部门或岗位的工作内容和范围，才能明确绩效标准。同时，又根据职能、岗位职责、绩效标准与绩效评估指标之间的内在关联性，科学构建政工工作评估指标体系。

第二，指标完善与评估实践。科学构建企业政工工作绩效评估指标体系。构建政工工作绩效评估指标体系，既要考虑政工工作的经济效益和社会效益，也要考虑短期效应和长期效应、直接效应和间接效应；要建立定性与定量相结合、统一性指标与专业性和特殊性指标相结合的、综合的、多层次的绩效评估指标体系，避免绩效评估指标与职能、岗位职责之间脱节；避免出现绩效评估指标对被评估者产生逆向激励效应；要在试点的基础上，建立和完善绩效评估指标体系和绩效评估基础资料数据库、使绩效目标能够量化和具体化，从而为绩效评估提供技术支持。

第三，信息系统与评估实践。建立与完善企业政工工作绩效评估的信息系统和信息沟通机制。信息资料是影响政工工作绩效评估的重要因素之一，收集信息资料的关键是在政工工作部门之间、部门与群体之间建立起一种广泛的信息沟通机制。通过传播媒介、办公室自动化、管理信息系统和网络等信息沟通机制，一方面，提高政工工作部门收集、处理信息的能力和实现资源共享；另一方面，实现信息沟通渠道的多样化，建立和畅通群体表达利益与意志的渠道，解决政工工作绩效评估信息不对称的问题，提高政工工作部门对群体需求的回应力。

（三）政工工作绩效评估环境条件的营造

企业政工工作绩效评估作为企业管理体制的组成部分，不是孤立存在的，而是不可避免地要与其他部分发生联系；也不是单独产生作用的，而是要与其他部分、其他措施相互作用、相互配合。因此，营造政工工作绩效评估有效施行的环境条件，就是要以问题为导向、以提高政工工作绩效为目的绩效评估。绩效评估结果能够为政工工作部门发现问题，改进绩效提供有价值的信息与反馈，有助于加强对政工工作部门的激励作用，有助于政工工作科学化。

企业政工工作绩效评估是一种系统的、综合的工作，需要与实践结合，并要与工作环境之间的相互渗透进行思考。因此不仅要注重现代科学工作方法对于政工工作的影响，而且更要注重现代化的观念、体制对于现代企业政工工作方法有效发挥作用的障碍。正确认识这一点，对有效推进政工工作绩效评估并发挥其作用的社会环境，有着十分重要的现实意义。

第四节　政工工作队伍与制度保障

一、政工工作队伍建设

建设一支政治素质好、知识层次高、懂经营会管理的政治工作队伍，是确保企业政工工作取得实效的组织保证。

（一）政工工作者的应有素质

企业政工工作者素质的高低直接影响到企业政工工作的成效。因此，企业政工工作者要加强自身修养，提高思想水平和业务素质。企业政工工作者应该具备以下基本素质。

1. 政治素质

政治素质是企业政工工作者所必须具备的政治立场、党性原则、理论修养、政治责任感等方面的素质。企业政工工作者必须不断提高自己的马克思主义理论水平，并运用习近平新时代中国特色社会主义思想的立场、观点和方法，指导自己的行动，解决政工工作中的实际问题。企业政工工作是党性很强的工作，政工工作者必须具备坚定的无产阶级立场和坚强的党性，在政治上、思想上、行动上和党中央保持一致。要坚持共产主义理想、信念不动摇，大公无私、谦让容人、严于律己、忠于职守、尽职尽责。

2. 道德品质

企业政工工作者要加强自身道德修养，率先垂范，在各个方面起到榜样作用。①全心全意为企业员工服务，为员工办实事，办好事，处处为员工利益着想；②敢于坚持真理，勇于修正错误，不计个人得失，同各种不良倾向做斗争；③树立正确的善恶观、是非观，模范地遵守社会公德和职业道德；④发扬无私奉献、顾全大局的精神，做好本员工作，唯有如此，才能做好企业的政工工作。

3. 文化知识

政工工作是以研究人、教育人、塑造人为对象的综合性应用科学，企业政工工作者作为这门科学的直接实践者，必须具备一定的文化专业知识，才能有效地开展工作。①积极主动地学习经济学、管理学、心理学、社会学、教育学、行为学、信息论等，积累丰富的人文科学和自然科学知识，通过不断学习，拓宽知识面，提高自己的文化知识水平，才能增强企业政工工作的针对性、有效性和创新性；②研究和掌握政工工作的专业知识，同时还要具备企业不同政工工作岗位的具体业务知识；③熟悉本行业本企业生产建设、经营管理方面的基本知识，以便更好地结合本企业的经济目标做好政工工作。

4. 工作能力

企业政工工作人员的综合工作能力，主要体现在以下方面。

（1）调查研究能力。实事求是地进行调查研究是企业政工工作人员的基本能力。企业政工工作人员通过调查研究，掌握员工思想状况，明确工作重点，做到有的放矢，对症下药，才能获得良好的工作效果。

（2）决策组织能力。企业思想政治者，特别是政工工作领导人员的计划、决策和组织能力尤为重要。要对企业政工工作的状况加以分析判断，权衡利弊，分清轻重缓急，集思广益，最终确定方案和计划，然后付诸实施。在组织实施过程中，要明确工作任务和目的要求，把握工作程序、步骤、方法，协调各个部门有效地开展工作。同时要严格落实措施，检查督促，考核奖惩，总结提高。

（3）表达能力。政工工作者的表达能力主要体现在口头表达和文字表达能力两个方面。企业政工工作人员往往要采取演讲、报告、个别沟通交流、展开讨论等多种形式开展政工工作，这就要求具有较高的口头表达能力，能够做到语言清晰明白、生动形象、幽默感人，具有吸引力和感染力，让员工愿听肯听爱听。同时，从事政工工作的过程当中，需要编写宣传材料、总结先进典型、撰写调查报告和研究论文等，这些工作就需要企业政工工作者具备较强的书面文字表达能力。

（4）社交能力。企业员工不仅是企业的主人，也是社会和家庭的成员，具有广泛的社会关系，所以他们的思想状况往往会受多种因素和多种渠道的影响。面对这种情况，企业政工工作者必须建立广泛的社会关系，通过各种渠道了解员工的思想状况，这就要求政工工作人员具有一定的社会交往能力。并且，企业的青年员工具有思想活跃、喜欢社会交往和参与社会活动的特点，这就对企业政工工作人员进一步提高自身的社会交往水平提出了更高的要求。

5. 现代意识

企业政工工作人员要与时俱进，培养符合时代进步要求和现代企业制度的现代思想意识。

（1）信息意识。信息意识是指对信息的敏感度和捕获、分析、判断、吸收信息的自觉程度。当今时代是一个信息时代，增强信息意识是企业政工工作者提高工作效率的重要保证，如果缺乏良好的信息意识，就不能产生强烈的信息需求，也不会有合理利用信息资源的内在动力，所以企业政工工作者要有意识地培养和加强信息意识。

（2）创新意识。创新意识包括人的理想、意志、毅力、组织动机、自信、兴趣、情感以及奉献精神和拼搏精神，面对复杂多变环境的应变能力，解放思想，冲破僵化思想禁锢的创新能力。企业政工工作新局面的开拓，在很大程度上依赖于政工工作者的创新意识和创造性思维。当前，企业政工工作出现了大量新情况、新矛盾、新问题，这就要求企业政工工作人员要在实践中不断学习新理论，积累新经验，工作要有前瞻性，积极主动掌握新技术，掌握新进展，敢于打破陈旧观念。要超越惯性思维，善于进行理论思维和战略思维，探索新思路，自觉地把思想认识从那些不合时宜的观念、做法和体制的束缚中解放出来，从主观主义和形而上学的桎梏中解放出来，不断创造新经验。

（3）竞争意识。目前，企业政工工作者的文化层次呈上升趋势，高学历者越来越多，这是一个优势，但是也带来了竞争。一方面，从事政工工作并不意味着有了高学历就有高水平，高学历者还必须埋下头、扎下根在实际工作中不断学习，加强锻炼，使理论和实际相结合，以便增强竞争力；另一方面有些学历低但工作时间比较长的政工工作者，虽然在实践中积累了丰富经验，但知识老化，越来越难以适应形势的发展和竞争的需要，必须抓紧继续学习新的知识。所以，企业政工工作人员无论文化层次高低、经验丰富与否，都要具备竞争意识，在竞争中不断提高工作效率。

（4）人本意识。以人为本，就是要重视人的价值，肯定人的作用，承认人的力量和能动性，立足于以人为根本。政工工作是以人为实践对象，从事人的思想、精神世界的社会实践活动，人既是政工工作的对象，更是政工工作的目的。企业政工工作必然要求以企业员工的现实存在为出发点，尊重员工的差异性、个别性、主体性，全面贯彻以人为本理念，弘扬和培育员工的主体性，加强个体自我教育，发展员工的个性，培养其人格力量。也就是说，企业政工工作者必须始终着眼于员工的发展，始终树立并贯彻以人为本的理念。

（5）开放意识。所谓开放意识，就是用开放的观点认识思想环境和社会环境。社会环境、思想环境，是开展思想教育的基本依据，是重要的教育资源，也是影响教育效果的重要因素。信息时代的到来，企业员工从社会生活和各种渠道中摄取的信息量比以往任何时候都多而广，政工工作者能够利用的教育资源也比过去任何时候都及时丰富。如果政工工作忽视了对思想环境和社会环境的深入分析，没有充分认识到它们对员工思想观念的影响和改变，就会削弱政工工作的针对性、有效性。因此，面对企业政工工作遇到的新的挑战，政工工作者必须因势利导，要正确认识当前的思想环境和社会环境，积极改进教育方法，充分利用环境影响积极作用的一面，及时消除其带来的不利因素，使政工工作踏上时代的节拍。

（二）政工工作队伍建设的思路

目前企业政工工作队伍的现状和存在问题，源于社会不良影响、企业领导的忽视、企业政工工作人员自身素质下降以及对政工工作各方面认识上存在偏差等因素的影响。企业必须采取措施改变这一现状，切实加强政工工作队伍建设，壮大工作队伍，提升能力素质，充分发挥企业政工工作应有的效应。

1. 充分认识政工工作队伍建设的重要性

要真正树立企业政工工作人员是企业不可或缺人才的科学理念，树立企业政工工作人员既是企业政工工作和企业文化建设的骨干力量，也是企业生产经营和管理服务的骨干力量的先进观念。要认识到建设一支具有一定数量和质量的专兼职政工工作队伍，是企业稳定、发展不可或缺的基本力量和保证。

2. 积极发挥领导班子的带头示范作用

只有过硬的班子才能带出一支过硬的队伍。只有过硬的队伍才能创出一流的业绩。新时期企业加强政工工作队伍建设，必须抓好各级领导班子的自身建设，真正发挥好模范带头和示范作用。企业领导要从我做起，从现在做起，坚持高起点，高标准，工作时时处处发挥表率作用。企业领导要树立超前意识和改革精神，增强责任感和使命感，以自身良好的形象，严谨的工作态度和求真务实的工作作风，组织和带领广大企业政工工作人员，更好地履行各项职责。企业领导要以科学发展观为统领，大力宣传工作中涌现出来的先进典型和经验，形成企业良好的风气。企业领导要充分发扬民主作用，勇于开展批评与自我批评，相互支持、相互尊重，遇事集思广益，坚持做到大事讲原则，小事讲风格，建立信任、和睦、团结一致的工作关系，形成一个有凝聚力和向心力的领导核心。企业领导做出榜样，必然会推动整个政工工作队伍的建设。

3. 不断提高政工工作人员的综合素质

如何提高政工工作人员的素质是企业政工工作队伍建设的重要内容。政工工作人员的主要任务之一就是做人的工作，而人又是现实生活中最不稳定、最难以控制和把握的要素。因此，要做好人的工作，政工工作人员必须加强政治理论和文化及专业知识的学习。

（1）加强马克思主义理论的学习。教育者必须先受教育。只有自己有了正确的思想观点、政治立场，既重言教，又重身教，言行一致，表里如一，以身作则，才能更好地去说服教育别人。

（2）学习专业知识、科学技术、知识经济、市场经济等方面的一些基础知识，掌握科学的思想方法和工作方法。社会在进步，理论在发展，企业政工工作人员必须不断学习和提高，勤奋好学，这是提高自身综合素质的必然途径。新形势下，政工工作人员要走一走多元化的复合型道路，掌握新知识，增强新本领，把学习政治理论与学习市场经营管理和业务知识结合起来，学以致用，不断提高企业政工工作人员的认识水平、工作能力和综合素质，使其服务本领得以强化。

4. 尝试建立政工工作人员的岗位轮换制度

时代要求每一名企业政工工作人员都应该是一个复合型的人才，既掌握多学科的专业知识，又要懂得如何做人的政工工作来强化企业管理的人才，而企业管理人员、技术人员及其他岗位人员与企业政工工作人员的岗位轮换是造就复合型人才的一个有效途径。在坚持以专为主、专兼结合的原则，以及稳定党务、工会、共青团等专职政工人员的基础上，培养和选拔政治素质好、知识层次高、懂经营善管理的复合型人才到企业政工工作和企业文化建设岗位上来，同时发挥好企业技术骨干、生产经营标兵，以及老党员、老模范、老专家和志愿者在企业政工工作和企业文化建设中的作用。目前一些有见识、有魄力的企业领导已经进行了这方面的尝试，并取得了一定的成效。因此，企业可以通过将干部岗位轮换制度化，在整体上优化企业政工工作队伍。

5. 加强政工工作人员的实务培训与理论研讨

通过加强实务培训与理论研讨，在培训和理论研讨中提高政工工作人员的履职能力，塑造企业的复合型人才。业务部门要定期有针对性地采取办培训班、现场观摩、经验交流、理论研讨等形式，本着缺什么补什么的原则，着眼企业的长远建设与发展，培养企业政工工作人员的基本业务技能。同时，针对企业复合型人才的培养目标，把热爱政工工作、有培养前途的好苗子放在关键岗位上锻炼，让他们从实践中增长才干，使其熟知从事政工工作应知应会的技能，如分析问题、解决问题的能力，做思想工作、组织会议、总结工作、协调关系、开展活动的能力等。使之做形势任务教育要先知形势，做党务工作要先具备党务知识，做政工工作要有驾驭工作对象的能力，动手能写，动口能讲。这既是政工工作人员的必备素质，也是做好政工工作的必要条件。

6. 建立健全政工工作的激励制度

当前，企业政工工作人员的社会地位和权益随着企业改革的深入而存在不同的际遇。有的企业对政工工作人员的权益给予了一如既往的维护与尊重，但部分企业却漠视他们的权益，没有给予他们应有的尊重。在待遇方面，政工工作人员机会相对少。针对这种情况，企业要关心爱护政工工作人员，健全政工工作人员职务晋升、职级评定、收入待遇、评优评先、轮岗交流等方面的激励机制和保障措施。通过公平公正的制度，使他们干事有平台、发展有空间，工作得安心踏实，没有后顾之忧。并给予相应的政治和经济待遇。

政工干部可以说是"灵魂工程师"，他们所从事的工作是与人打交道，琐碎平凡而高尚，许多工作是默默无闻而看不到具体效益，工作的过程是潜移默化的过程。要关心政工干部的选拔、培养与使用。帮助他们解决工作和生活上的实际问题。政工干部不是特殊干部，他们的政治和经济待遇要和同级经营干部相匹配，只有这样，企业里这支特殊使命的团队才能焕发生机，也才能为企业中心工作服务好。

二、政工工作的保障支持

企业政工工作保证了企业坚持社会主义的性质和方向；保证了企业正确贯彻执行党和国家的各种路线、方针、政策；保证了企业员工主人翁地位的切实实现。我们一定要从贯彻落实科学发展观，充分认识做好企业政工工作的重要意义。

（一）政工工作的相关政策

在中国共产党的历史上，从革命战争年代到和平建设年代，党中央出台了众多关于政工工作的文件。进入改革开放以来，面临企业新的经营环境和市场经济体制的推进，党中央更是通过相关文件不断指导企业政工工作向着健康、完善的方向发展。改革开放以来，党中央关于企业政工工作的一系列政策文件，最基本的精神和要求可以归纳如下。

第一，高举中国特色社会主义的伟大旗帜。高举旗帜，就是要把深入学习宣传贯彻党的路线方针政策作为首要政治任务，坚持贯彻落实习近平新时代中国特色社会主义思想，把坚持马克思主义基本原理同推进马克思主义中国化结合起来，用党的理论创新成果武装头脑、指导企业政工工作、推动企业政工工作，巩固马克思主义在意识形态领域的指导地位。

第二，围绕企业生产经营这一中心开展工作。围绕大局，就是要认真贯彻中央的决策部署，紧紧围绕经济建设这个中心，企业政工工作必须紧紧围绕企业生产经营这一中心来开展，紧紧围绕党和国家工作大局，紧紧围绕建设社会主义核心价值体系，紧密结合企业生产经营、改革发展中心任务。

第三，以人为本，尊重人，理解人，关心人。服务人民，就是要坚持以人为本，充分发挥人民主体作用，把人民是否满意作为根本标准，尊重差异、包容多样，努力满足人民多层次、多方面、多样化的精神文化需要，让人民共享文化发展成果，促进人的全面发展。维护企业员工的合法权益，丰富他们的精神文化生活，提高他们的自我保护能力，不断增强他们对企业的归属感和认同感。

第四，把解决思想问题同实际情况结合。政工工作必须结合经济工作和其他实际工作一道去做，把解决思想问题同解决实际问题结合起来，充分发挥其统一思想、凝聚力量、化解矛盾、理顺情绪、激励人们团结奋斗的重要作用。

第五，将改革创新贯穿于企业政工工作之中。我们党历来高度重视企业政工工作，在长期实践中积累了许多好经验好做法，必须大力继承和发扬。同时，要结合形势任务的发展变化，研究新情况，解决新问题，创造新经验，增强工作针对性、实效性和吸引力、感染力。要适应经济基础、体制环境、社会条件和传播方式深刻变化的新形势，以时代的眼光审视企业政工工作的实践发展，以改革的思路寻求加强和改进工作的新途径新办法，不断丰富工作的内涵和外延。

第六，党委和政府领导下全社会的参与。加强党委和政府对企业政工工作的领导。各级党委和政府要把加强和改进企业政工工作列入重要议事日程，定期进行专题研究，提出指导性意见。营造全党全社会关心支持企业政工工作的浓厚氛围。企业政工工作是一项社会系统工程，需要党、政各部门，社会各方面的支持和积极参与。

第七，加强企业文化培育企业精神。企业精神具有强大的凝聚力、感召力和约束力，是企业员工对企业的信任感、自豪感和荣誉感的集中体现，是企业文化建设的灵魂。加强企业文化建设，激发干部员工爱岗敬业、奉献社会的热情。要紧密结合企业实际，深入挖掘企业历史与文化资源，总结提炼并不断完善企业价值理念，增强企业文化对员工的号召力和影响力。

第八，建立现代企业制度提高经济效益。企业政工工作要结合深化改革、建立现代企业制度、提高经济效益来进行。充分发扬党的优良传统和政治优势，加强和改进政工工作，对深化企业改革，建立现代企业制度，积极推进建设有中国特色社会主义的伟大事业，具有十分重要的意义。

第九，企业政工工作要坚持三贴近。企业政工工作要贴近实际、贴近生活、贴近员工。贴近实际，就要坚持从改革开放、现代化建设和企业跨越式发展的实际出发部署工作，按照实际需要推进工作，以实际效果检验工作。贴近生活，就要深入到生活中去，使政工工作更好地融入生活、服务生活、引导生活。贴近员工，就要扎根于员工群众之中，充分满足他们的需求，以员工满意不满意、高兴不高兴、赞成不赞成作为根本标准。

（二）政工工作的保障体系

1. 政工工作的组织保障

（1）企业党组织是企业政工工作的核心。企业政工工作要充分发挥国有企业党组织的政治核心作用，科学配置政工工作资源，采取党委（党组）成员、董事会成员和经理班子成员"双向进入、交叉任职""专兼结合、一岗双责"等任职方式，建立健全目标明确、权责分明、运转协调、渠道畅通的政工工作领导体制和工作机制。要把政工工作同生产经营、后勤保障、人力资源开发、企业精神培育、企业文化建设、管理服务等领域工作结合起来，同集团公司、分厂分公司、车间、班组等不同层面工作贯通起来，形成党委统一领导、党政共同负责、党政工团齐抓共管、以专兼职政工干部队伍为骨干、以员工群众广泛参与为特色的大政工格局。

（2）企业党委对政工工作的领导职责。企业党委要切实加强对政工工作的领导。国有企业党委（党组）对政工工作负总责，党委书记是国有企业政工工作的第一责任人。企业领导班子和领导干部要讲党性、重品行、作表率，模范践行社会主义核心价值体系，自觉遵守廉洁自律各项规定，以实际行动赢得员工群众的信赖。要积极组织开展学习型党组织建设和创先争优活动，提高企业党组织建设科学化水平，促进政工工作的开展，把党的政治优势和组织优势转化为增强企业核心竞争力的重要实践。要按照精简、高效、协调、务实的原则，科学设置政工工作机构，大型企业应设立专门的政工工作机构，中小型企业根据实际情况设立精干健全的党群综合工作部门，履行政工工作职责。要紧密结合企业改革发展的中心任务和阶段性目标，制定实施政工工作总体规划、年度计划，采取有效措施确保政工工作各项任务要求落到实处。

（3）企业基层党组织政工工作的分工与职责。企业思想工作要有效发挥分厂分公司、车间、班组等企业基层党组织教育群众、服务群众的重要作用，严格执行支部党员大会、支部委员会、党小组会和党课"三会一课"制度，大力推广"党员责任区""党员先锋岗"等做法，动员组织广大党员做好群众工作，团结带领全体员工干事创业。要认真组织政治理论学习和主题教育活动，把党的理论路线方针政策传达到每位员工、落实到基层一线。要举办经常性的座谈会和恳谈会，做好日常面对面沟通和一对一谈心，了解员工思想、学习和工作情况，听取员工意见和建议，找准政工工作与员工所思所盼所忧的契合点，真正把工作做到员工心坎上。

（4）企业工会等群众组织在政工工作中的重要作用。企业工会组织是党联系员工群众的桥梁和纽带，是员工利益的代表，要依法履行职能，按照促进企业发展、维护员工权益的原则，组织员工参加民主管理和民主监督，与企业行政方面建立协商制度，及时就涉及员工利益的重大事项决策、重要规章制度制定征求意见、提出建议，畅通员工利益诉求表达渠道，维护员工的合法权益；鼓励支持员工学习科学技术知识和岗位专业知识，积极组织开展岗位技能竞赛，开展健康有益的文体活动，不断提高员工队伍的思想道德素质、科学文化素质和健康素质；做好劳动模范和先进生产者的评选表彰工作，注重发挥他们的示范带头作用。共青团组织要根据青年员工特点做好各项工作，组织团员青年学习党的理论路线方针政策，学习科学文化知识，团结带领团员青年在生产经营实践中发挥生力军作用。

（5）企业政工工作的政工队伍建设。企业政工队伍包括党务、工会、共青团等专职人员在内的国有企业政工干部，是直接面向员工群众开展工作的一线队伍，是搞好企业政工工作的骨干力量。要根据企业实际需要确定专职政工干部的数量，原则上应不低于正式员工总数的1%。企业政工工作的队伍建设中要牢固树立政工干部是企业人才的理念，按照稳定队伍、优化结构、提高素质的要求，实施企业政工作队伍人才培养工程，采取措施吸引和选拔政治素质好、知识层次高、懂经营会管理的中青年干部和优秀高校毕业生到政工岗位上工作；要制订实施企业政工干部培训计划，力争每五年对基层政工干部轮训一遍；要建立政工干部交流、轮岗制度，使政工干部合理流动，在不同岗位经受锻炼、增长才干，成为复合型人才；要关心政工干部的工作和生活，合理确定政工干部的工资、奖金，确保政工干部在学习培训、职称评定、职务晋升等方面与同级生产经营管理干部享受相同政策。专职政工干部要坚持深入基层、深入群众，提高服务本领，努力成为政工工作的行家里手。兼职政工干部要把政工工作与业务工作结合起来，在抓好业务工作的同时，投入足够时间和精力做好政工工作。

2. 政工工作的机制保障

（1）企业政工工作的动力激励机制。政工工作中的激励，主要是指遵循工作对象的思想、行为发生发展的特点和规律，按照社会和组织的要求，通过各种有益的方法，激发人们形成积极的心理推动力，鼓励人们在学习、工作和劳动中表现出高度的积极性、能动性和创造性的实践活动。有效的激励可以调动人的主观能动性，强化人的期望行为，从而显著提高劳动生产率，因此，要构建有利于企业政工工作的激励机制。

第一，奖惩相结合的机制。奖励有利于减轻个人的心理压力以及焦虑、紧张的情绪反应，从而形成积极向上的氛围。用物质的力量激励员工，能够增强政工工作的感召力。对为企业发展作出贡献的员工，不仅在精神上宣传到位，还要在物质上奖励到位，以此促进员工队伍在理论修养、思想道德、职业能力等诸方面得以全面发展。企业员工素质提高了，必然会促进企业发展，企业发展了才能破解各种难题，缩小员工渴望成才与现实条件下的差异才能满足员工展示自我价值、追求更高层次的需要，也才能使政工工作在企业和员工的同步发展中发挥最大效应。对部分违反企业规定的员工，企业需要对其采用必要惩罚措施，纠正不符合企业利益的行为，但惩罚属于负激励，虽然也可以激发人的动机，却会给个人带来压抑等内心感受，处罚措施的选择还要视情况而定。

第二，精神激励机制。企业政工工作中要实施精神激励，企业首先需要将自己的长远目标、中期目标和近期目标进行宣传，使员工更加了解企业，了解自己在目标的实现过程中应起到的作用；同时还应注意引导员工把组织目标和个人目标结合起来，使大家了解到只有在完成企业目标的过程中，才能实现个人的目标，自觉地把工作搞好，自觉地关心企业的利益和发展前途。

（2）企业政工工作的监督评估机制。企业政工工作评估机制就是根据企业对政工工作的要求以及企业员工的实际情况，确立指标体系，运用测量和统计分析等先进方法，对企业政工工作的实际效果进行价值判断的过程。它为全面提高企业政工工作效果，为保证企业政工工作系统的有效管理和正确决策提供可靠的依据。

企业政工工作的评估机制要做好三个层面的工作：①企业内部各级政工工作部门的自

我评估。自我评估要求企业内部政工工作部门根据自身设定的工作目标，检测工作成果，并对工作计划的实施做出评估，并提出改进工作的方法。②要求企业内部各级党组织的评估。党组织的评估要求企业党委、各级基层党组织根据企业政工工作部门的工作成绩做出评定，并提出建议。③由企业员工对企业政工工作部门和人员的工作能力、成绩等进行评估。政工工作要取得成功就必须获得员工的认可，只有通过员工评估才能有效、客观的确定企业政工工作的成绩。

发展政工工作评估机制，以增强政工工作实效是十分必要的。通过评估可以帮助企业测定一定时期的政工工作成绩，同时明确下一阶段政工工作的目标和重点。通过有效的评估，才可以让企业明白当前企业政工工作在软硬件上还有着哪些不足和欠缺，对于这些不足和欠缺该如何进行弥补和改进。建立评估机制，还可以使政工工作的隐性效果显现，这有助于纠正许多人认为政工工作是可有可无的软任务的错误认识，从而增强政工工作在企业管理者和员工中的认同感。

（3）企业政工工作的物质保障机制。企业政工工作的开展需要一定的物质和经费作为保障。相关经费主要用于企业理论学习、宣传、实践调研、表彰奖励以及工作设施的建设等；同时还要用于提高企业政工工作者的工资待遇的专项资金和奖励机制。企业政工工作的经费投入作为企业的一项经常性开支，是保证政工工作正常开展的物质保障，有条件的企业可以逐年增加，股份制企业应该按比例从公益金中提取。

（4）企业政工工作的舆论宣传机制。企业政工工作的开展要通过加强企业报刊、广播、电视、网站以及图书室、活动室、文化宫、俱乐部、电影院、文化广场等宣传思想文化阵地建设，为丰富干部员工精神文化生活搭建更多平台；要加大企业内部网络建设的投入，建立网络、手机即时交流平台，开设新闻、访谈、论坛、博客、微博、学习园地等栏目，构建高效、互动、个性化的企业政工工作网络体系；要加强对企业各类宣传思想文化阵地的管理，做到把握导向、改善条件、优化服务、高效利用。

（5）企业政工工作的人文关怀机制。企业政工工作人员和其他领域或岗位上的工作人员一样，有能力，有经验，有热情，有追求。对绝大多数政工工作人员来说，只是由于社会分工和事业需要使他们投身于政工工作，成为专职或兼职的企业政工干部。在中国特色社会主义体制下，企业里的党团组织和各种政治工作部门肩负着宣传贯彻党的路线方针政策，引领企业正确舆论导向，服务于企业发展改革大局，协调企业内部各种关系，反映企业员工的呼声和要求的不可替代和不能缺少的重要职责。要想真正稳住这支队伍，加强这支队伍，必须有强有力的政策保障机制，规定准入制度，造成队伍精干，配置有力的局面。此外，还需要建立一种人文关怀机制，要提升这批人在企业里的地位，理解这批人在这个岗位上的贡献，关心这批人的成长和前途，维护这批人应有的利益。

第四章 互联网背景下的政工管理创新实践

第一节 新媒体时代政工工作方法创新

随着新媒体的普及，企业政工工作方式、工作模式也发生了变化，得益于新媒体的良好传播力、共享性，企业政工队伍应该积极进行工作方式、工作思想的创新，依托新媒体与传统媒体的整合优势，拓展政工工作影响力，在企业内部打造积极的政工氛围和文化环境，激励员工工作热情，为企业的持续、稳定发展提供助力。

一、新媒体传播的特征

（一）主体多元化

新媒体时代的主体多元化是一个革命性的变化。传统媒体通常由少数专业记者和编辑控制，他们决定了哪些信息被传播和如何被呈现。然而，在新媒体时代，任何人都可以成为信息的传播者。通过智能手机、平板电脑和其他数字设备，每个人都可以轻松地创建和发布视频、文字、音频等内容。这一变革打破了以往传播者与接受者之间的明确界限。现在，每个人都有机会成为信息的传播者和接收者，特别是在互联网世界中，人们不仅是信息的接收者，还是信息的生产者。这种传播主体的多元化已经成为新媒体的显著特征。

多元化的主体带来了一系列的社会影响：①促进了信息的多元来源，减少了信息的垄断和操纵。以前，媒体公司和政府有更多的控制权，可以选择性地发布或隐藏信息，而现在，人们可以通过社交媒体和个人博客等途径传播他们认为重要的信息，从而提高了信息的多样性和真实性。②主体多元化加强了信息的互动性和参与性。社交媒体平台允许用户发表评论、分享观点，与其他用户互动，这为信息传播和讨论提供了更多的机会。③主体多元化也为个人自我表达和自我实现提供了更多的机会，激发了创造力和创新。

然而，主体多元化也伴随着一些挑战。由于信息传播不再受到传统媒体的严格编辑和审核，有时会出现假新闻、谣言和不准确信息的传播。此外，信息的过度分散可能导致信息过载，使人们难以筛选和获取有用的信息。因此，在新媒体时代，信息素养和媒体素养变得尤为重要，以帮助人们更好地理解和利用这种多元化的信息传播机会。

（二）形式多样化

媒体时代的形式多样化为信息传播带来了更大的丰富性和趣味性。传统媒体通常采用图文或影音的方式进行传播，但新媒体的传播形式更加多元化。除了传统的文字和图片，新媒体还包括动态图、表情包、小视频、互动图表等。这些多样的传播形式提供了更多的选择，使信息更生动、有趣、易于理解。

形式多样化的新媒体传播方式在多个方面产生了积极影响：①增强了信息的吸引力和传播效果。例如，小视频和动态图能够迅速吸引观众的注意，使信息更生动有趣，增加了信息的传播力。②形式多样化丰富了信息的表现力。不同的传播形式可以更好地满足不同受众的需求，从而增强了信息的个性化和针对性。③新的传播形式也为创作者提供了更多的创作空间和机会，激发了创意和创新。

（三）内容分众化

新媒体的内容分众化是一种基于大数据分析的策略，旨在满足用户的不同喜好和需求。这是通过在数字平台上提供个性化的信息、娱乐、教育和娱乐内容，以吸引和保留用户的注意力。

第一，大数据分析。新媒体平台借助大数据分析工具来跟踪用户行为、兴趣和互动。这包括分析用户的浏览历史、搜索记录、社交媒体互动和在线购物习惯等。通过这些数据，新媒体平台可以了解用户的需求，喜好和趋势，以提供相关的内容。

第二，个性化推荐。新媒体平台使用算法来为每位用户生成个性化的内容推荐。这些推荐可以涵盖新闻、文章、视频、音乐、社交媒体帖子等。这种个性化推荐不仅提高了用户的满意度，还有助于提高用户留存率和参与度。

第三，用户生成内容。新媒体还鼓励用户生成自己的内容，如博客、视频、社交媒体帖子等。这样的内容产生了多样性，满足了不同用户的兴趣和需求。用户生成的内容通常更真实和亲近，与传统媒体的正式内容形式形成鲜明对比。

第四，社交媒体互动。社交媒体平台提供了用户之间互动和分享内容的机会。用户可以互相关注、评论、分享和点赞，从而形成社交互动的生态系统。这进一步丰富了内容分众化的机会，因为用户可以通过朋友、家人和同事的分享来发现新的内容。

第五，行业特定内容。新媒体还提供了特定行业的内容，满足专业人士和行业爱好者的需求。这包括专业网站、博客、专题频道等，针对不同领域的受众提供深入的信息。

（四）媒介融合化

在过去媒体与媒体之间的壁垒是非常明显的，媒体之间是独立的，新媒体出现之后，这个壁垒被打破，基于图文、音频、视频之上，新媒体实现了媒体与媒体的融合，不仅能够对大众传播、人际传播、群体传统进行综合，还能够实现新闻、娱乐、交通、购物等领域的融合，当前形势下，媒介之间的融合已经成为一种不可阻挡的趋势，以微信为例，微信已经具备了语音、文字、表情包、视频等综合性功能，还包括通信录、公众号、朋友圈等栏目，同时还兼具定位、扫一扫的功能，这就是典型的媒介融合，这在很大程度上满足了当前用户碎片化阅读的需求，也打造了立体化、错位化的媒体结构。

（五）方式交互化

由于新媒体突破了媒体之间的壁垒，使得原本独立运行的单向媒体形式，转为互动、多项的交互模式。媒体主体与客体也发生了转变，在新媒体中，传播者与接受者之间可以随时进行交流互动，这种交流互动是即时性的，这样一来，传统主体地位也出现了弱化，客体的特性特征得以彰显。新媒体用户之间能够相互关注，互相加好友，这样的交流交互方式，也成了新媒体的突出特征。

二、新媒体时代企业政工工作的新变化

（一）线上与线下共时

在过去，企业政工工作是被放置在现实世界之中的，政工工作人员依靠与企业各部门相互交流、沟通，推进政工工作的进程。新媒体时代到来之后，企业政工工作从过去的现实世界逐渐转为网络化的虚拟世界，也就是从线下逐渐延伸到线上，工作人员依靠网络化平台以及计算机设备，就可以开展相关工作。直至今日，互联网已经成为企业政工工作的主要阵地，很多言论一旦放置在互联网上，就会被无限放大，影响力和传播速度都极为十分惊人。因此，在这样的时代背景下，企业政工工作需要在传统线下工作的基础上，同时开展线上工作，实现线上与线下政工工作的融合，这是新媒体为企业政工工作带来的一大变化。

（二）传统媒体与新媒体共用

媒介的作用就是传播人的思想，传播各类信息以及价值观，它们作为人类传达信息思

想的载体和工具，在人类社会进步和发展中发挥着不可取代的作用。企业政工工作具有复杂性、综合性，在新媒体时代到来之后，企业政工工作也面临着新一轮改革。在过去，传统媒体是企业政工工作开展的主要媒介，包括电视媒体、报刊以及广播等，这些传统媒体作为主流媒体，在信息传达以及媒介宣传方面占据着不可取代的位置，在企业政工工作方面发挥着巨大的作用。

新媒体出现之后，虽然为企业政工工作提供了更多的信息传播途径，也使得政工工作内容更加丰富，但主流媒体的地位是不可动摇的。因此，目前新媒体与传统媒体共存就成为一种常态，两者根据优势，能够相互弥补。传统媒体具有客观性、真实性、深刻性，新媒体具有时效性、话语接地气，这是传统媒体不具备的，两者共存、共用，是当前新媒体时代企业政工工作的新特点。

（三）"管理"与"服务"共存

在企业改革不断深入的今天，"以人为本"逐渐成为企业经营管理的基本宗旨，"以人为本"的理念逐渐深入人心，此时，政工工作也更加关注群众的意志，同时，在管理和引领员工思维的同时，也在服务于员工。遵循党的方针政策，企业政工工作应该兼顾"实现企业发展目标"与"员工个人成长目标"，关注和支持企业内部广大员工的动态以及需求，从而更好地为其提供媒体服务，人文服务与人文关怀成了企业政工工作的重点，此时，企业政工工作已经形成了"管理"与"服务"并存的时代。

三、新媒体视域下的企业政工工作相关要点

（一）以理念创新，抢占新媒体意识形态阵地

在新媒体时代，企业政工工作需要全面坚持习近平总书记的思想和指示，并能够基于新媒体这个有利平台，抢占企业员工思想意识的阵地，具体分析如下。

1. 担当意识

企业内部政工工作人员要充分认清自身的责任，树立使命感，积极传播党的方针政策，鼓舞员工的精神和士气，为社会主义核心思想的落实夯实基础；企业内部党员干部要积极与政工队伍合作，坚持一元主导的价值观，在企业中全面弘扬集体价值观、理想价值观，依托新媒体在企业中推进主流价值观的落实。干部员工要全面承担起自身的历史责任，能够充分挖掘和利用新媒体的优势，吸取国内外大事要事的经验，将党和政府的思想作为核心，能够紧跟时代热点，聚焦问题，解决问题。各大企业都应积极响应党的号召，

政工工作者要积极承担起弘扬党的思想与社会主义核心价值观的责任，积极踏上社会主义新征程，承担起中华民族伟大复兴的重任。

2. 主动意识

企业政工工作者要守住新媒体这块阵地，能够强化主动意识，要积极去探索、去创新，坚持传播社会主义核心价值观。不要盲目照搬照抄国外的思想和经验，要主动出击，坚守我国新媒体平台舆论，能够依托新媒体平台搭建企业网络政工工作平台，优化网络环境、净化网络思想，将党中央的精神和知识发布到网络平台，提升党中央思想和指示的传播速度、拓宽影响范围，引领企业内部员工主动去思考问题、进行总结实践，结合当前政工工作需求不断扩展网络空间，不断提升政工队伍空间领域工作能力。

政工干部以及基层工作者要充分依托新媒体，全面履行政治责任，能够团结和引领企业内部员工的思想和行为，让广大员工能够坚定不移跟党走，作为联系党和员工的桥梁，政工干部承担着上传下达的使命，既要坚定自己的立场，又要全心全意为人民服务。此时，新媒体就成了一个有力平台，政工干部可以将党的精神、党的路线方针以及做出的工作部署，发布到新媒体之中，整合图文、音频、视频等多种方式，生动地传达工作精神，并能够依托新媒体互动性、实时性的特点，主动与群众交流，吸取群众的意见和建议，为基层群众解决他们关切的问题，为其排忧解难，提升群众对政工队伍的信任度以及企业的凝聚力。

（二）借助新媒体构建"大政工"主体体系

新媒体时代背景下，企业政工队伍想要真正发挥自身职能，就必须要积极主动进行创新，要打开格局，总结经验和教训，积极学习新媒体、拓展新技术，打造线上线下一体化的政工体系，更好地助力于企业政工工作。

1. 建立大政工主体体系

建立"大政工"的思想，企业内部政工干部要求转变思维，在企业中搭建自上而下政工工作体系。

政工队伍要依靠新媒体全面学习党中央思想、工作部署，积极转变工作思维，能够对企业内部的优质资源进行分配，转变过去专人专岗的工作方式，将政工工作作为工作主体，建立"专兼结合、一岗双责"的工作模式，要在企业内部扩展政工工作的辐射范围以及影响力，要保障党的工作目标以及领导体制能够得到落实，企业内部要建立权责清晰、渠道通畅的政工工作环境。

企业要将内部生产与政工工作建立联系，同时，兼顾后勤管理、人力资源开发、企业文化建设等各个方面，还要团结不同层面的工作，势必要形成党政共同负责、共同管控的局面，这样才能够真正引领群众参与其中，在企业内部打造大政治格局。

2. 提升主体意识和主体能力

新媒体，政工队伍要不断提升自身主体意识，能够充分利用新媒体学习新的工作方法、工作理念、党的方针政策等，不断提高自身综合素养和专业职能，凸显政工工作的主体能动性，这样才能够更好地推进新时期政工工作效能提升。

一方面，充分发挥传统政工教育载体的优势，在企业内部定期开展精神文明活动，结合企业特色文化，组织员工开展各项学习，紧紧依托政工组织，鼓励员工不断提升自身专业能力与专业素养，使员工能够更好地服务于企业。

另一方面，政工队伍要依托新媒体的优势，凸显企业自身特点，在企业内部打造特色新媒体政工平台，不仅要配置相应的软件、硬件设备，还需要配置专业化的新媒体人才，打破部门之间、员工之间、上级与下级之间的壁垒，吸纳群众的意见和建议，不断优化自身工作方法，倾听群众的声音，为企业的可持续发展提供支持。要加强新媒体建设投入，促进传统媒体与新媒体的融合，形成媒体合力，打造专属于企业的媒体品牌。在企业内部营造积极的文化氛围，在新媒体平台设置与员工生活体验的栏目，能够拉近与基层员工的距离，在企业中营造亲民文化，讲好企业故事，拓展政工影响范围，深入到员工亲属层次，提升政工传播温度。

（三）搭建宣传政工工作大平台

新媒体时代，企业内部政工效能的提升，必然要依托新媒体平台。"企业政工工作者应该从企业实际需求出发，在内部搭建一体化媒体平台，促进新媒体与传统媒体的融合，打通媒体之间的壁垒，实现传统媒体与新媒体的优势互补，为政工工作的顺利开展夯实基础。"[①] 将政工工作落实到日常工作之中，让政工真正能够具体化、生活化，企业政工队伍要积极学习新的工作理念、工作方法，积极进行工作媒体创新，实现思想工作传播载体的再造，促进外部媒体与内部媒体的融合、传统媒体与新媒体的融合，真正实现企业政工工作大平台。

1. 加快新旧媒体的融合发展

政工队伍要顺应新媒体发展规律与信息传播规律，不断完善自身的互联网思维，依托

---

① 苗雪莲. 新媒体视域下的企业政工工作路径 [J]. 现代企业文化，2022 (34)：65.

先进的新技术、网络技术，在企业内部打造"互联网+政工"工作的模式，以此促进新媒体与传统媒体的充分融合，发挥传统媒体客观性、深刻性的优势，弥补新媒体的不足，实现两者的优势互补，打造传统媒体与新媒体的融合平台，真正促进两者一体化发展，从根本上为企业政工工作提供支持和保障。

2. 精准对接员工的深层需要

新时期，企业政工工作必须要具有针对性、时效性，在整个工作的过程中，最关键的一个环节就是对接员工的现实需求。一方面，政工工作者要围绕企业实际情况，利用大数据、云技术等核心技术，打造政工云平台，为企业员工提供"云上生活"。另一方面，大数据能够对员工需求、思想动态、社会行为进行实时追踪，政工工作者充分利用大数据实时掌控员工的情况，从而为其提供个性化的工作指导和服务，制订更具针对性的工作方案，真正发挥新媒体平台的信息反馈功能，为自身工作提供助力；企业还要不断进行云上空间的拓展和升级，除了要打造精品栏目、精品内容之外，还应该积极开通微信公众号，在公众号设置访问、浏览、收藏、分享等栏目，强化企业内部政工宣传力度，实现群际共享。

3. 根据自身需求搭建新媒体平台

企业领导层要根据自身需求，在企业内部打造政工新媒体平台，推出企业专属客户端，包括二维码、官方微博、官方公众号等，利用新媒体的传播优势，促进企业文化、党政思想的传播，增强企业与群众的紧密度，推动传统媒体与新媒体的融合，促进群际传播、网络传播的一体化，推进"一对一、一对多"等实践活动的开展，拓展企业政工工作的影响力和覆盖面。

4. 利用新媒体，促进合作

新媒体时代，企业政工工作者应该通过利用新媒体，促进企业政工工作影响力的拓展，深入挖掘新媒体的价值和优势，整合更具价值的政工工作资源，促进企业政工工作公信力、影响力的提升，与先进的互联网企业联合，利用各类客户端，提升新媒体客户端的使用频率，为企业宣传思想工作构建立体多样、融合发展的现代传播体系。

由此可见，新媒体时代，企业政工工作也需要进行工作方式、思维方式的创新和改变。企业管理者要加强政工队伍建设，搭建一体化工作平台，整合媒体优势，强化内部政工工作效力的提升，真正激发员工工作热情，使其更好地助力企业经营发展。

第二节　大数据时代政工工作的创新策略

大数据技术的飞速发展，推动了我国各行业与信息技术的深度融合，各种新技术和新应用不断涌现，给各行各业带来了翻天覆地的变化。随着政工工作在新时期的改革发展需要，必须创新工作方法，才能够使政工工作满足企业发展需求。大数据在企业政工工作当中的应用，也为其带来了新的发展机遇。

一、大数据的特征与机遇

大数据，简而言之，"就是数据集，用常规意义上的数据存储和管理工具难以对其进行处理和分类。"① 大数据，规模庞大、数据传输速度快、多元化特征明显。具体而言，我国通过互联网平台进行活动的时候会产生一些数据信息，诸如图片、文字、视频等都是常见的数据类型。大多数计算机系统会产生一些数据信息，诸如文件、数据库、多媒体等都是常见的数据表现方式。利用现代高科技产生收集和获取的信息，诸如摄像头数字信号等也是数据信息的表现类型。总而言之，大数据就是依托于互联网平台而产生的数据集，大规模、高速度、多元性，需要利用计算机网络技术对其进行存储和处理。

（一）大数据的特征

大数据具有以下特征。

第一，规模性特征。大数据的规模性特征是指数据量的大规模增长。企业面临着前所未有的数据涌入，这一趋势在过去几年内迅速加速。大数据不再仅仅是传统数据库管理系统可以轻松处理的规模，而是数以亿计，甚至更多的数据点的巨大数据集。这个特征迫使组织不仅需要升级硬件和软件基础设施，还需要采用分布式计算和存储技术，以有效地存储和处理这些海量数据。

第二，快速性特征。大数据的快速性特征表现在数据被创建和移动的速度惊人。数据不再是静态的，而是以惊人的速度不断产生，例如，社交媒体上的新帖子、传感器数据的实时更新以及在线交易记录的生成。实时数据分析已经成为一种流行趋势，企业需要能够在数据产生之际进行分析，以做出实时决策。这要求企业具备强大的实时数据处理和流数

---

① 李娜. 大数据时代高等教育规范化管理研究［M］. 北京：中国纺织出版社，2019：2.

据分析能力。

第三，多样性特征。大数据的多样性特征表现在数据的多种来源和多种类型。除了传统的结构化数据，如数据库中的表格数据，大数据还包括各种新型多结构数据，如文本、图像、音频和视频。此外，大数据还包括非结构化数据，如网络日志、社交媒体帖子、互联网搜索查询、传感器网络数据等。这种多样性使数据更加复杂，同时也提供了更多的机会来了解和分析各种信息。处理这些多样性数据类型需要不同的工具和技术，包括自然语言处理、图像识别和文本挖掘等。

第四，价值性特征。大数据的价值性特征是指大数据分析的能力，可以揭示未来趋势与模式，以做出可预测的分析和深度复杂分析。通过对大数据的挖掘和分析，组织可以获得有关市场趋势、客户行为、产品性能等方面的深刻洞察。这有助于企业做出更明智的决策，改进产品和服务，并实现竞争优势。大数据的分析可以让信息优胜劣汰，帮助企业更好地满足客户需求，提高效率，降低成本，从而实现商业成功。

（二）大数据时代的机遇

大数据时代为政工工作带来了多方面的机遇，这些机遇可以帮助政府和组织更好地理解社会、推动政策和战略决策，以及提高信息安全。

第一，提高了信息利用率。大数据时代的到来极大地提高了信息利用率。传统上，信息技术主要用于数据的存储和传输。然而，大数据时代的兴起使人们开始更加注重信息的利用和挖掘。大数据分析工具和技术使政府和组织能够更好地利用各种数据来源，包括社交媒体、传感器、互联网交易等，以提高信息的利用价值。这意味着企业可以更好地了解社会趋势、市场需求和公众反馈，从而更好地制定政策和战略，提高企业工作的效率和质量。

第二，给信息安全带来的机遇。随着大数据时代的到来，信息安全问题也变得更加突出。大数据的采集和存储需要更强大的信息安全措施，以保护敏感数据免受恶意入侵和数据泄露的风险。这为信息安全领域带来了机会，以开发更高效和创新的信息安全解决方案。企业和政府机构积极投资于信息安全技术，研发各种工具和软件，以适应大数据时代的挑战。这不仅有助于减少潜在的损失，还促进了信息技术安全领域的创新和发展。

第三，促进信息安全技术的发展。大数据时代推动了信息安全技术的发展，涉及硬件和软件方面的创新。在硬件方面，银行卡的网银 U 盾等设备越来越普遍，用于增强用户的身份验证和数据安全。在软件方面，密码口令等技术不断演化，以提高数据加密和访问控制的效力。此外，大数据技术本身也为信息安全提供了新的保障，尤其是云技术的应用。

云技术可以提供强大的数据备份和恢复功能，以及更高级的数据加密和访问控制。这有助于金融行业和商业领域的信息安全，为信息安全技术的发展创造了良好的环境和巨大的潜力。

二、大数据时代企业政工工作创新的必要性

伴随着我国经济建设水平的提升以及科学技术水平的飞速发展，网络信息技术给人们的生活带来了翻天覆地的改变，推动了各行各业的创新发展。"大数据作为一种，将庞大的数据进行整合的新兴技术，它能够创新各行各业的工作方法，从而提升工作效率。"[①] 如今各行各业都涉及大量的数据信息，在企业的政工工作当中也是如此，如果运用传统的工作方法，那么难以保证工作质量和效率，因此在大数据时代下，企业政工工作依赖先进的科学技术进行创新是十分有必要的。

大数据技术的应用使得企业政工工作的实施出现了改变，它能够改善现阶段我国企业中政工工作方法落后的问题。在企业政工工作的实施过程当中，必须要注重方法的应用，运用科学的方法能够提升管理工作的实施质量，因此在现代化的管理手段下，应该积极地应用大数据技术来提升政务工作的服务水平，使其与企业的思想政治工作开展实际情况相结合。

从当前我国企业中政工工作的实施情况来看，很多企业的思想政治工作当中依然沿用的是传统的管理方法，很大程度上依赖人工管理，难以保证管理效率及管理质量。因此新时代的企业政工工作管理人员应该积极地应用现代化的网络信息技术创新工作方法，丰富工作手段，切实地将工作当中的各种信息资源整合起来，并且为政工管理工作的实施奠定扎实的基础，促进企业政工工作从传统向现代化的转变。

三、大数据时代企业政工工作的创新举措

自从中国共产党成立以来，我国在每一个发展阶段都离不开党的政工工作的指引，我党靠强有力的政工工作，使我国人民群众紧紧拥护中国共产党，迸发出极大的力量，团结一致，开拓创新，奋力进取，携手创造了一个又一个的世界奇迹。在中国特色社会主义发展新时期，务必要使大数据技术应用于企业的政工工作当中，改变传统的政工工作理念和工作方法，提升企业政工工作的管理水平。大数据时代企业政工工作的创新，可以从以下方面进行：

[①] 李静. 大数据时代下事业单位政工工作的创新策略分析 [J]. 国际公关，2020（08）：208.

（一）转变政工工作意识，融入大数据理念

企业政工工作人员，必须要转变自身的工作意识，以创新促发展。人才是企业政治工作创新发展的关键，是确保政治工作过好时代关的核心要素。在现有的管理工作实施过程当中，融入创新理念，从而推动政工工作的管理质量提升。很多企业中层管理者在思想政治工作实施过程当中，依然还以传统的思想观念去指导工作，导致政务工作无法满足企业发展的需要，因此在现代化的企业政工工作实施过程当中，相关的管理人员应该按照工作规划的具体要求，在工作过程当中，创新各类管理元素，满足企业发展的具体要求，不断提升企业政工工作的实施水平。

除了政工工作人员自身要转变工作意识，注重创新以外，还要在工作过程当中积极地融入大数据理念，使思想政治工作开展的过程与大数据时代特征相融合。思想政治工作必须要与时俱进，不能够停留在过去，而是要积极地与社会热点、时代特征相契合。在大数据时代的文字工作实施过程当中，工作人员要积极地把握住时事热点，将民众的期待热点和感兴趣的时事话题融入工作内容当中，并且借助互联网调查等方式来听取民众的反馈意见，并积极进行工作的调整。大数据时代为企业的思想政治工作提供了精准营销的实施思路，并且，大数据时代下出现的各种各样的载体，例如各类 App，微博微信等社交平台，都可以成为思想政治工作进行资源整合以及信息传输的重要工具。

（二）政工工作内容迎合人民群众的实际需求

时代在发展，社会在进步，互联网大数据时代使得人民群众对于思想政治工作的各类需求都在不断变化。因此在大数据技术飞速发展的新时代，企业的政工工作内容必须要迎合人民群众的实际需要，贴近生活，贴近群众，才能够发挥其实际的引导作用。

在社会历史发展的不同时期，人民群众的思想观念以及目标追求等都在不断发生变化，在思想政治工作当中应该将国家利益，集体利益以及员工个人的利益进行综合的考量，并且有机结合起来，才能够使人民群众感受到自己被重视，被认可，同时也能够使他们深深地认识到党的思想政治工作的重要意义。我国提出中国梦以来，全体国民都在为实现远大的中国梦目标而不懈努力，如今是一个全民创业、万众创新的时代，因此，各行各业都需要转变工作方法，提升工作质量与效率，使政工工作在新时期呈现出新面貌。

大数据时代，人们获取信息资源的途径越来越广，信息传播的速率越来越快，社会大众能够更加便利的获取到各类知识和资源，因此，借助大数据技术能够集合大众智慧，推动创业创新，企业的思想政治工作应该通过对数据的收集、统计、分析以及利用等焕发出新的面貌。

(三) 政工工作机制需要更加贴近生活

新时代企业政治思想工作机制，需要更加贴近生活，与大数据时代的要求相契合。企业中政工工作要想得到人民群众的响应，就必须贴近大众生活，保持生活节奏，与"社会生态区"相适应。企业政工工作人员应该积极创造理解人、关心人、尊重人的环境，以情感的力量打动人，以人格的力量感化人，使员工的归属感和责任感更强，思想政治工作只有与人民群众的实际生活相适应才能够真正地对员工提供更好的服务，提升企业政工工作部门的群众职能。

大数据时代，社会开放程度越来越高，社会思潮更加多元化，因此，企业的员工容易受到各种各样思想的影响，这些思想有积极的一方面，自然也就有消极的一方面，因此，企业中工作机制需要更加贴近员工的日常生活，了解员工的思想动态，通过对员工意见的收集可以更准确地分析获取真实舆情状况，从而更加有针对性地开展工作。

在社会开放程度越来越高的今天，科学技术的发展以及经济水平的提升，使得社会思潮更加的多元化，大数据时代，各类数据信息资源传输速度越来越快，人们能够接收到各种各样的信息，而在此背景之下，企业的政工工作改革创新是十分有必要的，企业政工工作管理人员只有努力提升自身的管理水平，使政治思想工作与员工的实际生活相契合，转变工作方法，更新工作理念，才能够推动政工工作在新时期与时俱进的发展。

第三节　信息技术背景下的政工管理系统实践

一、信息技术背景下政工管理系统的要求

企业的政工管理必须在原有基础上不断推陈出新，改进管理模式，引入先进的信息化手段，才能更好地适应时代的发展要求，使企业获得长远的可持续发展。信息化的不断推进，使企业管理工作面临着全新的工作模式与管理体制转型。信息技术背景下政工管理系统的要求如下。

第一，更加安全。信息化使得数字平台上的每个使用者可以更加安全、可靠地操作他们的工作与任务，借助信息化平台稳步完成工作内容。

第二，更加高效。信息化使得任何一个平台的使用者在管理数据与文档方面降低了时

间与成本，可以帮助使用者更快捷、高效地完成工作。

第三，更加透明。信息化提供了一个更为开放透明的全面平台，任何一个平台的参与者均可自由享受平台所提供的数据与信息，享受平台带来的信息与反馈。

信息化的步伐不断冲击着企业的管理与完善，企业必须在新的时代形势下，引进当前最新科技成果与管理模式，加快企业的信息化建设。信息化的推进和企业管理体制日臻完善，为企业的快速发展和科学管理，提供了有力的外部环境，也为企业的管理转型提供了强有力的保障。

二、借助科技信息化，创新政工管理系统

信息技术在政工管理系统中的应用已经成为现代政治工作的关键组成部分。政工管理系统的设计和实施可以包括多个子系统，以满足政治工作管理的需求。

（一）信息发布系统

随着科技的进步、时代的发展，网络已覆盖企业工作中的每一个环节。企业的政工管理工作要很好地运用网络这一现代信息技术，建立起完善的信息发布、沟通反馈机制。沟通是一切政工工作的基础，而信息化时代使人与人之间的沟通更加实时、高效。在政工工作的信息发布与宣传方面，可以建立起企业的内部局域网，单位的最新资讯、通知甚至是工作信息都可在自身局域网上发布与交流，同时可在局域网上设立单位员工内部论坛，让员工们在此自由交流，发表意见，共同推动企业向良性轨道发展。

（二）人事管理系统

企业的人事管理体系是个敏感而隐秘的话题，员工的竞聘与岗位分布要在开放透明的状态下进行，而信息化可保证此项工作的顺利开展，员工的招聘、竞聘信息可借助单位内部与外部局域网向全体员工公开，以增加人事管理的透明与公平性。员工的内部激励与奖惩制度亦可在局域网内向全体员工广泛征询意见，做到集思广益、公平透明。这不仅有利于人事管理工作的创新性开展，而且可有效调动员工的工作积极性，使员工各司其职，能者其上，庸者其下，保证员工岗位的流动性与整个人事管理体制的公平正义性。

（三）文件处理系统

现代企业的管理已逐渐摆脱纸质办公时代的束缚，逐渐转向"电子办公"时代。工作中的文档、通知、报表及稿件等均可通过电子媒介的介质在工作中得到体现。而更加多元

化、不断创新的信息沟通与交流工具，正在刷新着无纸化办公的记录。企业邮箱、QQ、微信等工具的兴起，将沟通引向一个异彩纷呈的时代，工作中文件的传真、拷贝、更改和储存因为数字技术的引入而变得更加简洁、高效。文档的存储与档案存放也因此节省了相当大的人员消耗，变得省时、省力、省空间。

(四) 培训和发展系统

信息技术在政工管理中的作用之一是通过培训和发展系统来提高员工的能力和职业发展。这一系统可以具备以下功能。

第一，规划培训计划。政工管理系统可以帮助政府或组织规划培训计划，根据员工的需要和组织的战略目标来确定培训内容和课程。

第二，跟踪培训进度。政工管理系统可以记录员工已经完成的培训和发展活动，以及还需要完成的内容。这有助于管理人员了解员工的培训进度。

第三，评估培训效果。政工管理系统可以用于评估培训的效果，通过分析员工的绩效和技能提升来确定培训的有效性。

第四，个性化培训。政工管理系统可以根据员工的需求和能力制订个性化的培训计划，以确保每个员工都能够发挥潜力并取得成功。

第五，职业发展规划。政工管理系统还可以支持员工的职业发展规划，帮助他们在组织中取得更高的职位和更多的职业机会。

通过培训和发展系统，政府或组织可以更好地培养和发展员工，提高他们的绩效，从而为政治工作的成功作出贡献。

(五) 政治宣传系统

政治宣传系统是政工管理系统的另一个重要组成部分，其功能如下：

第一，制订宣传计划。政治宣传系统可以协助政府或组织制订政治宣传计划，确定目标受众、宣传信息和活动的时间表。

第二，管理宣传材料。政治宣传系统可以用于管理政治宣传材料，包括文字、图片、视频等内容。这有助于确保材料的一致性和有效性。

第三，跟踪宣传效果。政治宣传系统可以监测和评估宣传活动的效果，通过数据分析和反馈来确定哪些宣传策略最有效。

第四，社交媒体管理。随着社交媒体的普及，政治宣传系统可以用于管理社交媒体平台上的宣传活动，与受众互动并传播政治信息。

第五，宣传危机管理。政治宣传系统还可以用于处理宣传危机，迅速响应负面事件并采取适当的措施来修复声誉。

政治宣传系统在信息时代尤为重要，它有助于政府或组织有效地传达政治信息，建立和维护良好的形象，增加公众的认同感。

信息化时代是个奔流向前，永不停歇的时代，任何事业与企业单位，要想融入世界发展的洪流，就必须借力于信息化，顺势而为，借势而动。信息化代表着未来的媒介形态，是一切信息得以呈现和发布的基础，企业政工管理要在传统管理理念的基础上，创新模式，吸纳共融，将信息化技术充分运用到当前的工作中，使企业管理体系日趋完善，企业发展日达通途。

第五章　职业生涯管理理论实践

第一节　职业与职业素质要求

一、职业的基本认知

(一) 职业的内涵

"职业是指从业者为获取主要生活来源而从事的社会性工作类别。职业是社会与个人的连接点，反映了个人在社会中的位置。"[①] 职业的产生和发展是社会生产力进步的结果，同时又促进生产力的提高。一个国家的经济结构、产业结构、科技结构和生产力总体水平决定了社会职业的构成，而职业构成的变化也客观反映着经济、产业、科技及生产力水平的状况。总之，职业是社会发展的客观产物。可以通过如下方面来理解职业：

第一，并不是任何工作都能成为职业，某项工作只有变得足够重要、足够丰富以至能吸引劳动者长期稳定地投入其中才能够称为职业。并且，劳动者从事这项工作时还能够取得一定的经济收入，取得合理的劳动报酬，满足劳动者的物质需求。

第二，职业是劳动者获得的一种社会角色，劳动者必须按照社会结构中这一社会角色的规范去行事。

第三，职业为劳动者提供了一个体现个人价值的机会。

产业、行业与职业的关系为：产业是指具有某种同类属性的经济活动的集合或系统。人们通常所说的三大产业指的是：第一产业包括农业、林业、牧业、副业和渔业；第二产业包括制造业、采掘业、建筑业和公共工程、上下水道、煤气；第三产业包括商业、金融业、保险业、不动产业、运输业、通信业、服务业及其他非物质生产部门。行业一般是指按生产同类产品或具有相同工艺过程或提供同类劳动服务划分的经济活动类别，如饮食行

---

① 张晓蕊，马晓娣，岳志春. 大学生职业生涯规划 [M]. 北京：北京理工大学出版社，2019：5.

业、服装行业、机械行业、金融行业和移动互联网行业等。

产业、行业、职业三者之间既联系密切，具有相同点，又是有区别的。

三者的联系表现在：三者都是社会分工的产物，都是社会生产力不断发展的必然结果，这是它们在本质上的共同点。在社会发展中，随着新技术的出现，产生了新产品及相应职业的从业人员。随着新产品的生产及相应从业人员数量的不断扩张，新的行业逐渐形成。当新行业发展到一定规模时，就会与其他相关行业进行整合，依据其发挥作用的程度并入或形成新的产业。

三者的区别表现在：在国民经济领域中，它们的层次是由高到低，概念上涉及的范围是由大到小。产业的着眼点是生产力布局的宏观领域，体现的是以产业为单位的生产力布局上的社会分工，产业由行业组成；行业的着眼点是企业或组织生产产品的微观领域，体现的是以行业为单位的产品生产上的社会分工，行业由企业或组织组成；职业的着眼点是组织内工作人员的具体工种，体现的是以人为单位的劳动技能上的社会分工，职业关注的是个体劳动者的具体工作和职责，以其技能和专业领域为核心。

（二）职业的特征

第一，同一性特征。某一类别的职业内部，其劳动条件、工作对象、生产工具、操作内容相同或相近。因此，人们就会形成统一的行为模式，有共同的语言习惯和道德规范。基于此，才形成了诸如行业工会、行业联合体等社会组织。

第二，差异性特征。不同职业之间存在很大差异，劳动条件、工作对象、工作性质等都不相同。随着社会的进步和发展，新的职业不断涌现，各种职业之间的差异也不断变化。

第三，层次性特征。从社会需要的角度看，职业没有高低贵贱之分，但现实生活中由于对从业者的素质要求及人们对职业的看法或舆论评价的不同，不同职业就有了层次之分。这种职业层次是由不同职业所需付出的体力劳动和脑力劳动、收入水平、工作环境、社会声望、权力地位等因素所决定的。

第四，时空性特征。随着社会的发展和进步，职业变化迅速，在旧职业逐渐消失、新职业不断出现的同时，同一职业的活动内容和方式也在发生变化，所以有些职业具有明显的时代性，不同时代有不同的热门职业。例如，我国曾出现的"当兵热""从政热""下海热""外企热"等，都反映出特定时期人们对某种职业的热衷程度。在不同的区域，有些职业也会体现出明显的地域特征。

第五，经济性特征。从出现的角度看，职业的产生源自生产分工，在经济发展到一定阶段就一定会出现这样的结果，是历史发展的必然。从个体生存的角度来看，人们依靠工作来获得经济收入，每份工作背后都代表了一份职业，是个体能够在社会中生存的重要途径。从社会建设的角度看，职业是社会经济运行的重要支柱，能够为社会创造劳动财富，为社会的发展提供了必不可少的物质基础。从经济发展的角度来看，经济发展可以促进社会分工的改善，从而创造新的就业岗位。

第六，社会性特征。职业的产生和社会发展息息相关，是必然产物。就业岗位的出现反映了社会分工的改善。新工作岗位的出现，意味着社会分工得到了有效改善。社会成员在社会上从事着不同的职业，社会才能持续发展。

第七，技术性特征。一个职业的出现，意味着一个特定工作的发展必须由特定才能的人进行，这个人必须具备完成该工作任务的能力，满足高水平的专业工作要求。因此，每个职业都有一定职责，要求从业者的知识完备，技能熟练，这主要体现在对从业者的学历、专业资格、专业技能水平等都有特定的要求。只有工作人员符合各项工作要求，才可以从事这个职业的相关工作。

第八，群体性特征。一个职业的出现，必然是很多人从事一个特定的职业，才能有一个特定的职业，一个人也可以具备多个职业。当一种工作的人数量达到了一定规模，且被社会认可时，那么这份工作就可以称为一个职业，所以这个职业具有鲜明的群体特征。

第九，发展性特征。职业一致都处于动态变化中。它的发展深受社会经济、技术和文化等多方面因素的影响。社会经济、科技水平和文化发展程度都会导致社会职业的变化，有的职业在社会发展中消失了，但同时也会有新的职业出现。因此，职业有自身的发展性，职业发展离不开社会环境的发展。

(三) 职业的功能

职业在人们的社会生活中居于重要地位，处理好职业问题对人一生的发展和维持社会的正常运行与进步具有重大意义。

1. 职业的个体功能

对个人而言，职业具有以下功能。

（1）职业是个人获得经济收入的来源，是个人维持家庭生活的手段。

（2）职业是促进个性发展的手段，当个人从事的职业能使个人的特长、兴趣得到充分发挥时，也就促进了个性的充分发展。

（3）职业是个人在社会劳动中从事具体劳动的体现，是个人贡献于社会的途径。

（4）职业是个人获得名誉、权力、地位和金钱的来源。

2. 职业的社会功能

对社会而言，职业具有以下功能。

（1）职业存在和职业活动构成了人类的社会存在和社会活动。

（2）职业劳动创造社会财富，为社会的存在和发展奠定物质基础。

（3）职业分工是构建社会经济制度的前提，也是社会经济制度运行的基础。

（4）职业是维持社会稳定、实现社会控制的手段。

（5）职业的运动（如职业结构的变化、职业层次间矛盾的解决）是推动社会进步的一种动力。

二、职业素质要求

职业素质是个人适应现代社会生产力发展，从事职业活动所必备的素质，包括从事任何职业都必须具备的基本职业素质和专业素质两个方面。

（一）职业素质的特征

职业素质是指劳动者在一定的生理和心理条件的基础上，通过教育、劳动实践和自我修养等途径形成和发展起来的、在职业活动中发挥作用的一种基本品质，具体表现为职业道德、职业技能、职业情感、职业习惯等。职业素质具有以下特征。

第一，职业性。不同职业所需的职业素质是不同的。对建筑工人的素质要求不同于对护士职业的素质要求，对商业服务人员的素质要求不同于对教师职业的素质要求。

第二，稳定性。一个人的职业素质是在长期执业过程中日积月累形成的。它一旦形成，便具有相对的稳定性。

第三，内在性。职业从业人员在长期的职业活动中，经过自己学习、认识和亲身体验，体会到怎样做是对的，怎样做是不对的。这有意识地内化、积淀和升华的这一心理品质，就是职业素质的内在性。

第四，整体性。一个从业人员的职业素质与其整体素质密切相关。我们说某人的职业素质好，不仅指他的思想政治素质、职业道德素质好，而且还包括他的科学文化素质、专业技能素质，甚至还包括身体心理素质。一个从业人员的思想道德素质好，但科学文化素质、专业技能素质差，就不能说这个人的整体素质好；同样地，一个从业人员的科学文化素质、专业技能素质都不错，但思想道德素质比较差，也不能说这个人整体素质好。

第五，发展性。一个人的素质是通过受教育、自身社会实践和社会影响逐步形成的，它具有相对稳定性。但是，高速发展的社会对人们不断提出新的要求，人们为了更好地适应社会发展的需要，总是不断地提高自己的素质，所以，职业素质又具有发展性。

（二）职业的基本素质要求

未来社会职业的流动性增强是一种必然，但是，不管未来社会职业流动的频率如何，任何职业对从业者的基本职业素质的要求是不变的。一般而言，基本职业素质主要包括以下方面的内容。

第一，优秀的道德品质。道德品质是社会道德现象在个体身上的反映，是一定的道德原则和道德规范在个体的思想和行为中的体现，是个体在实现其社会化过程中所表现出来的稳定的特征和倾向，优秀的道德品质是"作为一切社会关系的总和"的人所必须具备的素质。对从业者而言，不管将来要从事什么职业，优秀的道德品质必然是人生第一张"通行证"。

第二，扎实的专业技能。当一个人具备了优秀的道德品质之后，起决定作用的就是他的专业技能是否过硬。所谓专业技能，是指从事某一职业所必需的专业理论知识和实践操作能力，即一个人对其所学习的专业及非专业知识的掌握和应用程度。

第三，健康的身体素质。身体素质通常指人体肌肉活动的基本能力，是人体各器官系统的机能在工作中的综合反映。身体素质是其他各种素质赖以存在和发展的基础。在这个充满竞争的时代，人们要承受巨大的工作压力，经受长时间紧张工作的考验，或者忍受长途工作旅行的辛劳，这一切都要求从业者必须具备充分的身体健康资源，否则将无力适应未来日子里艰苦的工作考验。

第四，良好的心理素质。心理素质是指一个人在心理过程和个性心理特征方面所表现出的本质特征。作为人的整个精神活动的基础，心理素质渗透到人的一切行动中，影响和制约着人的各方面素质的发展，因为人的一切言行实际上就是其心理活动的不同程度的外在表现。在充满竞争意识的当代社会，各种职业对劳动者的心理素质越来越重视。因此，个体必须认真学习并通过各种途径接受心理素质方面的训练，通过改变自身的生理状态和心理状态，解决在认知、情感、人格等方面的问题，不断提高自身的心理素质。

第五，广泛的人际交往能力。人总是作为社会关系的总和而存在，人际交往是人类基本的社会性需求，无论是乐于交往还是惧怕交往，我们都不能避开它。对于绝大多数人而言，人际交往的成败在很大程度上决定着我们事业的成败。因此，要加强个性品质修养，学习并掌握良好的人际交往艺术，从而培养自己健康的人际交往态度，增强自己的人际交往吸引力。

第六，强烈的竞争和创新意识。社会主义市场经济在将竞争机制引入各行各业的同时，也为人与人、企业与企业之间的公平竞争提供了条件。竞争机制的引入，既要求从业者有勇于获胜的胆识，也要求他们有敢于承担失败的勇气。因此，新时代的职业素质要求我们必须具有强烈的竞争意识，学会在竞争中求生存，在竞争中求发展。

第七，利用信息的能力。信息能力（包括信息采集、分析、存储、加工、运用、交流能力）是衡量国民素质高低的重要尺度之一，信息能力能够在一定程度上决定一个人的社会财富和社会地位。由于网络化的实现即通过网络来开发信息资源将成为主流，对信息的开发、占有、控制、使用逐渐成为未来社会各职业的核心。这样，信息人才及每个人的信息能力就显得格外重要。因此，人们必须学习掌握计算机的基础知识和网络技术，以获取有关的信息，并在充分占有信息的基础上，不断加强自己识别信息、分析信息及利用信息的能力。唯有如此，才能在以后的工作岗位上不断创新、不断发展。

第二节　职业测评与职业生涯规划

一、职业能力测试及职业测评

在进行职业生涯规划时，通常还需要进行职业能力测试及职业测评，以起到辅助作用。

（一）职业能力测试

职业能力测试是指通过某些测试来预测个体的职业定位及适合的职业类型等。这属于一种倾向性的测试，因此又称为职业能力倾向性测试。

1. 职业能力测试的依据

（1）职业能力倾向具有相对广泛性。职业能力倾向影响着一个人在某一职业领域中多种活动的效率，而专业知识技能则仅仅影响某一有限或具体的活动。

（2）职业能力倾向具有相对稳定性。职业能力倾向是相对稳定的，它不像人的智力水平一样很难改变，又不同于具体的专业知识技能那样容易通过强化训练而在短期内提高或由于遗忘而丧失。

（3）职业能力倾向是一种潜能。职业能力倾向表现为成功的可能性，而不是已有的水平。一个人的空间想象力强，我们可以预期他在许多与空间关系密切的活动领域中有取得成功的可能，但这仅是可能而已，这个人也许并没有机会实现他的优势。

2．职业能力测试的作用

（1）可以帮助参测者根据自己的性格、能力来确定自己的职业生涯发展规划。

（2）可以帮助参测者确定职业目标，尽可能地发挥出自己最大的潜能。

（3）多角度专业化的职业评测维度可以帮助参测者提高个人的工作技能，提高自己的职场竞争力。

（4）让用人单位合理地应用测试报告结果进行人岗匹配，达到企业和个人的利益最大。

（二）职业测评

职业测评是心理测验的一个分支，是心理测量技术在职业管理领域的应用，它以心理测量为基础，对人的特质进行科学、客观、标准的系统评价，从而为组织和个体两个层面的职业发展管理提供参考依据。这里所说的特质，是指那些完成特定职业活动需要或与之相关的感知、技能、能力、气质、性格、兴趣和动机等个人特征，它们是完成职业活动的必要基础。

西方许多发达国家从小学开始就会开展各种各样的活动以帮助学生认识工作、热爱工作并及早进行职业规划。美国的中学生至少要接受一次这样的职业测验，在中学和大学还设立了专业的职业辅导咨询中心，由职业心理学家依据专业的职业心理测评技术和规范化的咨询流程对学生进行职业指导。

在我国，随着近年来就业形势的变化，职业测评也越来越引起人们的关注。有关职业测评的信息纷纷见诸媒体，人才中介机构相继开展了职业测评的服务，各企事业机构也开始将职业测评运用于招聘过程之中。

1．职业测评的分类

职业测评中最基本、最常用的有四大类测验，即智力倾向测验、人格测验、职业兴趣测验和动机测验。

（1）智力倾向测验。智力倾向测验具有考察智力（能力）水平及其结构的双重目的。一方面，不同的人智力水平不同，选择优质的人，可期望获得高绩效；另一方面，智力水平相近的人，其智力结构可能不同：有的人擅长言语理解、加工、表达，有的人擅长数字加工，有的人则擅长对形象的分析、加工。不同智力结构的人适应于不同类型的工作。

（2）人格测验。人格测验用以测量求职者与他人相区别的独特而稳定的思维方式和行为风格，这些特点可能影响该求职者的工作绩效、工作方式及习惯。

(3) 职业兴趣测验。不同人的工作生活兴趣可以按照对人、概念、材料这三大基本内容要素分类，而社会上的所有职业、工作也是围绕这三大要素展开的。基于这一理论思想设计的职业兴趣测验可以在个体兴趣与职业之间进行匹配。

(4) 动机测验。所谓动机是指由特定需要引起的，欲满足该种需要的特殊心理状态和意愿。而通过动机测验，可以了解个体的工作生活特点，从而找到激励他们积极性的依据和途径，并以此为依据安排相应的工作内容。

职业测评绝不是用少数三四种工具，"以不变应万变的方式"对付所有个体对不同职位的测量要求。实际上，每个求职者的特点都是不尽相同的，各个职位的素质要求也是相当多样化的，因此可能产生的测评组合也就十分丰富。要想真正做到人职匹配，必须有的放矢地根据个人的特点和岗位需要选择测量工具，使工具适应求职个体和招聘岗位的需求，而不是让个体和岗位去迁就测评工具的要求。

2. 职业测评的功能

职业测评的目的是实现人适其职，职得其人；人尽其才，才尽其用。它在研究、咨询、辅导和组织对员工的职业生涯开发中都占据重要的地位，是不可或缺的工具。具体来说，其功能包括以下方面。

(1) 预测功能。预测个体在教育训练、职业训练及未来工作中的表现。

(2) 诊断功能。评估个体的长处和短处，优势和劣势，并诊断个体在兴趣、价值观和职业生涯决策等方面的特质。

(3) 区别功能。区别出个体的某些特质最类似于哪一类的职业群体。

(4) 比较功能。依据测量学指标，将个体素质（能力倾向、兴趣、价值观等）与某些目标团体相比较，从而观察两者之间的匹配程度。

(5) 探测功能。了解个体在职业生涯发展的连续过程中，其职业决策、职业适应性的行为、态度，以及能力方面的一般状况，以便提供必要的职业辅导。

(6) 评估功能。对职业生涯咨询或辅导的进展情况和效果进行评估。

二、职业生涯的发展阶段

"职业生涯主要是指一个人一生在职业岗位上所度过的、与工作活动相关的连续经历。职业生涯是一个动态的发展过程，它反映了职业选择、职位变动、个人职业理想得以实现的整个过程。"[①]

① 李金亮，杨芳，周欣. 大学生职业生涯规划 [M]. 长沙：湖南教育出版社，2019：4.

职业生涯是一个发展的概念，是一个动态的过程。它不仅包括一个人的过去、现在和未来中那些可以实际观察或预见到的、连续从事的职业发展过程，还包括个人对职业生涯发展的见解和期望。职业生涯是一个漫长的过程，可以遵循传统观念，一生只从事一种职业，持续而稳定地在岗位上晋升、增值；也可以根据个人的兴趣、能力、价值观及工作环境的变化而经历不同的岗位、职业甚至行业。

每个人的职业生涯都会经历不同的阶段，正确地认识职业生涯发展规律及自己所处的发展阶段，对制定有效的职业生涯规划是非常重要的。一般认为，职业生涯可分为以下六个阶段：

第一，职业准备阶段。职业准备阶段一般从 14~15 岁开始，延续到 18~22 岁。这是一个人就业前学习专业、职业知识和技能的时期，也是一个人素质形成的主要时期。每一个择业者都有着选择一份理想职业的愿望和要求，都想经过充分的准备，能够很快地找到自己理想的职业，顺利地进入职业角色。但实际上，在职业生涯准备阶段，许多人是盲目的，甚至是由家长或老师代替选择的。

第二，职业选择阶段。职业选择阶段一般集中在 17~30 岁。这是一个人从学校走上工作岗位，在职业准备的基础上选择职业的时期，也是由潜在的劳动者变为现实的劳动者的关键时期。在这一阶段，人们要根据实际需要和自己本身的素质及愿望做出职业选择，这是人生职业生涯的关键一步。职业选择不仅仅是择业者择业的过程，也是社会挑选劳动者的过程，直到个人与社会成功结合、相互认可，职业选择才算结束。

第三，职业适应阶段。职业适应阶段一般在就业后的 1~2 年。这一阶段是对一个人走上工作岗位的职业能力的实际检验。择业者刚刚踏上职业岗位，必然有一个适应的过程。要完成从一个择业者到职业工作者的角色转变，就要尽快适应新的角色，适应新的工作环境、工作方式。具备工作岗位要求素质的人，就能够顺利适应某一职业；而自身的职业能力、人格特点等素质与工作岗位要求差距较大的人，则难以与职业要求相适应，也可能重新对职业进行选择。

第四，职业稳定阶段。职业稳定阶段一般从 20~30 岁开始，延续到 40~50 岁。这一时期是人的职业生涯的主体，也是成就事业和获得社会地位的关键时期。这一阶段可能发展稳定并取得阶段成功，但也可能遭遇发展瓶颈，面临中年危机等。对于大部分人来说，这一阶段应该致力于某一领域的深入稳定发展，以求得升迁和能力的专精。如果从业者的素质能够得到发展和提高，就可能抓住机会逐步取得成果，成为某一领域出色的人才，获得职业生涯的成功。

第五，职业衰退阶段。职业衰退阶段一般从 45~50 岁开始，延续到 55~60 岁。这一阶段，人们开始步入老年。一般来说，这一阶段上升的空间已经很小，应该规划退休及退休后的目标转移方案。

第六，职业结束阶段。职业结束阶段一般是指 60 岁以后。这一阶段，人们由于年龄或身体状况等其他原因，逐渐丧失职业能力和职业兴趣，随着退休结束职业生涯。

三、职业生涯规划的类型与意义

"随着高质量发展战略的提出，各企业开始为高质量发展谋篇布局，企业高质量发展需要高质量人才作为保障。"[①] 职业生涯规划是指个人结合自身情况和客观因素，为自己确立职业方向、职业目标，选择职业道路，确定教育计划、发展计划，为实现职业生涯目标而确定的行动。

职业生涯规划包括两个层次的问题：一个是生涯角色间和生涯形态的规划，是在时间和空间的向度下，如何来组合各种角色；另一个是生涯角色内和生涯目标的问题，是在各个角色中，要追求哪些职务或实现哪些目标。职业生涯规划的这两个问题并不是独立的，而是相互联系的，通过对这两个层次问题的思考和规划，能够寻求满足我们生涯需求、实现我们人生价值的途径。

（一）职业生涯规划的类型

按照规划的时间维度，职业生涯规划可分为短期规划、中期规划、长期规划和人生规划四种类型。

第一，短期规划：两年以内的规划，主要是确定近期目标。

第二，中期规划：一般为 2~5 年内的职业目标和任务，是最常用的一种职业生涯规划。

第三，长期规划：5~10 年的规划，主要是设定较长远的目标，以及为实现此目标应采取的具体措施。

第四，人生规划：整个职业生涯的规划，时间长达 40 年左右，主要是设定整个人生的发展目标和阶梯。

从字面上看，个人职业生涯规划从短期到中期，再到长期，直至整个人生规划，如同台阶一步步地发展。但在实际操作中，跨度时间太长的规划往往由于环境和个人自身的变化难以把握，而时间跨度太短的规划意义又不大，所以，一般人们把个人职业生涯规划的

① 曹丽美，韩庆东，贺婧芝等.国有企业一线员工职业生涯规划 [J].现代企业文化，2022（28）：134.

重点放在 2~5 年的中期规划，这样既便于根据实际情况设定可行目标，又便于随时根据现实的反馈进行修正或调整。

(二) 职业生涯规划的意义

第一，职业生涯规划能够帮助个人确定职业发展的目标和方向。职业生涯规划可以帮助个人对自我进行全面的分析，从而认识自己，了解自己的特点和兴趣，评估自己的能力、优势和不足。在设计和规划职业生涯的过程中，通过对客观环境的分析，可以明确自我职业发展的方向，正确选择职业目标，并运用适当的方法，采取有效的措施，克服职业生涯发展中的困难，使自己的才能得到充分发挥，从而获得事业上的成功，实现人生的理想。

第二，职业生涯规划能够促进个人努力工作。职业生涯规划一方面让个人明确了努力的目标，另一方面也是不断督促个人努力：工作的鞭策力。职业生涯规划就像给自己树立了一个明确的标靶，唯有目标明确才能奋勇直进。随着这些规划内容逐步实现，又增强了自信心和成就感，并进一步促使自己向新的目标前进。制定和实现职业生涯规划就好像一场比赛，随着时间的推移，一步一步地实现所制定的规划，自己的思想方式和工作方式又会不断地完善和发展。

第三，职业生涯规划有助于合理安排日常工作。制定职业生涯规划的一个重要作用就是有助于合理地安排日常工作，评价工作的轻重缓急。没有职业生涯规划，就很容易被日常事务所缠绕，甚至被日常琐碎的事务掩埋，无法实现人生目标。通过职业生涯规划，能够使我们紧紧抓住工作的重点，增强成功的可能性。

第四，职业生涯规划能够激发个人潜能。职业生涯规划能够帮助我们集中精力，为实现自己的职业目标尽可能发挥个人的潜能。一个人的潜在能力是无限的，需要我们充分地去挖掘。例如，在大学期间，并不是每一个大学生都在组织协调、科研发明等方面有优势，但是相当一部分同学在这些方面都有很大的潜能。因此，一旦赋予这些大学生工作任务和目标，调动他们内在的激情，他们都会通过努力，充分激发其内在的潜能，很好地完成这方面的工作和学习。

第三节　职业生涯决策与行动计划

小到生活琐事，大到就业发展，"选择"无处不在。想要做出"选择"，需要时间、学习、锻炼等方方面面的积累，想要把"选择"转变为"行动"，则需要思考、规划、实践等扎扎实实地前行。把"选择"和"行动"放在职业生涯规划中，就是"职业生涯决策"。

一、职业生涯决策

职业生涯决策是职业生涯规划中非常重要的环节，既包含做决策的过程，也就是"如何做"，还包含做决定的结果，也就是"做什么决定"。在经过自我认知、探索职业世界之后，需要根据已经获取的信息做出初步的职业生涯决策，选择未来发展的大方向，再做细节选择。

(一) 职业生涯决策的类型

职业生涯决策指的是根据各种条件，经过一系列的活动而进行的目标决定，以及为实现目标而制订优选的个人行动方案。总体来说，常见的职业生涯决策有以下三种。

第一，确定无疑的决策，即所有的选择及结果都非常清楚、明晰。

第二，有一定风险的决策，即每种选择的结果并不能完全确定，但可以在一定程度上知道可能会有什么样的结果。

第三，不确定的决策，即对于有哪些选择、各种选择会产生什么结果，几乎完全不清楚。

生活中的大多数决策都属于第二种，也就是说能获得一定的信息，做出某种预测和选择。当我们面临第三种选择时，可以先搜集信息，把它变成第二种决策。

(二) 职业生涯决策的过程

在实际生活中，职业生涯决策的过程不是一个独立的步骤，而是一系列的过程，主要分为以下四个阶段。

第一个阶段：自我探索，包括对自身的职业兴趣、职业性格、职业技能、职业价值观的探索，以达到对自身清晰的自我认知。

第二个阶段：职业探索，主要包括对职业信息的了解、生涯发展路径的了解。

第三个阶段：资源探索，主要包括对自身可用资源的探索和评估。

第四个阶段：科学推理，在前三个阶段的基础上做出可行推理，从而做出正确的决策。

其中，科学推理阶段是最难的。首先，要在众多的选择中找到一个大方向，如就业、考研、出国等；其次，需要在大方向中筛选出一些更为具体的小目标，如想就职于哪个行业、哪个单位等；再次，权衡不同的选择和小目标从而作出决定，同时接受"决定""妥协"两个反复的阶段；最后，要能够承担决策的风险，面对未知的压力，对自己的决定负责。

（三）职业生涯决策的影响因素

职业生涯决策非常重要，会持续影响个体未来的职业和发展。在一些特定的情况下，职业决策会受到很多因素的阻碍和限制，影响个体进行有效的决策。一般来说，职业生涯决策的影响因素包括个人因素、社会因素和其他因素。对于这些影响因素，有的能觉察到，有的不容易意识到，这些影响因素对每个个体来说影响的程度也不同，了解这些因素有助于梳理问题解决思路，做出合理的决策。

1. 社会因素

不同的社会环境会对个体的生涯决策产生不同的影响。政治形势、价值观，社会、经济、历史、文化环境都能够影响人们对于决策的制定。同时，行业、用人单位对毕业生的需求、技能要求以及专业在社会中的发展状况等也是影响人们决策的重要因素。

很多人在进行决策时还会考虑地域因素。总体来说，市场化水平和经济增长水平相对较高的区域是个体职业生涯发展的主要阵地，个体在做职业决策时，应该结合区域经济的发展状况，选择或制订与自身状况相符的发展方案，从而使职业生涯良好有序地发展。

2. 家庭因素

在影响职业决策的所有因素中，除了个人因素和社会因素之外，还有来自家庭方面的影响。充分整合影响职业生涯发展的各个因素，有利于提高决策的合理性。家庭因素对人们的职业生涯决策有着直接的影响，既有积极的影响，又有消极的影响，其中主要包括家庭经济状况、家庭价值观和家庭社会关系三个方面的因素。

（1）家庭经济状况。家庭经济状况直接影响着人们受教育的条件、对人生的态度、对精神生活的追求，对个人兴趣、性格、能力、价值观的形成都有着间接的作用。

（2）家庭价值观。父母在日常生活所呈现出来的样子是个体最先观察到的，父母、亲人的价值观共同决定着家庭对人们灌输的价值观，在很大程度上决定了个体的发展方向。有的人学业和发展出现了问题，可能不仅仅是学生本身的问题，也是一个家庭的问题。家庭和人际关系面临困境势必会影响职业决策者的决策过程。

有些家长能够客观评价子女的决策结果并给予一定的指导，鼓励子女完成职业规划。也有的家长根据自己的经验（也可能是对于某种客观事物的偏见）否定子女的决策结果。

甚至有的家长对子女的职业决策进行强制干预，不考虑他们的兴趣爱好、性格特征，只是按照自己的想法为子女规划未来，使他们的潜能不能得到有效的发挥。

与家庭成员高度融洽或密切相关的子女往往在决策中很难保持自己的情绪和心理上的独立。另外，家庭成员之间无法就义务、经济、责任、价值观等达成共识也会使学生的职业决策出现问题。

（3）家庭社会关系。家庭的社会关系能为个体提供相关就业资源和行业相关信息，使决策存在很大的延展空间。因此，在做职业决策时，需要充分利用家庭资源，以增加职业决策的科学性和可行性。

3. 个人因素

个人因素起着决定性作用，个人与环境之间的高度复杂性是决策受多方面因素影响的原因，个人对环境以及对自身因素的判断与取舍，限制着个人职业生涯发展的宽度和广度。所以，在职业生涯决策的过程中，最关键的影响因素是个人因素，主要包括个人背景、内在涵养、职业能力和素养、经济需求、心理特征等方面。

（1）个人背景。不同年龄、性别、教育背景的人，会经历不同的职业生涯过程，个人背景的差异性会导致决策的不同。

（2）内在涵养。内在涵养是指个人修养、文化素养、道德水平，以及在体育、文艺、美术、音乐等方面的特长或天赋。

（3）职业能力和素养。职业能力和素养是指认知能力、分析能力、表达能力、组织能力、逻辑思维能力、语言能力、社交能力、业务能力、决断能力、解决问题的能力等。知识技能是决策者将信心转化成最终决策结果的关键。有些个体在决策前已具备很好的自我认识，对自己的各种选择也很了解，但却做出了有偏差的职业决策；也有的同学曾经做了大量职业测试来了解自己的兴趣、天赋等个人特质，却依然做不出决策。这都是因为缺乏决策的必要知识技能。一些决策者常常由于决策经验有限或对自身的决策能力缺乏自信而做出错误的决定。

（4）经济需求。薪酬决定着个体的生活水平和事业发展的空间，影响着个人的精神生活和社会成就感，但过分看重薪酬可能会错失更适合自己的机会，甚至可能给职业生涯的后续发展带来麻烦。在做职业决策时，应充分考虑自身的经济情况，从而做出既满足生活所需又有发展空间的选择。

（5）心理特征。心理特征是指在特定时期的心理环境、精神状况和情感因素。心理特征具有明显的不确定性和即时性。从职业心理学的角度来说，职业兴趣、职业性格、职业技能、职业价值观构成了稳定的心理特性和倾向。当今社会，人们的心理状态容易发生较大波动，面对职业决策会感到压力和迷茫，及时调整好个人心理状态是把握好个人的前途和命运的关键因素。例如，个体在决策过程中因为性格内向而产生抵触情绪，从而产生自卑，有可能做出错误或者存在偏差的职业决策。有的人还会焦虑、缺乏自我胜任感以及动机冲突等。还有的人过高地估计了自己的能力，产生了自傲的情绪，这种情绪可能使决策结果偏离客观事实，不具有可实现性。

（6）成长环境。朋友、同龄群体对个体职业生涯决策的影响也是很大的，他们的职业价值观、对待个人发展的态度、思维、语言、行为特点等不可避免地会影响到决策本人对职业的偏好、选择从事某一类职业的机会和变换职业的可能性等。

（四）职业生涯决策的原则

第一，社会需求原则。社会大环境要求个体在做职业生涯决策时必须与社会需求相结合，以社会需求为出发点的决策才具备可行性和发展性，这是一个最基本的原则。一些传统行业在逐渐被信息化产品取代，这是决策中不能忽视的社会需求因素。

第二，兴趣发展原则。兴趣是最好的老师，职业生涯决策的结果要符合自身本身的喜好。做自己喜欢的工作，能够有效地将兴趣转化为动力，最终成为事业发展的长久动力。但在做决策时，并非所有的决定都与兴趣有关，有的人对所学的专业或从事的工作并不感兴趣，但如果计划以此为职业，就应该尽快发展和培养职业兴趣。所以在决策时，不仅要选择自己喜欢的职业方向，更要主动去培养职业兴趣，从学习和工作中找到乐趣。

第三，能力胜任原则。在职业生涯决策过程中不仅要找到感兴趣的工作，更要找到擅长的工作。从事任何职业都要具备对应的职业技能，以便满足职业岗位的需要，同时也会让人有成就感。所以在做职业生涯决策时，要对自己已经具备或即将具备的能力有所了解，根据自己的能力来判断是否能够胜任这个职业，即使能力欠缺，也可以努力去提升。

第四，利益整合原则。进行职业生涯决策的目的是找到发展方向作为生活的依靠，满足自己的物质和精神方面的需求，获得幸福感。所以，职业回报、行业发展状况、生涯路径会使人们在职业生涯规划的全周期中展现收益的最大化。在进行生涯决策时，要考虑各方面利益的整合，如能否满足个人的物质需求和精神需求、职业发展的前景如何、社会地位怎么样、个人的成就感如何、个人要付出的努力和代价是什么，以此来保障自己的利益最大化。

（五）职业生涯决策的方法

1. SWOT 分析法

SWOT 分析法主要用于为企业中长期发展制定策略。近年来，它常用于职业生涯决策、管理、营销等领域，对自身所处的情景进行全面、系统、准确的研究，从而根据研究结果制定相应的规划、战略、对策。SWOT 分析法在职业生涯决策中是一个非常有用的工具，通过 SWOT 分析，会较清楚地知道自己的优缺点在哪里，会评估出自己所感兴趣的不同职业道路的机会和威胁所在。总体来说，这种分析方法在实际运用中具有明显的科学合理性，因此，可以将分析结果作为职业决策的主要依据。

SWOT 分析法，S 代表优势（Strengths）、W 代表劣势（Weaknesses），O 代表机会（Opportunities）、T 代表威胁（Threats）。优势、劣势属于内部因素，机会、威胁属于外部因素，由此，SWOT 分析法可以分为两部分：第一部分为 SW，主要用来分析个人条件；第二部分为 OT，主要用来分析外部条件。内外结合才能将个人的职业目标、个人条件、内外部环境有效结合起来。SWOT 分析主要包括以下四步。

第一步：评估自身的优势和劣势。个体要根据自己的价值观、性格、兴趣和技能找出自己的优势和劣势，也可以通过职业测评软件得出直观的分析结果。之后要努力去发挥优势，改善劣势，同时，要敢于放弃那些自己不擅长的、能力要求不易达到的职业，规避自己的劣势，在不断完善自己的职业能力的过程中提高职业素养。

第二步：找出自身的职业机会和威胁。机会与威胁都是并存的，不同的行业、公司、职位都面临不同的外部机会和威胁，这些机会与威胁在很大程度上制约着职业生涯的发展。找出这些外界因素，对于个体找到一份适合自己的工作是非常重要的，因为这些机会和威胁会影响第一份工作和职业发展。

第三步：确立中长期职业目标。列出 5 年内的职业目标，对所期望的每一个职业目标进行 SWOT 分析，同时思考自己想从事哪一种职业，希望拿到的薪酬范围等，这些目标必须发挥出自身优势，与行业提供的工作机会相匹配。

第四步：论证职业目标的可行性。为所列出的职业目标拟订一份具体的行动计划，结合 SWOT 分析中内外因素的优势与劣势，详细分析达到职业目标的可能性，分析为了实现每一个目标要做的每一件事，何时完成这些事。如果需要外界帮助，则要分析需要何种帮助和如何获取这些帮助。比如，分析技术职位需具备的业务能力和创新能力，要获得预期的报酬需要具备的相关职业素养、专业技能等，这就需要结合自身情况进行探讨，并对职业计划和行动进行理性的分析。

2. CASVE 循环

无论在人生规划的哪个阶段，CASVE 循环都是解决职业决策问题的良方，我们可以把 CASVE 循环当作生涯决策的一个经典例子。同时，CASVE 循环还是信息加工理论的核心观点之一，与金字塔模型一起组成了认知信息加工理论的核心观点。

解决职业生涯问题不是一件事，而是一个过程，即一个包括了五个步骤的 CASVE 过程。C 代表沟通（Communication），A 代表分析（Analysis），S 代表综合（Synthesis），V 代表评估（Valuing），E 代表执行（Execution）。在开始这五个步骤之前，一定要对自我认知有较清晰的定位，对职业环境有较全面的探索。

第一步，沟通。沟通是职业生涯决策的开始，可以通过内部沟通和外部沟通来完成，其目的是要明确自己需要做出选择的各个阶段，要开始寻找理想和现实之间的差距。

第二步，分析。通过沟通，可以发现理想与现实的差距，在分析阶段，就要去考虑自己的选择会出现的各种可能性。这个步骤很重要，但是基于很多实际的生涯与就业咨询案例，很多人会简化这个环节，直接过渡到下一个步骤，这样会弱化决策的根基，也就失去了规划的意义。做好分析需要把握住最核心的问题，即"以最终目标为主线"。这会帮助自身一边规划一边想明白自己的选择会出现的各种可能性，从而分析好每条路上可能出现的问题。建议问自己三个问题明晰最终目标：一是我最不想做什么样的工作、过什么样的生活；二是我最期待的工作和生活状态是什么，家人朋友如何看待这种状态；三是我最佩服的人有什么生涯目标。

第三步，综合。综合主要是根据分析步骤得出的信息，设计出符合要求的方案，确定解决问题的方法。人们一般对于未来会有很多设想，在深入分析后可以得出许多与自身较匹配的职业方向。综合就业是要去做减法，发散思考每一种方向的可能性，最后将目标方向压缩到 3~5 个，以达到最有效的可行方向。

第四步，评估。评估是对综合得出的目标进行详细的评估和排序。需要评估自己从事目标行业的适应性以及对家庭的影响，按照优先顺序排序。

第五步，执行。任何目标的实现都少不了行动。执行是 CASVE 循环的最后一步，前四步都是为了执行做出的铺垫。要实现职业生涯的成功发展，关键还是要在执行步骤将所有规划付诸实践。在执行过程中，既需要制订可行的计划，还要积极地实践尝试并付诸行动。在行动中要评估设定的目标是否合理，是否符合自己的实际情况；如果不是，就要进行新的决策过程，再次回到沟通阶段，开始新一轮的 CASVE 循环，直到职业生涯中的问题被解决为止。

职业生涯规划是一个动态变化的过程，CASVE 循环正是通过循环思考引导自己不断发现问题、解决问题，达成最终目标。

3. 决策平衡单

在职业生涯决策中，人们常会犹豫应该取舍什么职业目标。

决策平衡单能帮助人们分析每一个可行的方案，把各种规划进行细化、分析、整理，从而通过数据化的排序，直观做出判断应该选择哪个职业目标。CASVE 循环中的"评估"步骤可以通过决策平衡单来进行。

决策平衡单主要将决策的评估方向分为四个部分，即自我物质方面的得失、他人物质方面的得失、自我精神方面的得失、他人精神方面的得失。决策平衡单的具体使用步骤如下：

（1）选择想要比较的发展目标。如考研、求职公司、基层就业、出国等。

（2）明确四个部分的具体内容。针对某一个可供选择的职业发展方向，列出自己所有的考虑因素，从对自己、其他重要的人等不同的角度，分析会带来怎样的得与失和这些得与失是否可以接受及原因。

（3）拟订各因素的加权分值。根据自身情况考量各因素的重要性，根据考虑因素的重要程度，分别设定 1~5 的权重系数，重要程度越高，分值越高。

（4）为因素打分。因素的计分范围为 -5~5 分，对人们越重要的因素，分数越高，反之越低。将分数填在对应栏中，然后与权重相乘得出加权分数。

（5）计算总分进行决策。将各选项加权分数合计得出总分，一般总分最高的方案即为最优选择，但是在实际操作中人们常会因为某个因素调整选择。

4. 5W 归纳法

5W 归纳法也是职业决策过程中经常用的方法，在日常的学习生活中，可以通过依次回答 5 个问题，并通过答案的交集来进行生涯决策。

问题 1：Who am I?（我是谁?）这个问题的目的是引导对自己进行深刻的反思，充分了解自己的优点，对自己有一个全面、客观、清醒的认识，把自己的性格特征、特长、能力等方面的优势挖掘出来，更加清晰地明确职业目标。

问题 2：What do I want?（我想做什么?）这个问题的目的是引导自己清楚地知道想要什么样的职业和什么样的生活。虽然随着年龄和经历的增长，每个人在不同阶段的兴趣发展不完全相同，但兴趣对职业的发展有着重要的导向作用，可根据兴趣来锁定一个人的职业发展方向。

问题 3：What can I do?（我能够做什么?）这个问题的目的是引导人们清楚自己能干

什么或哪些方面可能有发展的潜力，是对自己能力的考量。如果说个人职业的定位必须以自身的实力、能力作为根基，那么职业发展空间则取决于自身潜力的大小。除了要考虑个人的性格和特长等因素，对自身潜在能力的分析和预测也十分重要。职业的成功依赖于个人的能力，但职业发展的空间往往受个人潜力的限制。通过对潜能的考察，可以进一步缩小职业决策的目标范围。

问题 4：What can support me？（环境支持或允许我做什么？）这个问题的目的是引导人们思考周围的环境资源哪些有利于自己的发展，可以从政治环境、经济环境、法治环境、科技环境、文化环境、朋友关系、社会人脉等方面进行综合考量。

问题 5：What can I be in the end？（我最终的职业目标是什么？）这个问题的目的是引导人们通过对前 4 个问题的思考，形成一个可行的职业生涯目标，以此来指引职业生涯规划的实施，从而确立个人职业生涯发展的最佳方向。

二、行动计划

（一）行动计划的重要性

在确定了职业生涯目标后，行动便成了关键环节。若没有达成目标的行动，没有落实目标的具体措施，那么目标就难以实现，也就谈不上事业的成功。为达成目标，在工作方面，要计划采取什么措施，提高自身的工作效率；在业务素质方面，计划学习哪些知识、掌握哪些技能、提高自身的业务能力；在潜能开发方面，采取什么措施开发自己的潜能等，这都需要有具体的计划与明确的措施。

行动计划是为实现职业生涯目标而制订的行动计划，它像一座桥梁，把现在的状况和要达成的职业生涯目标有效地连接起来。没有切实可行的行动计划，实现目标将会是一句空话。如果在制定行动计划时对实现职业生涯目标过程中将要面临的困难和挑战进行了较为全面的分析和预测，以及在对未来可能发生的变化进行了预期的基础上，制定出行动方案，那么一旦未来发生变化，我们就会有充分的心理准备从而从容应对。

（二）行动计划制订的方法

为了落实目标要采取训练、教育、轮岗、工作等方面的具体措施。这些行动如何分步实施就要制订行动计划，包括短期计划和长期计划。因为长期计划的实现有众多不确定因素。因此要根据自身实际情况和社会发展趋势，不断地设定新的可操作的短期目标。

首先，认真分析职业目标要素，围绕特定时期的职业生涯目标寻找自身条件与职业目标必备条件之间的差距，提高与理想职业相匹配的能力，制订行动计划并严格执行。计划内容可包括：如何提高综合能力、如何改变不良习惯、如何培养特长、如何完善人格、如何改正缺点、如何提高成绩、如何弥补差距等。

其次，根据自身情况制订行动计划，要考虑周全，可通过采纳他人建议，尤其是有经验的人的建议，使行动计划更加具有可操作性和针对性。将计划用表格形式逐一列出，制订好的计划一定要想办法落实。应经常对照计划和自己的目标，检查落实情况，促进行动的执行。实现目标过程中有多种可变因素，因此计划应有弹性，以增加其适应性。

为了更好地完成职业生涯目标，应将提升自身的能力作为制订行动计划的主体内容。专业能力、情绪管理能力、人际交往能力、团队合作能力、行动能力等就是职业能力中的关键能力。我们特别需要有意识地培养和提高这些能力。如果在制订的行动计划中，把这些职业能力提升的措施真正落到实处，行动就达到事半功倍的效果，离实现自己的职业目标的愿望就越来越近了。

（三）行动计划制订的原则

制订个人行动计划需要遵循以下基本原则。

1. 实事求是原则

准确的自我认识和自我评价，明确自身现实状况，是制订个人行动计划的前提。对自己要有清醒的认识，例如以下方面：

（1）自己的知识，技能水平及工作适应性与职业生涯目标的差距。

（2）个人特质，主要是素质、性格、爱好、兴趣和专长与职业生涯目标的吻合程度。

（3）自身优点、缺点及与职业目标不相适应的不良习惯等，准确的自我认识和评估显然是制订个人行动计划的基础。

2. 切实可行原则

一方面，制订个人行动计划要达成的职业目标或满足的职业需要，一定要同自己的能力、个人特质及工作适应性相符合；另一方面，制订个人行动计划，一定要考虑到周围客观环境和条件，考虑到可能会面临的困难和挑战。这样目标才有可能实现。

3. 一致性原则

制订的行动计划所达成的个人职业生涯目标与组织发展目标要保持一致。也就是说个人的行动计划要达成的目标与所工作的单位的发展目标要一致。因为个人是要借助于所在组织的工作实现自身职业需求，若行动计划要达成的目标与组织的发展目标不同甚至相去甚远，那么行动将失去主要的支持力量，自身能力的培养、素质的提高将很难实现，目标也很难顺利达成。所以，个人行动计划制订就必须与组织发展目标相协调，保持一致。为此，个人在制订计划之时，最好积极主动与工作单位领导、有经验的前辈沟通，获得领导和同事的支持与帮助，尽可能达成个人目标与组织目标一致，借助于在组织中的工作而实现自身职业需求，从而使个体事业目标在为组织目标而奋斗的过程中得以实现。

4. 弹性调整原则

对于个人来说，整个职业生涯将经历职业生涯准备期、职业生涯早期、职业生涯中期和职业生涯后期等不同阶段。应当根据不同阶段的职业任务和个人职业特征，制定不同时期或阶段的个人职业目标、需求及其实现途径。计划一经制订，并非一劳永逸，尚需依据客观实际情况及其变化，不断予以调整，修改和完善，使之可行，且行之有效。

(四) 行动计划制订尺度的把握

制订行动计划要把握好尺度，即制订的计划要合理。制订行动计划时，对要达成的目标切忌贪高贪快。要保证目标适中，同时也不可过高或过低，并将长期目标和短期目标结合起来，制订的计划要切实可行，通过不断实现短期目标最终实现长远目标。

制订行动计划要把握好尺度，还要做到制订计划要有可调整的灵活空间。人们常说：计划赶不上变化，这告诉我们客观条件的变动性非常大。同样，影响职业生涯规划的因素也很多，有的变化因素是可预测的，而有的变化因素则难以预测。社会环境的巨大变化和一些不确定因素的存在，会使我们与原来制订的计划与职业生涯要达成的目标有所偏差，这时需要对职业生涯目标与计划进行评估和作出适当的调整，以更好地符合自身发展和社会发展的需要。通过对目标与行动计划的不断评估与反馈，对自己的不断认识，同时对社会的不断认识，才能使行动计划成为更加有效的手段，实现职业生涯目标。

第四节　职业生涯反馈评估与修正

一、职业生涯反馈评估

职业生涯的发展不可能是一帆风顺的，规划也不是万能的。职业生涯规划应该是动态的，需要不断地关注行业变化，不断地学习新的技术，不断地寻求增加职业技能的途径。

在现代职业领域中，变化是永恒的主题，大到国家政策的调整、完善，小到一个单位的领导人的更替、组织制度的调整、产品的更新换代，乃至个人家庭的变化等都会影响到个人职业生涯的发展及生涯规划的执行过程。要想赶上日新月异、飞跃发展的时代，使自己适应社会需求，紧跟时代发展的脚步，就要时时注意个人状况和外部环境的变化，不断审视自我，不断地调整自我，不断地修正职业生涯策略和目标，以使职业生涯规划行之有效、切实可行。这个过程就是职业生涯反馈和评估，职业生涯规划的反馈和评估过程是个人对主客观情况的认知过程，经常自省是必要的，在每一个规划阶段进行一次系统全面的评估，以检查验证前期的策略、措施实施情况，为修正实施中出现的偏差打下基础。

（一）反馈评估的意义

反馈原是指系统控制过程中将控制执行中的情况，通过各种渠道迅速传递给控制中心，使控制中心能够及时了解控制执行的结果，并对原定方案进行修正、补充或重新控制的一个信息回馈过程。评估是用一套客观、特定的方法或步骤去测度一个人的发展状况或情绪行为表现。职业生涯反馈评估指的是个体在职业生涯过程中围绕规划目标，对自己的职业生涯进行及时有效的信息搜集和分析，不断地审视自我、审视内外环境的变化，评估职业生涯规划执行的情况和效果，并据此对原规划进行修正调整的一个回馈过程。

依据个体的意愿和方式，反馈评估可以分为简单反馈评估和综合反馈评估。简单评估一般是依据业绩指标的反馈对规划的落实进行的评估；综合评估则会涉及更多的指标，需要有明确的评估时间的安排。可以采用自我评估和他人评估、结果评估和过程评估、外部评估和内部评估、定量评估和定性评估相结合的评估方法。

第一，有助于个体增强自我认知，实现正确的自我评估。自我认知是个体全面、深入、客观地分析、认识和了解自己。自我评估就是要达到清楚地认识到自己的优势与特长、劣势与不足。人的潜能需要外界不断刺激和自身充分地挖掘，在职业生涯规划制定的早期，个体对自己的一些潜在能力可能了解得不够深入。职业生涯反馈评估，能够帮助个体随着年龄的增长、阅历的丰富以及性格、兴趣和爱好的变化而全面认知自己，通过对自己的总结、反思、找到成功或失败的原因，从中汲取教训和经验，可以实现正确的自我评估。

第二，有助于个体增强对职业生涯环境的重新认识。职业生涯环境因素包括社会环境因素、行业环境因素、企业环境因素等。职业生涯环境随着社会发展处于不断变化之中，职业生涯管理内环境的变化如职业生涯观念的变化；职业生涯管理外部环境的变化，如科学技术的发展、政治法律环境的变化、人口和劳动力环境的变化等。因此个体在职业生涯管理中，必须认清职业生涯环境的变化，评估和预测职业环境变化的特点及对个体的影响。

第三，有助于接近和达到职业生涯目标。有效的反馈评估能使偏离控制目标的行为或现象得到及时矫正或制止，使控制活动更大程度地接近和达到目标。评估是职业规划的基础，是获得准确职业目标的前提，评估不仅是对自身的剖析，也是对工作性质、工作内容和工作环境进行分析的一个过程。职业生涯不同阶段的自我评估，能够帮助个体明确不同时期的不同职业生涯目标和方向。正确的职业生涯评估能够帮助个体审视职业选择是否正确、职业生涯目标是否恰当、职业生涯路径的设计是否合理。

第四，有助于个体行动措施的落实实施。职业生涯目标确定后，行动便成了关键的环节。行动方案包括职业生涯发展路线、时间安排等。对行动方案的反馈评估，可以起到监督、提醒、引导、修改的作用。有助于措施的实施及达到目标。

（二）反馈评估的原则

第一，阶段性原则。阶段性原则指的是遵循职业生涯发展不同阶段的需求来反馈评估。个人职业生涯发展阶段可分为早期、中期和后期等不同的时期和阶段。不同职业生涯发展阶段有不同的职业生涯发展任务，因此，个体应该按照不同阶段的目标开展有效的反馈评估。

第二，及时性原则。及时性原则指的是注意把握反馈评估的时机。及时的信息反馈有助于个体把握职业生涯环境的变化，及时调整策略，采取适当的纠正措施。可以根据短期、中期、长期目标的不同，分别开展反馈评估。一般而言，短期反馈评估每半年或每年开展一次，中期反馈评估2~3年开展一次，长期反馈评估7~10年开展一次。过长时间开展反馈评估难以及时纠正错误，过短时间开展反馈评估又可能造成盲人摸象的后果。

第三，有效性原则。有效性原则指的是要分析反馈信息的准确性和可用性。在反馈信息的收集过程中，由于一些客观原因，收集到的信息难免会存在一定的偏差和误区，因此，要客观对待所收集到的反馈信息，对反馈信息的准确性和可用性进行仔细甄别和分析，筛选出对个体有用的有效信息，删除无用信息和干扰信息。

（三）反馈评估的步骤

第一，确定反馈评估的目的和任务。在每次正式的职业生涯反馈评估工作开展之前，都应该确定反馈评估的目的和任务是什么。反馈评估的目的主要包括：①判断实际效果与期望值的差距；②探究未达目标的原因。反馈评估的任务主要包括：①检查职业生涯目标的设定是否恰当；②职业生涯路线的设计是否合理；③计划措施制定是否科学。

第二，全面收集反馈评估信息。收集真实有效的反馈信息是开展评估工作的重要前提，反馈信息的收集渠道是多方面的。按反馈信息的提供者不同，可以分为主体反馈和客体反馈，个体作为反馈的主体，可以通过自我评价来提供反馈信息；反馈客体包括亲友、同事、社会组织、专业咨询机构等。按反馈信息的方式不同，可以分为正式反馈和非正式反馈，正式反馈通过程序化的有组织的过程进行，例如通过面谈、讨论、电子邮件等方式开展；非正式反馈即由个体在日常工作生活中观察和交流获得。

第三，选择合适的反馈评估方法。科学的方法可以起到事半功倍的作用，合适的反馈评估方法能够帮助我们获取真实有效的反馈信息，客观评估现状为职业生涯的修正打下基础。

第四，得出结论。根据获取的反馈信息，通过选择合适的评估方法，进行综合分析总结，从而得出评估结论。以书面的方式记录下来，建档留存，反馈评估工作就顺利完成了。

（四）反馈评估的方法

1. 自我评估法

任何评估工作最基础的部分都是自我评价，因为从某种意义上讲，自己最了解自己，特别是针对自己制定的职业生涯规划，自己应该更容易把握，有效的职业生涯反馈应从自我评估开始，只有清楚地知道自己现在处于何种状态，才能科学地评估出自己未来的发展空间，做好职业规划。自我评估主要从工作现状、工作关系现状和工作环境现状三个方面开展。

（1）工作现状。通过对工作性质、工作技能、个人重要性、任务完整性、工作稳定度、工作机会、薪金福利、工作挑战性、工作自主性、升迁空间、工作有趣性、弹性工时等的评估，我们会对自己的工作现状有更清楚、全面、综合的认识。

（2）工作关系现状。良好的人际关系能够保证工作顺利，工作关系现状可以从自我性别与年龄、文化程度、身体状况、个人心理、职务级别、任职年限、领导水平、同事关系、工作协作、工作与生活等方面来分析。

（3）工作环境现状。工作环境现状评估主要从整体工作环境、企业设施、社会关系、变革影响等方面来评估。

2. 360 度反馈评估法

360 度反馈评估法作为一种人力资源开发与管理的方法，又被称为"多评估者评估"或"多角度反馈系统"，是指通过收集与被评价者有密切工作关系的不同层面人员的评估信息，来全方位地评估和反馈被评价者的工作行为与表现的过程。360 度反馈评估由与被评价者有密切关系的人，包括被评价者的上级、同级、下级和客户（包括内部客户和外部客户）等，分别匿名对被评价者进行评价，被评价者自己也对自己进行评价。考评的内容涉及员工的任务绩效、管理绩效、周边绩效、态度和能力等方面。然后，由专业人员根据有关人员对被评价者的评价，对比被评价者的自我评价，向被评价者提供反馈，以帮助被评价者提高能力水平和业绩。

对个人职业生涯进行反馈评估时，也可以使用 360 度反馈评估方法。个体作为被评价者，评价者一般是个体的同事、朋友、家人和自己，或其他与个体密切接触的人员。360 度反馈评估一般采用问卷调查法，问卷的形式可以分为两种：一种是给评价者提供 5 分等级或 7 分等级的量表，让评价者选择相应的分值；另一种是让评价者写出自己的评价意见。二者一般综合使用。

运用 360 度反馈评估法收集信息时，针对不同的群体要设计不同的调查问卷。针对直接上级的调查，目的在于了解自己的发展前景与企业发展轨迹是否相同，目标制定是否得当，差距体现在何处；针对同事及工作伙伴的调查，目的在于全面了解自己的工作表现，在工作中的优势劣势，取得的成绩和工作失误，人际关系发展是否顺利等；针对家人和朋友的调查，主要侧重于是否能处理好工作与生活的关系，职业发展目标与人生阶段是否协调，计划制订与日常生活是否存在冲突等。

3. 基于目标管理的反馈评估法

"目标管理"强调企业在发展中，必须将工作任务转化为目标，在目标的管理下积极整合各种资源，合理调配人力，最终实现企业目标最大化。基于目标管理的职业生涯设计将个体的生活、工作归结为一个目标集合，在不同的阶段需要实现不同的目标，因此基于目标管理的职业生涯反馈评估就是根据个体的职业生涯目标和实施情况，开展反馈评估。

职业生涯目标按照时间进程可以分为短期目标、中期目标、长期目标和人生目标。一般来说，短期目标服从于中期目标，中期目标服从于长期目标，长期目标服从于人生目标。人生目标是整个职业生涯的规划，时间跨度可长至 40 年左右，规划的目的是确定整个人生的发展目标；长期目标是 5~10 年的规划，主要设定较长远的目标；中期目标一般为 2~5 年内的目标与任务；短期目标指 2 年以内的规划，主要是确定近期目标，规划近期要完成的任务。基于目标管理的反馈评估，主要是对个体的长期目标、中期目标和短期目标的实现情况，进行反馈评估。

通过对目标完成情况与目标设定的对比，判断实际效果与期望值的差距，找到没有达到设定目标的原因，进而纠正分阶段目标中出现的偏差。

二、职业生涯修正

修正是指在实现职业生涯目标的过程中，根据实际情况自觉地总结经验和教训，修正对自我的认知和对最终职业目标的界定。许多人都是在经过了一段时间的尝试和寻找之后，才了解自己到底适合从事什么领域的工作，近段时间在缺乏反馈和修正的情况下可能长达十几年。即使在自我定位和目标设定正确时，反馈和修正同样可以纠正分阶段目标中出现的偏差，可以极大地增强实现目标的信心。

(一) 职业生涯修正的考虑因素

所谓修正就是改正、修改使其正确的意思。经过了反馈评估，接下来就要根据反馈评估的结果进行目标或策略方案的修订。职业生涯修正的内容包括职业的重新选择、职业生涯目标的修正、职业生涯路线的调整、实施措施与行动计划的变更等。

在职业生涯修正的过程中，需要找出关键的有待改进之处，对这些有待改进之处制订详细的行为改变计划，然后实施这些计划，确保自己能够取得进步和突破。职业生涯修正考虑的因素如下。

第一，环境因素。考虑环境因素包括社会环境、政治环境、经济环境、科技环境、自然环境、法律环境等。从宏观层面认识到职业生涯发展的局限和可能，个人只能适应而不可改变。

第二，组织因素。考虑组织因素包括组织规模、组织结构、组织文化、组织发展状况、人力资源规划、人力资源管理系统类型、晋升政策、人际关系等一切与职业生涯发展有关的组织因素。要改变组织因素非常困难，但个人可以选择到最适合自己发展的组织中工作。

第三，个人因素。考虑个人因素包括年龄、性别、学历、工作经历、家庭背景、人格等。一方面要正确认识自己，另一方面要不断完善自己。

组织和个人只能适应第一因素，正确认识和分析第二、第三因素，寻求个人发展和组织发展的最佳匹配。

(二) 职业生涯修正的方法

1. 职业方向的修正

在确定了职业目标之后，必须按照制订的计划和日程开始行动。然而，职业生涯的发展并非一帆风顺，因此，在完成计划的一个阶段后，应停下来进行实施情况的分析，并对计划进行必要的修正。当发现职业方向缺乏可行性或所选择的发展路线无法引导达到目标时，必须调整职业方向。

通过对职业生涯反馈评估结果进行深入分析，有些人可能会发现职业生涯发展不顺利的原因在于一开始就选择了错误的方向。这种方向错误可能是由于未进行充分的内外环境分析、缺乏实际工作经验，或者个人兴趣爱好的变化等原因所致。方向的正确性对于职业成功至关重要，这要求个人必须重新全面了解和评价自己，重新评估外部环境，以做出正确的职业选择。

对于年轻人，尤其是缺乏工作经验的学生，职业方向选择错误是正常的现象。人们应该认识到，准确找到自己的"职业锚"是一项复杂的任务，而"职业锚"是建立在通过学习和工作经验积累所获得的基础上的。一个人的职业倾向是需要长期的工作经验积累来形成的，这是一个漫长的过程。此外，一个人的"职业锚"不是固定不变的，它会随着内外环境的变化而变化。因此，人们应该正确认识自己在职业选择方面的错误，不应感到沮丧或失去信心，而应冷静分析并积极进行修正。

选择错误的职业方向可能会导致职业目标和职业生涯路径的错误选择。为了在正确的职业方向基础上前进，我们需要对职业目标、职业生涯路径和阶段性目标进行修正。需要总结前一阶段取得的成就和经验，保留与修正后的选择一致的目标，剔除一些无实际意义或与当前选择相冲突的目标，并调整时间限制。

职业方向的修正应注意以下四个方面的问题。

（1）分清主次，确定需求。不同人在选择职业时会考虑各种因素，以满足不同的职业需求和要求。例如，有的人注重职业声誉，有的人追求经济利益，有的人强调工作环境和人际关系的融洽，有的人重视工作地点的地理位置，有的人注重能力的施展和自我价值的实现，还有的人希望工作性质和内容的稳定，以及在工作中所拥有的地位和福利收入的保障。此外，有的人追求工作的挑战和刺激，还有的人注重职业工作的社会地位等。每个人对职业都可能有多种需求，但在进行职业方向的修正时，应根据反馈评估的结果，明确需求的优先次序，并确定主要的需求。

（2）知己知彼，把握原则。找到自己希望和满意的职业，只是个人的愿望和要求，能否成为现实，还要看是否具备主、客观的条件。所以，求职者在择业中必须清醒地认识和把握自身的职业供给因素或原则，这样才能"知己知彼，百战不殆"。要做好职业方向的选择，需要把握如下基本原则。

第一，切实原则。在职业选择中，首先要搞清楚职业工作的性质、任务、实际需要，进而考虑自己的学识水平、身体素质、个性特点、能力倾向等是否符合、适应这一职业的要求，也就是实事求是地衡量自己能否胜任这项职业。在选择职业时，要坚持力所能及、能够胜任的原则，切忌盲目攀比。

第二，兴趣原则。职业选择需要考虑社会需求，但也应考虑个人的兴趣和爱好。兴趣通常是创新的前提条件。只有当个人对某个职业有浓厚的兴趣时，才能激发强烈的求知欲和探索欲，从而在工作中做出创新和进步。这不仅是个人能力的发展和展示，也是对工作的推动和促进。因此，兴趣实际上是工作的一种动力源泉，它激发了个人更有激情地从事工作。然而，仅凭兴趣不能完全决定职业选择，社会需求和个人学识、能力水平等同样重要。在现代社会，兴趣至关重要。

第三，特长原则。每个人的个性特点和工作能力都有很大的差异。世界上没有真正的"全才"或"全能"人。每个人都有自己的特长和弱点。因此，必须根据自己的能力倾向来选择与之相匹配的职业，以充分发挥自己的长处，同时避免自身短板的影响，从而找到适合自己的职业。

（3）决策果断，独立自主。一旦获取职业需求信息，必须认真思考和考虑，做出果断的决策，以免错失良机。很多人在职业选择时常常犹豫不决，因为受到他人的影响和干预。在成长过程中，个体会受到家人、亲戚、长辈、教师和朋友等人的引导和建议，这些人帮助个体形成自己的生活信仰、观念和价值准则。因此，必须具备坚定的决断能力，识别适合自己的职业方向和道路，独立做出决策，追求自己选择的人生道路。

（4）眼光长远，谋求发展。在信息时代，职业选择已不再仅仅是谋生手段，而是通往个体自我完善和发展的途径。因此，在职业选择时，需要考虑所选职业是否与个性特质相契合，以及是否有发展潜力。同时，还要考虑所选择的组织或单位是否重视人才，是否投资于员工教育，以及了解组织的实力和提供的继续教育机会，以及未来发展等因素。

2. 职业生涯目标的调整

通过职业生涯的反馈与评估，我们可以检查职业生涯目标的制定是否适当，目标的完成是轻松还是勉强，是超额完成还是延迟完成，自己的内心感受怎样。如果感到工作生活过于清闲，那就意味着目标定低了，需要适当地提高目标。如果感到自己的生活节奏很慢，效率很低，没有实现目标，要考虑自己的动机水平是否足够。如果职业目标太高，生活和工作压力太大，则要适当降低目标。

（1）短期目标评估调整。短期目标是为实现中长期目标而采取的具体的可操作层面的步骤。对于短期目标，要以结果标准来评估，通过考察具体计划的完成情况来评估。对于未完成的目标要及时分析原因，以及制定相关的补救措施。

（2）中期目标评估调整。中期目标是许多短期目标完成的结果，又为实现长期目标打下基础。中期目标评估的侧重点是进程，对比较具体的完成时间，可以适当作出调整。包括任务的完成情况、内职业生涯与外职业生涯的协调情况等。

（3）长期目标评估调整。长期目标是个人认真选择符合个人价值观与个人未来发展相结合的愿景。评估长期目标的侧重点是看大方向有否偏离。长期目标评估的标准实质上取决于对成功的标准。有的人对成功的理解就是事业的成功，为了事业可以牺牲个人家庭，一切皆以事业为重。有的人对成功的理解是个人事业和家庭生活的协调发展，两者不可缺一。

3．职业生涯路线的调整

职业生涯路线是指一个人在确定职业目标后，如何从现在的起点出发到达目的地，实现职业生涯目标。如果将我们目前自身具备的条件和所处的位置看作是起点，职业目标是终点，那么要想从起点到达终点就必须选择交通路线——职业生涯路线。比如，作为一名医生，想成为医院领导，是侧重于向专业技术方向发展，还是侧重向行政管理方向发展。选定的职业生涯路线不同，我们为实现目标所付出的努力也不同。我们在职业生涯规划中必须做好职业生涯路线的选择，使自己为实现目标所制定的行动措施能够沿着事先选定的职业方向前进。职业生涯发展路线一般有以下类型：

（1）直线型职业生涯发展路线。直线型职业生涯发展路线是指职业发展过程中只从事一种职业，发展路径只有一个通道，只能在这个通道中作垂直运动。这种职业生涯发展路线较为简单，职业发展的目标就是晋升。

（2）螺旋型职业生涯发展路线。螺旋型职业发展路线指职业发展过程中从事几种职业，通过不断学习来提高自身各方面的技能，在工作实践中不断积累自己的人力资本为将来在不同职业中寻求发展机会打好基础。螺旋型职业发展路线不明确，较为复杂，需要个人有极强的职业生涯规划能力，呈螺旋上升状。

（3）跳跃型职业生涯发展路线。职业生涯中并不是依照等级一步一步晋升，而是跳过某个或几个等级，在较短的时间内达到较高的职务等级。这种职业生涯发展路线并不常见，需要特殊的机遇或个人特别的努力，如专业技术人才在学术方面刻苦钻研，获得了重大的成果，因此在职称评定时破格晋级。

第五节　职业生涯规划提高政工工作的效力

一、找准职业生涯规划的思想教育功能

职业生涯是指一个人终生经历的所有职位的整体历程，是生活中多种事件的演进和历程，是个人独特的自我发展形态；它也是人生自青春期至退休所有有酬或无酬的职位的综合。职业生涯规划教学终极目标是让人们在科学认知自我中发现自身潜能和优势，充满信心地选择适合自己的职业；在科学认知环境中树立个人职业选择只有符合社会的需要才能得到保障的观念，从而培养政治敏锐性、社会责任感、学会感恩；深刻体会优良个人品质是一个成功人士的必备条件等，从而自觉培养个人优良品质，提升核心竞争力，更好地实现社会价值和自身价值。这便是政工工作与职业生涯规划的交融点。具体地说职业生涯规划的思想教育功能表现在以下几个方面。

第一，科学认知自己，激活潜能，提高自我期望值。职业生涯规划的首要工作是科学认知自己，认识自己的兴趣、能力、性格、价值取向等，从而明确自身的优势和不足，同时科学认知环境，特别是社会环境对个人职业发展的巨大影响，从而确立个人发展必须符合社会的需要，自觉把自己的前途命运与社会的发展联系起来，从而培养社会责任感。积极寻求自身潜能，激活潜能，提高自我期望值。因为有了对自己的期望，遇到困难解决问题的过程就会激发他的潜能，从而更加自信、更加坚定地朝着目标努力。政工工作者在这个过程中要善于沟通交流、启发、鼓励和鞭策，传递给人们的第一个理念就是：人人都有无限潜能，人人都能成功；在共同追忆成长过程中遇到哪些挫折以及得到哪些帮助，从而培养人们对社会以及所有帮助过自己的人的感激之情，怀着"感恩"之心的人会更善良、更勇于付出；提升自我期望值，最大限度地追求实现自身价值和社会价值。

第二，自觉培养优良个人品质。良好的个人品质是一个人成功的保证，包括：在面对困难时产生恒心和韧性；正确的竞争意识、团队协作精神；勇于尝试、善于创新等。政工工作者积极鼓励人们针对未来理想职业目标积极汲取知识，按照职业生涯规划中的实施方案，认真规划自己的学习生涯，特别注重自觉培养优良的个人品质。

第三，建立和谐的关系，提高政工工作的效力。政工工作者与人们之间的相互沟通、理解和信任是建立团结和谐企业的基础。在职业生涯过程中，通过沟通和磋商，政工工作者可以倾听员工的内心呼唤，了解他们的需求、困惑和真实的思想动态，及时做好思想纠

偏工作，员工也可以在民主、和谐的氛围下提出自己的思路、建议等，这一过程增进了教育主客体间关系的融洽和信任。另外，政工工作者通过提供各种信息和咨询，给予员工耐心的分析和具有前瞻性指导，为他们创造成才的机会，实实在在地为员工的一生着想。这必将激发员工的学习激情和强烈的职业发展愿望，共同营造友爱的氛围，提升政工工作的效力。

二、运用职业生涯规划做好政工工作的策略

运用职业生涯规划来搞好企业政工工作是一项战略性的工作，它有助于提高员工的职业素质，增强员工的职业竞争力，同时也有助于企业的稳定和发展。

第一，加大宣传力度，形成每个政工工作者都关心本单位员工工作的氛围。利用多种媒体，如电视台、企业内部刊物、就业网等，来宣传职业生涯规划的作用、意义与内容。这可以通过举办讲座、培训、发布资讯等方式实现。突出职业生涯规划的重要性，明确指出它与员工的发展和企业的成功紧密相关。发动所有政工工作者，使他们将员工的高质量就业和未来职业发展视为企业的首要任务，将这一理念融入企业文化中。

第二，加强企业制度建设。建立明确的职业生涯规划政策和制度，包括员工的职业生涯规划权利和责任。提供员工职业生涯规划的咨询和辅导服务，确保每位员工都可以获得帮助和支持。设立相关奖励制度，激励员工积极参与职业生涯规划，同时也鼓励政工工作者积极支持员工的发展。

第三，鼓励员工参加有益的职业训练。提供培训机会，鼓励员工不断提升自身的技能和知识，以适应不断变化的市场需求。建立合理的培训计划，以满足不同员工的需要，包括新员工、晋升员工以及需要转岗或升职的员工。提供财务支持或福利待遇，以帮助员工参加职业培训，确保培训对他们的经济承受能力不构成负担。

总之，职业生涯规划可以成为企业政工工作的有力工具，有助于增强员工的职业满意度和忠诚度，同时也提高了企业的绩效和竞争力。通过上述策略，企业可以建立一个积极的职业发展文化，使政工工作者积极参与并支持员工的职业发展，从而实现共赢的局面。

第六章　职业培训管理理论实践

第一节　职业培训的认知

一、员工培训及其特征

(一) 员工培训的解读

职业培训在此处指的是员工培训, 企业员工的培训与发展是企业人力资源开发的一项重要内容。从员工个人来看, 培训和发展可以帮助员工充分发挥和利用其人力资源潜能, 更大程度地实现自身价值, 提高工作满意度, 增强对企业的归属感和责任感。从企业来看, 对员工的培训和发展是企业的一种投资。有效的培训可以减少事故, 降低成本, 提高工作效率和经济效益, 从而增强企业的市场竞争能力。

人力资源管理中的员工培训是指根据实际工作的需要, 为改变组织员工的价值观、工作态度和工作行为, 使他们能在自己现在或将来工作岗位上的工作表现达到组织的要求而进行的有计划、有组织的培养和训练活动。在这个定义中包含着三层意思: ①说明了组织人员培训的目的和要求; ②说明了人员培训的主要内容和范围; ③说明培训是一个组织有计划、有目的的活动。

组织人员培训与正规教育不同, 其主要区别有以下方面:

第一, 员工培训是以工作为中心, 其目的是使受训者掌握职业岗位上所必需的知识、能力和技巧, 以提高工作效率和水平, 它对改进工作的作用是直接的; 而正规教育则是以人为中心, 其目的是传授知识, 以提高人们的一般文化水平和社会道德水平, 它对改进工作的作用是间接的。

第二, 员工培训是一种终身的、回归的继续教育, 是属于 "第二教育过程" 的再教育; 而人们在小学、中学以至大学所接受的教育, 可称为第一教育过程, 其主要是学习一般的知识与技能。员工培训是正规教育的发展与继续, 是在第一教育过程的基础上进行的。

第三，员工培训是针对其职位的具体要求，向受训者传授专门知识和特殊技能；而正规教育一般是培养新生一代准备从事社会生活的过程，从德、智、体、美、能等方面入手，对其进行全面的、综合的、通用的培养，使人获得全面发展。

第四，员工培训不像正规教育那样整齐划一，而是根据工作需要采取灵活多样的形式。在期限上有长有短，伸缩性比较强，既有定期培训，也有不定期的培训；既有内部培训，也有外部培训。

总体来说，教育是培养生产力，而培训是试图使现有生产力激增或倍增；教育是培养人力资源的过程，而培训是对现有人力资源进行调整、提升与优化；教育着眼于满足对象的基础性要求和专业性要求，培训则是满足发展的提高和广泛性要求。因此，现代培训越来越从一般的知识、技能等传授性活动转变为对人力资源进行深度开发的创造性活动。

培训的最终目标是实现企业与员工发展的双赢，达到企业竞争力与员工能力的交互提升、相互促进。企业和员工通过培训达到双赢目标，使得双方的成长呈螺旋式上升。

企业因发展需要为员工提供培训，培训能提高员工综合素质，提高生产效率和服务水平，提升工作绩效从而提升企业绩效和企业竞争力。毫无疑问，具有竞争力的企业可以为员工提供更多的机会，当然也包括了更多针对性的培训。作为培训的结果，员工则会在现有的岗位上表现得更为出色，从而能够胜任更多的工作、承担更大的责任和满足更高的要求，由此带动企业的进一步发展。

（二）员工培训的特征

从现象和本质两个方面来看，培训都属于一种教育活动，但在教学目标、教学内容和教学方法等方面培训具有特殊性。

第一，培训对象的复杂性。员工培训是成人教育，而员工在年龄、学历、专长、阅历、价值观、兴趣、精力等方面都存在程度不同的差异。这些差异对他们的学习动机和学习效果有一定影响。员工培训应当考虑到这种差异的复杂程度。

第二，培训内容的实用性。在员工培训内容要求上，表现为实用性和针对性强，注重某一门专项的与工作有关的技术。员工培训是为了提高员工工作绩效，开发员工的工作潜能，培训的内容只有与他们的工作相关并且实用，才会实现培训目的。

第三，培训形式的灵活性。员工培训包含的内容非常丰富。企业要根据企业的发展需要和员工的具体条件灵活地选择培训形式。

第四，培训过程的速成性和长期性。从企业发展的具体需求来看，培训作为企业发展的手段，是企业的一项投资，是为企业发展的阶段性目标服务的，而企业的阶段性目标是经常发生变化的，因此，从单个培训周期角度看，培训周期的时间不可能太长，这就使培训具有速成的特点。但从企业的长期发展需要来看，企业的培训内容和方法又必须随着企业技术和企业内外部环境的发展而不断变化，这又决定了员工培训是企业持续的、经常的需要，具有长期性。

二、员工培训的目标与意义

（一）员工培训的目标

培训是指组织通过对员工有计划、有针对性的教育和训练，使其能够改进目前知识和能力的一项连续而有效的工作，具体目标有以下四个方面。

第一，补充新知识，掌握新技能。随着科学技术进步速度的加快，人们原先拥有的知识与技能在不断老化。为了防止组织中各层级人员工作技能的衰退，组织必须对员工不断地培训，使他们掌握与工作有关的最新知识和技能。

第二，发展综合能力，提高竞争力。员工培训的一个主要目的，便是根据工作的要求，努力提高他们在决策、用人、激励、沟通、创新等各方面的综合能力。特别是随着工作的日益复杂化和非个人行为化，培训对组织变得越来越重要。

第三，转变观念，提高素质。员工培训的重要目标就是通过对组织中成员，特别是对新聘人员的培训，使他们能够根据环境和组织的要求转变观念，逐步了解并融入组织文化之中，形成统一的价值观念，按照组织中普遍的行动准则来从事管理工作，与组织目标同步。

第四，交流信息，加强协作。组织培训员工的基本要求是要通过培训，加强员工之间的信息交流，特别是使新员工能够及时了解组织在一定时期内的政策变化、技术发展、经营环境、绩效水平、市场状况等方面的情况，熟悉未来的合作伙伴，准确而及时地定位。

（二）员工培训的意义

第一，可以使企业适应环境的变化，满足市场竞争的需要。企业所处的环境在急剧地变化，原来合格的员工如果不经常培训，就会不合格。市场竞争，从产品竞争到销售竞争，到资本竞争，到知识竞争，不断升级，最终是人力资源的竞争。企业要在激烈的市场竞争中取胜，必须重视员工培训，这是市场竞争的需要。

第二，可以提高组织运作的质量和能力，提高劳动效率。接受过职业培训的员工不仅能够更快地掌握新技术和新方法，正确理解技术指标的含义，提高整个组织的工作水平和质量，减少浪费，提高劳动效率，而且还能够更彻底地理解企业的方针、政策和管理要求，对企业进行的监督、指挥和协调工作有更高的认识。

第三，可以促使企业员工接受变革。任何企业在不可避免地受到社会、市场、竞争对手以及企业内部的压力时，会发生不同程度的变化，而且这种变化是经常性的。例如，引进了新的生产设备，要求工人能很快掌握新机器的使用；引进了新的管理方法，要求职员放弃已经习惯了的工作方式；企业组织结构发生变动，人员重新安排，要求员工离开自己已经熟悉的环境等。受培训不多的人，掌握一门新技术比较吃力，因而对上述的变化就会持反对或拒绝的态度，导致消极情绪和不合作，并影响工作的效率和质量。而经常接受培训的人，新的东西已不难适应。因此，员工职业培训一方面促进了企业的变革，另一方面也促进企业员工更容易地接受变革的事实。

第四，可以促使员工认同企业文化。对新成员进行职业培训，可以使他们了解本企业的文化，与企业的思想文化统一。

第五，可以满足员工自身发展的需要。每个员工都有一种追求自身发展的欲望。根据需要层次理论，人的需要由低到高可分为生理、安全、社交、尊重和自我实现的需要。尊重和自我实现需要属于高层次的精神需要，是员工自身发展的自然要求，它们在人们的需要结构中占据非常重要的位置，对人行为的激励作用最大，而这些需要的满足必须通过培训来实现。

三、员工培训的原则

在进行正式的人员培训操作之前，必须把握企业人员培训的原则，这将有助于全面切实地完成人员培训的重要任务。

(一) 系统性原则

人员培训是一个为员工提供思路、信息和技能，帮助他们提高工作效率的过程，人员培训原则的重点就在于通过系统的方法和理论来激发员工的全部潜力，并帮助他们把握自己的前途和才能，从而实现企业人员培训的目的。

现代企业是一个投入—产出系统，即通过投入一定的资源转化为市场需要的产品和服务，相应地，其管理活动也是个庞大的系统工程，可细分为若干子系统，比如生产子系统、销售子系统、采购子系统、人力资源子系统等。人员培训是人力资源子系统中的一个更小的系统，它从属于人力资源管理的各项活动，同时又与企业的其他经营活动紧密相关，成为实现现代企业战略目标中关键的一环。人员培训不仅为新员工提供上岗指导或者为缺少必备技能的员工提供学习的机会，而且也要为企业的未来发展开发员工的潜能和提高员工的素质，尤其是要提供未来必备技能的培训。

由于人员培训是教育与开发的结合，培训工作表现为一个系统的、复杂的过程，同时培训工作也是一项长期的、战略性的工作。因此，人员培训的系统性原则主要表现为培训过程的全员性、全方位性和全程性。

1. 全员性

一方面，全员都是受训者。培训工作并不仅仅针对新员工或者一线的操作工，而是从基层一线工人到最高领导者都需要接受培训，只不过培训的内容、方式和形式各有差异而已。随着科学技术和生产力的快速发展，企业的规模越来越大，但企业的组织越来越精简，人员越来越精干，组织形式逐渐由金字塔式向扁平式发展，这就对人的素质提出了巨大的挑战，原来几个人做的工作可能现在只由一个人来承担，因此对人的要求越来越高。企业基层员工可能要比原来更直接地面对多变的市场环境，并要做出快速的反应，同时还要迎接新的挑战，这都需要企业提供灵活多样的培训方式，以满足各种各样的学习需求。

另一方面，全员都是培训者。全员性不仅体现在企业的每一位员工都要接受培训，而且体现在每一位员工同时还是培训者。那些直接从事管理工作的人员，不论他的职务高低，都必须承担培训下属的责任。尽管组织中仍然设有专门的培训人员，但执行培训的职能将转向所有管理者。培训将日益与各种职能相融合，每一位管理者都成为"培训"管理者，一种人力资源开发的哲学充满整个组织。

2. 全方位性

全方位性主要体现在培训的内容丰富宽泛，满足不同层次的需求上。现代企业的培训可谓五花八门，应有尽有，从简单的技能训练，如机器的操纵、计算机的使用，到管理人员的开发，如团队的建设、情境领导、授权技巧等；从提高员工作技能的培训，如销售技巧、沟通技巧、管理方法等，到培养员工业余兴趣的学习，如下棋、跳舞等；同时还有各种特殊目的的培训，如读写能力培训、艾滋病教育培训等，涵盖了员工希望学习和想得到的各种知识和技能，充分体现了企业以人为本的精神。

3. 全程性

企业的培训过程贯穿于员工职业生涯的始终。现代企业人力资源管理不同于人事管理的一个方面就是重视员工的职业生涯发展，它是指为达到职业生涯计划所列出的各种职业目标而进行的针对知识、能力和技术的发展（培训、教育）活动。对于企业而言，重视职业生涯发展，有利于促进培训观念的转变，扩大训练与发展的领域，改善组织的人力资源计划和开发活动，使所有成员保持较高的生产率和动力，提高组织绩效。

对员工职业生涯的培训大致可分为以下阶段。

第一阶段的培训对象是新进入企业的员工，培训的内容包括本企业的价值观、行为规范、企业精神及有关工作岗位所需的技能。

第二阶段是针对 30 岁左右的员工，主要培训内容包括与工作直接有关的技能，如新技术、新工艺等方面的内容。

第三阶段是针对 35~40 岁的员工，其培训内容主要包括有关管理知识技能、人际关系协调、工作协调能力、决策能力和领导组织能力。

第四阶段是 40~50 岁的员工，主要内容包括知识技术的更新和管理、技能方面的提高等。

第五阶段是 50 岁以上的员工，面临退休，需要学习一下退休以后的生活安排，如培养业余爱好、休闲保健等。

（二）理论与实践相结合的原则

理论与实践结合是指根据生产经营的实际状况和受训者的特点开展培训工作，既讲授专业技能知识和一般原理，提高受训者的理论水平和认识能力，又解决企业发展中存在的实际问题。这一原则要求培训工作做到以下方面。

第一，符合企业的培训目的。培训的根本目的是提高广大员工在生产中解决具体问题的能力，从而提高企业的效益。不能解决任何问题的培训只能是浪费时间和精力，使企业领导和员工对培训工作感到失望和不满，失去了继续接受培训的兴趣和愿望，有可能导致培训工作的最后流产。

第二，发挥学员学习的主动性。理论与实践相结合的原则决定培训时要积极发挥学员的主动性，强调学员的参与和合作，培训方式要多以体验性的操练为主，比如案例分析、角色扮演等，让学员在实践中充分理解理论的内涵和实质，反过来加深对理论的理解与吸收。

（三）培训与提高相结合的原则

第一，全员培训和重点提高相结合。全员培训就是有计划、有步骤地对在职的各级各类人员都进行培训，这是提高全员素质的必由之路。但全面并不等于平均使用力量，仍然要有重点，即重点培训技术、管理骨干，特别是培训中上层管理人员。对于年纪较轻、素质较好、有培养前途的第二、第三梯队干部，更应该有计划地进行培训。

第二，组织培训和自我提高相结合。在个人成长环境中，组织和个人的因素都是相当重要的。一个良好的组织培训，能促进员工学习的积极性，激发员工学习的动力，并切实提高员工的知识技能，帮助员工解决工作中的难题。在知识经济时代，管理上更多强调的是实现自我管理和自我提高。通过实行自我管理，唤起员工的主体意识和自我意识，使员工能对自己本能、自己的思想和行为表现有一个客观而清醒的认识，并能与社会规范、企业要求相对照，在自我评价和自我反省的基础上，调整或修正自己的行为方式，从而找到一个既合乎企业发展又有利于自身全面发展的途径。在实现自我管理、进行自我提高时，组织培训的角色更似催化剂，改善实现自我飞跃的环境，提供自我进步的动力和支持。因此，在培训中一方面要强调正规的组织培训，同时更要强调自我管理和自我提高，以真正达到满意的培训效果。

（四）人格素质与专业素质培训相结合的原则

在人员培训过程中，人们往往注重专业知识技能的培训，而忽视人格素质培训，因为知识技能的提高，可以显著改善工作绩效，提高工作效率，而人格素质的提高，带给人和组织的转变是无形的，通常这种转变花费的时间也很长，人们看不出它对组织绩效的改进有什么直接的联系。事实上这只是由于人们往往容易被表面形式所迷惑，并未仔细探察其中的究竟。

首先，从培训的知识、技能和态度来看，人格素质培训与专业素质培训必须兼备，缺一不可。掌握一定的知识是员工承担工作的基础，也是上岗的必要条件。技能是指员工运用所学的知识，解决实际问题的技巧和能力。技能直接体现了员工的工作效率和工作绩效。态度是指员工对待工作的想法，它是影响能力和工作效力发挥的重要因素，也是体现一个人道德修养水平的主要标志。即使个人才华横溢，但工作态度随意、工作意愿不强，也不可能成为组织的中坚力量。因此在对人员进行培训时，这三者不可偏废，尤其是对态度的培训更应受到足够的重视。

其次，从培训的难易程度来看，态度的培训更为困难。态度培训涉及个人价值观与企业价值观是否相协调一致，触及人们对生活、工作的本质看法，也冲击人们已有的文化观念和信仰。从一定程度上讲，态度的培训事实上就是企业文化的重塑。它解决的不仅是公司一时的问题和疑难，而且是决定组织能否长寿的关键力量。然而态度培训较之于专业知识的培训更难以把握，在课程和内容设置上也要困难得多。但并不能因为态度培训不易控制和掌握，就放弃不管。

总之，在培训中应将人格素质的训练融入知识技能的学习并结合起来。当然，培训不能解决所有的态度问题，更多的是在平时经营管理中有所体现。

（五）人员培训与企业战略文化相适应的原则

人员培训必须面向企业，培训是人力资源管理工作的重要组成部分，其首要的任务是满足企业发展的需要。

1. 培训应服务于企业的总体经营战略

经营战略是指企业为了长远的生存和发展，根据外部环境和内部环境现状，选择目标市场和产品，统筹分配经营资源，革新经营结构决策和行动方案。企业的经营战略是企业行动的指南，一切管理活动都要围绕企业的经营战略来执行。那么，人力资源管理的任务就在于为企业提供和培训执行经营战略所需的合适人选。为了达到企业人力资源的合理配置和使用，企业的培训部门必须首先调查企业现有的人员构成、素质状况和能力结构，充分认识和了解企业既定的经营战略，然后由此编制和开发相匹配的人力资源程序，提供建议用以培养组织的领先人才队伍。人员培训从被动的反应模式转向主动的战略性培训模式，超前为企业储备所需的人才，培训企业成员在未来必须具备的技能和知识。

2. 培训应有助于优秀企业文化的塑造和形成

企业文化塑造和形成的过程，实质就是提高员工的道德素质、文化素质、技术专长，激发他们满足生理、安全、社会、尊重、自主、自我实现等各种需要的主动性和创造性，培养员工的集体意识，塑造良好的企业形象，增强企业的内部凝聚力和竞争力，推动企业和员工个人的全面发展的过程。企业培训过程与企业文化有着密不可分的关系。培训工作本身就是企业物质文化的一部分，而行为文化和观念文化都是培训的内容，所以对人员培训的过程，本身就是企业文化塑造的过程，同时也是企业文化塑造的手段之一。

3. 培训应有助于企业管理工作的有序和优化

从长远和整体看，培训是改进和提高企业整体效能的一个基本途径和手段，最终目的在于通过提高人员的素质和能力，促进管理工作的有序和优化，进而达到组织成功的终极目标。

对人员进行培训的过程，实质也是检验企业管理工作是否有序的过程。因为在制订培训计划时，就要对管理工作和员工本身同时进行考察，找出问题和差距，并提出解决方案。比如在利用工作描述书对员工进行考察时，不仅可以发现员工的问题，同时也可能检查出工作描述书是否正确，是否需要修正，这样企业的管理工作就会逐渐得到优化。

4. 人员培训必须面向时代

当前时代的发展主要表现为以下特征。

（1）进入知识经济时代。知识经济是和农业经济、工业经济相对应的一个概念，它指的是当今世界一种新类型的、富有生命力的经济。根据经合组织的观点，知识经济是建立在知识和信息的生产、分配和使用之上的经济。知识经济的主要特征为：科学和技术的研究开发日益成为知识经济的重要基础；信息和通信技术在知识经济的发展过程中处于中心地位；服务业在知识经济中扮演了重要角色；人力的素质和技能成为知识经济实现的先决条件。

（2）进入经济全球化时代。这意味着当我们进行生产经营时，眼光不能再盯着国内市场，而应以国际市场的视角来看待产品和服务，经济全球化意味着市场越来越开放，竞争越来越激烈，同时各国间经济的联系也越来越紧密，从而带来了各国文化间的冲突，尤其是在跨国公司中，这种文化间的冲突对管理提出了新的挑战。

（3）进入人本管理的时代。社会从未像今天这样尊重人才、尊重知识。人在管理中处于中心地位，一切管理活动都围绕着调动企业人员的主动性、积极性和创造性去展开。人本管理的实质是通过以人为本的企业管理活动和以尽可能少的消耗获取尽可能多的产品的实践，来锻炼人的意志、脑力、智力和体力，通过竞争性的生产经营活动，达到完善人的意志和品格，提高人的智力，增强人的体力，使人获得超越束缚于生存需要的更为全面的自由发展。

无论上述的任何一方面，都对培训工作提出了新的要求和挑战。人员培训工作必须紧跟时代的步伐，为员工提供最先进资讯的培训和学习，掌握时代发展最前沿的知识与管理，唯有如此，人员培训工作才变得有意义和重要。

第二节　职业培训与政工的关系

目前社会上的大部分企业都注重于本企业的员工培训工作，而对政工工作的培训不加以足够的重视。深入剖析来看，对于员工的培训工作的主要目的在于，切实地加强员工的工作责任感，改变员工的工作观念，在工作中有更加积极的态度，由内而外地发生改变，将企业业务更好的执行。而对于员工的政工工作的开展，有利于改变企业员工的观念，并且切实加强企业员工的整体素质；所以对于员工的培训的开展加入政工工作教育，更加有利于工作开展。通过政工工作的开展，可以有效帮助企业员工积极参加公司培训，有效完成培训的效果，使得企业始终可以保持企业人力资源的活力。

一、培训中加强政工工作能保证员工意识形态动力

在一个企业的发展过程当中，政工工作是教育、引导员工的必要工作，在员工培训的过程当中切实地加强政工工作，具有极强的必要性。这是为了企业的发展战略做基础性工作，切实树立工作目标，培养员工的工作积极性，切实地增强企业与员工之间的必要联系。所以，员工的培训和思想政治教育工作是密不可分的，只有在员工的培训当中，切实地贯彻到思想政治教育工作，才可以让员工正视企业的发展，积极地投身到企业的发展当中。

政工工作对于群众意识形态方面的培训，具有极强的优势，并且在我国也有着悠久的发展历程，以及得天独厚的政治优势。在现今我国的发展趋势之下，企业应当更加主动地对员工进行相关思政工作的开展，这样的规划是更加适应时代趋势和潮流的，也是可以容易被大众所接受的。这样的做法不仅可以切实地提升企业员工的综合素质，还可以切实有效的激发企业员工，让员工潜意识当中将企业思政工作当作重要目标。

在一系列工作活动开展之前，先要确定工作的性质以及目标，从而顺利地开展相关的企业思政工作。思政教育的开展，要切实地结合到当下社会的发展趋势，以及国家最新颁布的方针进行相关的制定，同时也需要和企业的高层管理的目标相统一。要切实地找到思政工作的契机点，综合到企业的利益以及相关的战略部署等进行调节，更加有效的找到符合企业和社会发展方向的宣传目标以及宣传手段。在企业实施发展的过程当中，要确保思政工作可以为企业做到有效的服务，思政工作的开展可以更好地帮助到对于员工的培训工作，从而有效地达到企业良性发展的目标。

思政工作的开展要切实地根据企业的发展做规划，要积极地对企业员工加以正确的引导，潜移默化的改变企业员工的观念，从而更好地调整员工的心态。不仅如此，企业的管理层需要切实地关注到相关工作的开展进程，只有管理层给予了足够的关注，才可以更加有效地保障相关工作的顺利展开。将政工工作和员工培训进行强强结合，不仅要加大宣传力度，还需要开展更为丰富的培训，从而达到更好的效果。

二、政工工作与员工培训都是培训工作

一个企业是否具有更加良好的发展，关键是依靠于企业的培训工作的。企业的员工是作为企业的单元细胞一般的存在，他们日常的工作状态或是工作节奏，都是切实地影响到企业的运作的。所以据此，企业要切实地建立科学的培训步骤，甚至是培训系统，更加规

范性、科学性的对企业员工进行标准的工作技能指导，以及思想状态的引导。企业的培训之中，思想政治培训是最为基础的，不仅仅可以有效解决企业的思想问题，还可以从员工的思想上来有效调动员工的工作积极性，保障企业的良性发展。

通过员工的培训，可以最大限度开发企业的人力资源，企业若能将员工培训和思想政治教育进行强强的结合，可以保证企业是一个积极向上的运作状态，对于其发展有着极大的帮助。

企业的管理人员以及领导，要正确地认识到，一个企业培训工作的开展效果是切实地决定着企业的未来发展趋势的，并且这是一个有利于工作的行为。从员工的角度来说，培训工作的有效开展可以更加便捷的帮其完成自身的工作，大方向上可以了解企业的发展目标，使得对自身的工作更加坚定清晰。从企业的角度来说，企业的培训可以帮助企业的员工素质有一个整体的提升，更大的挖掘企业的人力资源，从而创造出更加多的经济价值。所以对于一个企业来说，若想更加有效的实现企业目标，先要做到的就是切实地加强企业的培训工作，将本企业的培训做到科学化、系统化。不仅如此，企业的管理层也应当意识到培训工作的重要性，只有这样，才可以在企业内部有一个自上而下的培训理念，切实地认知到培训工作的意义；只要企业的管理者切实地抓住培训工作，才可以将其进行有效的实施。只有一个企业的管理者具有正确的培训观念，切实地重视企业人力资源的挖掘，人才的保护和培养，才可以将员工的思想培训工作做到极致。

三、政工工作在企业培训中开展的意义

企业员工的思想，是一种非财务性的推动力，在一个企业的发展历程当中具有重要的作用，是可以有效促进企业和员工之间的配合度。所以，作为一个优秀的企业不能仅仅注重于知识技能的培训，更需要开展政工工作。

(一) 促进人性化设计

当企业的部分员工出现了一些思想以及情绪上的波动，这时就非常需要有相关人员对其进行有效的疏导和帮助。要切实地将员工自身的需求和思想放到首位，并且要做到人性化，尽力帮助并且解决员工的自身需求。可以通过多种多样的方式，例如情感交流来疏解员工的不良情绪，帮助企业员工解决情绪上的问题，这在培训工作当中是非常重要的板块。员工的情绪大多数会直接影响工作的质量以及效率，这是对于人力来说潜在的危害，切实地解决员工的情绪问题，可以让员工在工作当中保质保量地完成任务，这也是人力资源的充分运用。

（二）帮助员工熟悉工作环境

在企业招聘新员工之后，开展一系列的入职培训时，要将员工培训与思想教育进行结合开展。思想教育对于员工培训的融入可以更加有利于新员工对于企业进行一个更加清晰的认知，可以从企业文化、企业规范制度等多个方面进行了解。这样的安排也可以有效的帮助到新员工对于自身的职业规划，有一个更清楚的认知和规划，有效的帮助员工融入新环境当中。

（三）加强员工的思想教育与引导

第一，做好宣传导向工作，加大宣传力度。通过与各生产单位人力资源部门沟通与联系，针对性地进行相关政策的宣传导向，分析讲清培训与生产的关系，使他们意识到当今社会是既注重文凭更重视能力与水平的时代，理论知识与实践技能并重，学习知识、增强能力是工作岗位的需要，是个人发展愿景和职业规划的需要，更是企业发展和时代的需要，提高认识，形成共识。

第二，充分利用"第一课堂"，加强宣传教育引导，促使规章制度深入人心，加大学习与宣贯力度，使相关制度深入人心，注重理念引领，给员工讲清教育培训的目标、重要性和具体要求，分析利害关系与得失，统一思想认识。

第三，加强管理考核，注重过程管控，提升教育培训水平。加强教育培训管理与考核，对于整顿学员学风，建立正常教学秩序，调动教与学的积极性，提高培训到课率等方面起着重要的作用。其中执行淘汰制度是一项重要的内容。在教学管理过程中，及时掌握每个学员的考核情况、注册情况及平时到课情况，实行淘汰制度，可以对学员起到积极的警示作用。

对于一个企业的培训工作来说，员工培训和政工工作教育是密不可分的，只有将两者进行强强融合，才能极大限度的促进企业的长期发展。每个企业都应当如此，切实地做好企业的培训工作，以及思想政治教育工作，不仅要有效地将两者进行融合，还要处理好两者的关系，共同促进企业发展。

第三节　职业培训的计划制订

一、培训计划的认知

计划是管理学中的一个基本概念，也是管理的基本职能之一，它是将组织在一定时间内的活动任务分解给组织的每个部门、环节和个人，从而不仅为这些部门、环节和个人在该时期的工作提供了具体的依据，而且为组织目标的实现提供了保证。通过制订科学的、具体的培训计划，组织可以对培训的过程进行有效的掌控，及时对培训中不合理的地方做出调整，从而提高培训的效果。

(一) 培训计划的要素

培训计划是按照一定的逻辑顺序排列的记录，它是从组织的战略出发，在全面、客观的培训需求分析后作出对培训目的（Why）、培训者（Who）和培训对象（Whom）、培训时间（When）和培训内容（What）、培训场地（Where）、培训方法（How）等的预先系统设定。培训计划必须满足组织及员工两方面的要求，兼顾组织资源条件及员工素质基础，并充分考虑人才培养的超前性及培训结果的不确定性。

1. 培训目的

在培训前，一定要明确培训的真正目的，并将培训目的与组织的战略目标、员工的职业生涯紧密结合起来。在组织一个培训项目时，要明确为什么培训，要达到什么样的培训效果，怎样培训才能做到有的放矢。培训目的要简洁、明了、具有可操作性，最好能够衡量，这样就可以有效检查人员培训的效果，便于以后的培训评估，使其成为培训的纲领。

2. 培训者和培训对象

规模较大的组织一般都设有负责培训的专职部门，如培训中心或培训开发部，对企业的全体员工进行有组织、系统的持续性培训。因此，在管理人员设立某一培训项目时，一定要有明确具体的培训项目负责人，使之全身心地投入到培训策划和运作中去，避免出现培训组织的失误。培训讲师在培训中起到了举足轻重的作用，讲师分为外部讲师和内部讲师。涉及外训或内训中的关键课程及企业内部人员讲不了的，就需要聘请外部讲师。受聘的讲师必须具有广泛的知识、丰富的经验以及专业技术，才能受到受训者的依赖与尊敬；同时还要有卓越的训练技巧和对培训工作的执着、耐心和热心。

组织人力资源开发的培训对象通常包括中高层管理人员、关键技术人员、营销人员以及业务骨干等。确定了培训对象后，就可以根据人员对培训内容进行分组或分类，把同样水平的人员放在一组进行培训，这样可以避免培训浪费。

3. 培训时间

培训时间可根据培训的目的、培训的场地、讲师、受训者的能力以及上班时间等因素而定。一般新入职人员的培训（不管是操作人员还是管理人员），可在实际从事工作前实施，培训时间为一周至十天，甚至一个月；而在职人员的培训，则可以根据受训者的工作能力、经验为标准来决定培训期限的长短。培训时间的选定以尽可能不影响工作为宜。

4. 培训内容

培训内容包括开发员工的专门技术、技能、知识，改变员工的工作态度的组织文化培训，改善员工的工作意愿等。这可依照培训人员的对象不同而分别确定。通过培训需求分析调查，了解组织以及员工的培训需要，研究员工所担任的职务，明确每项职务应达到的任职标准，然后考察员工个人的工作实绩、能力、态度等，并和岗位任职标准相比较。如果某员工尚未达到该职位规定的任职标准，其不足部分的知识或技能便是要培训的内容，应通过内部培训给予迅速补充。从人员上讲，中高层管理人员和技术人员的培训宜采用外训、进修、交流参观等方式；而普通员工则采用现场培训、在职辅导、实践练习等方式更有效。

5. 培训场所

培训场地的选择可以因培训内容和培训方式的不同而有区别，一般可分为利用内部培训场地及利用外部专业培训机构和场地两种。利用内部培训场地的培训项目主要有工作现场的培训（即工作中培训）和部分技术、技能或知识、态度等方面的培训，主要是利用公司内部现有的培训场地实施培训。其优点是组织方便、费用节省；缺点是培训形式较为单一、受外来环境影响较大。外部专业培训机构和场地的培训项目主要是一些需要借助专业培训工具和培训设施的培训项目，或是利用其优美安静的环境实施一些重要的专题研修等的培训项目。其优点是可利用特定的设施、离开工作岗位而专心接受训练、应用的培训技巧亦较内部培训多样化；缺点是组织较为困难、费用较大。

6. 培训方法

选择什么样的方法来实施教育训练是培训计划的主要内容，也是培训成败的关键。根据培训的项目、内容、方式的不同，所采取的培训技巧也会有所区别。

从培训技巧的种类来说，可以划分为讲课类、学习类、研讨类、演练类和综合类等，而每一类培训方法中所包含的内容又各有不同。如讲课类中可以分为自我管理架构、监督能力提高法等；学习类技巧中可以分为博览式学习法、读书法等；研讨类技巧中可分为案例分析法、管理原则贯彻法等；综合类技巧中可以分为函授教育法、科学决策法、离职外派教育法、面谈沟通法、视听教育法等。

不同的方法所产生的培训效果是不同的，需要在制订培训计划时与培训师共同研讨确定，以达到培训效果的最大化。

培训计划中除包含以上六要素外，还应包含培训课程、培训预算、培训设备准备、考评方式等。培训课程分为重点课程、常规培训课程和临时性培训课程三类，其中重点培训课程主要是针对全公司的共性问题、未来发展大计进行的培训。或者是针对重点对象进行的培训。培训预算即整体计划的执行费用和每一个培训项目的执行或实施费用，预算方法很多，如根据销售收入或利润的百分比确定经费预算额，或根据公司人均经费预算额计算等。培训设备主要有两大类：一是资料类，二是器材类。资料类主要包括配给学员的教材、笔记本、评估表、培训说明等，其中以培训教材最为重要。器材类主要包括视听设备、录音录像设备及教室布置的器材，设备的配置要考虑到现有条件的可能性；考评方式有笔试、面试、绩效考核等方式。

（二）培训计划的类型

按不同的划分标准，培训计划可以有不同的分类。以培训计划的时间跨度来划分，可分为长期、中期、短期培训计划；以培训计划的层次来划分，可分为企业整体培训计划、各部门培训计划、个人培训计划三个层面。

1. 根据培训计划的时间跨度进行划分

（1）长期培训计划。时间跨度为3~5年以上的培训计划为长期培训计划。长期培训计划的重要性在于明确培训的方向性、目标与现实之间的差距和资源的配置。长期培训计划需要明确的不是企业培训的细节问题，而是为实现企业在未来一段时间内的目标而制订的长期培训方案。长期培训计划不是设计具体的培训，而是根据企业现状和发展构建培训的方向，具有战略意义。

（2）中期培训计划。时间跨度为1~3年的培训计划为中期培训计划。它起到了承上启下的作用，是长期培训计划的进一步细化，同时又为短期培训计划提供了参照物，因此它并不是可有可无的。长期培训计划根据企业的长期发展战略勾画培训框架，与长期培训计划相比，中期培训计划的目标更加具体，不确定因素减少。

（3）短期培训计划。时间跨度在一年内的培训计划一般为企业的短期培训计划。与中长期培训计划相比，短期培训计划需要明确的事项更加具有可操作性。短期培训计划需要明确的事项包括培训的目的与目标、培训时间、培训地点、培训讲师、培训对象、培训方式、培训内容、培训组织工作的分工和标准、培训资源的具体使用、培训资源的落实等。另外，短期培训计划需要制订培训效果的评估和反馈计划。

2. 根据培训计划的层次进行划分

（1）企业整体培训计划。这一计划将保障组织内部的整体培训目标和培训战略的贯彻，也可以理解为组织的整体发展计划。整体培训计划主要包括岗前管理培训、岗前技术培训、质量管理培训、企业管理培训等培训计划。

制订企业整体培训计划时要注意三个要求：①要有具体、多样的培训主题，如项目管理培训、销售培训、技术培训等。每个培训都有具体的要求，这种要求决定了培训的方式方法。②涵盖各个部门、各个层次的员工，如生产、采购、财务、研发、市场与销售等部门中的专业技术人员、行政人员、管理人员、车间里的基层工人等。针对不同的培训对象，采用适当的主题、深度及培训形式是很重要的。"一刀切"的培训不会收到预期效果。对高级经理强调培训也同样重要。③考虑企业的短期利益与长期利益。虽然针对短期利益的培训，对组织目前在竞争激烈的市场上取得成功很重要，但致力于企业长期利益的培训正变得越来越重要。旨在长期利益的培训包括更深层次的技术和管理专业知识。

（2）各部门培训计划。部门级的培训计划是根据部门的实际培训需求制订的，它包括：①开发部门可以包括技术管理培训、应用技术培训、技术前瞻培训等；②技术支持部门可以进行应用技术培训、组织产品知识培训、代理产品知识培训、工程管理培训、网络认证培训等；③销售部可以进行公司产品知识培训、销售策略培训、商务知识培训等；④营销部可以进行公司产品知识培训、营销知识培训、营销策略培训等；⑤信息管理部以网络技术培训为主。

部门级的培训计划制订以后，培训部门要与各部门经理进行讨论。在讨论中，各部门经理可能会提出增加培训内容和培训预算的要求。培训预算要严格控制，但培训内容可以增加，当然主要通过内训的方式解决。另外，培训经理要向部门经理讲清楚：部门级培训由培训经理协助部门进行，而不是由培训经理全权负责。否则在培训实施过程中容易出现管理纠纷。

（3）个人培训计划。个人培训计划既有利于个人的发展和提高，也是顺利实现前两个计划的必备的手段，将整体、宏观的计划或是培训目标，分解开来，具体地落实到每个人。它的重要性在于，在培训的过程中，体现了员工个人所扮演的角色。

（三）培训计划的作用

从某种意义上说，培训计划的作用如同地图，为日后的培训项目设计、管理和控制指明了方向。有了它，培训者就能够知道培训需求是什么、有哪些培训环节、对培训对象培训的目标等都能够通过培训计划真实地反映出来。培训计划的作用主要包括以下三个方面。

第一，确保培训项目零缺陷。培训项目涉及各个方面的事项，如果单凭印象，在实施过程中难免出现缺漏。培训计划可以帮助培训实施人员核实每一步的培训环节，避免因为缺漏而造成培训效果打折扣，从而保证不会遗忘主要任务。

第二，确定培训各方的职责。培训涉及的人员范围很广，内容很多，企业中每个职能部门的人负责计划的哪部分内容，培训过程的各阶段由谁负责，都需要通过培训计划逐一加以明确。培训计划可以将具体责任落实到各个职位，培训相关部门和相应培训师的职责一目了然，便于培训的管理，保证培训每一步都能够得到监督，确保培训的顺利进行。

第三，为培训效果评估设立标尺。培训计划会做出对培训结果的预期。通过设立结果的期望，为培训实施人员设立目标，让培训实施得更有方向性，同时也为培训结果的评估设立标准。如果培训结果与预期不符，那么培训就没有完全达到效果，培训就有待于改进。因此，就需要对培训中的每一个环节进行检查，找出问题产生的原因。

二、培训计划制订的影响因素

在制订培训计划时，必须要考虑以下因素：

第一，员工的参与。让员工参与设计和制订培训计划，除了可以加深员工对培训的了解外，还能增加他们对培训计划的兴趣和承诺。此外，员工的参与可使课程设计更切合员工的真实需要。

第二，管理者的参与。各部门主管对于部门内员工的能力及所需培训各类，通常比负责培训计划者或最高管理层更清楚，因而他们的参与、支持和协助，对培训的成功有很大的帮助。

第三，时间安排。在制订培训计划时，必须准确预测培训所需时间及该阶段时间内人员调动是否会影响组织的运作。安排课程及培训方法必须严格依照预先拟订的时间表执行。

第四，成本资源约束。培训计划必须符合组织的资源限制。有些培训计划可能很理想，但如果需要庞大的培训经费，就会降低可行性。能否确保经费的来源、合理地分配和使用经费，不仅直接关系到培训的规模、水平及程度，而且关系到培训者与学员能否有很好的心态来对待培训。

三、职业培训计划制订的原则

(一) 以人为本原则

以人为本的培训计划制订是针对不同的对象撰写不同的培训内容，充分调动员工主动学习的积极性，达到提高员工整体素质的目标。例如，对各级管理人员，要着重进行理论修养水平、管理创新、组织协调、解决问题能力的培训，并为他们提供深入基层学习、实干的机会，以提高他们的综合素质；对专业技术人员，先要进行专业理论知识培训，然后结合实际工作开展现场培训，系统地提高专业技术人员的业务技能；对新员工的培训，要让他们了解企业文化、规章制度，并通过一线实习和岗位实习，掌握一定的岗位技能，熟悉部门运作流程，为今后开展工作打下基础。

（二）差异化原则

在制订组织员工培训计划时，只有考虑到组织规模、发展阶段、行业特点、人员特点和课程性质，采取有差别的培训组织和管理，才能使培训的投入更有针对性和效率，从而产生更高的回报。

1. 基于组织规模的差异化进行培训计划的制订

组织规模不同，组织培训体系的构建也就有所差别。对于跨国企业，因为员工数量众多，在这样的情况下建立企业大学就是一个相对经济的培训安排。从课程的安排来看，由于具有一定的经济实力和固定的地点，其核心课程的质量往往较好，有的甚至在培训界享有盛誉，不但开展内部培训，也接纳合作伙伴和社会的参训人员。

对全国性的企业来说，因为中国地域辽阔，可能会存在有数万、数十万员工的组织，对这种组织，有的企业也设立了自己的企业大学，既满足了自己的培训需要，也成为传播企业文化和品牌的重要手段。此外，也有部分企业导入了电子学习平台，建立了分级管理的培训体系，以适应众多员工、不同层级员工学习的需要。

对于中小型企业来说，不需要建立如此庞大的培训管理体系，而应有效借助社会的培训资源，借助各种先进的网络、视频、电子学习手段，结合必要的外训和内训。

2. 基于组织发展阶段的差异化进行培训计划的制订

对于起步期的组织，业务特点还没有明确，员工对业务相对比较生疏，培训的重点首先应当是与业务密切相关的知识、技能，且要考虑培训的低成本和高效益。

对于快速成长期的组织，业务规模迅速扩大、业务地域迅速扩张、人员数量迅速增加。这时的企业面临控制的问题，即如何使企业在快速扩张的同时不失控且相对有序，这是管理层的根本诉求。因此，这一阶段的培训应围绕如何提高中基层干部的管理能力而开展工作。在强调业务培训的同时，基础管理技能的培训尤为重要。

对于进入稳定期的组织，组织规模变大，业务增长放缓，进入相对平衡期。这时的企业，要考虑的是如何形成核心竞争力。因此，有两类培训对于企业最重要：一是有利于增强自身核心竞争力的培训；二是有利于使管理更加规范、有效、受控的培训。

对于处于战略变革期或衰退期的组织，其面临的问题是如何重新焕发组织活力。由此，培训的重点应当是变革意识、创新能力，培训应当有助于企业思考现状，实现突破。

3. 基于组织人员特点的差异化进行培训计划的制订

员工的构成情况不同，培训的组织和设计也应当有所不同。在以年轻员工占主导的企业，员工的观念、意识比较超前，接收的信息比较广泛。这时的培训课程设计应当抓住员工的兴趣和热点，组织一些趣味性高的培训项目，如沙盘模拟、拓展训练、游戏等，寓教于乐，将深奥的观点寓于丰富多彩的培训活动之中。

对于外地员工较多、工作压力较大的企业，其在开展传统培训的同时，也应搭配开展一些富有生活情趣的课程，如瑜伽、电影欣赏等，丰富大家的业余生活，舒缓紧张的工作情绪。

（三）实用性原则

提高培训计划的实用性是确保培训效果的重要保障。因此，为了确保培训计划的实用性要注意以下方面。

第一，直接接触培训对象，主要和受训者沟通的内容包括：告知培训详细情况、消除负面排斥因素、综合不同意见、了解特殊要求、强调培训纪律。

第二，培训顾问的选择，即一定要对顾问有全面的了解，可以通过他的客户了解口碑，观看他培训过的课程视频以了解风格，顾问对企业所处行业是否有足够的了解，对企业的实际需要的了解程度等。

第三，培训工具的应用，应用工具通常有资料类工具及设施类工具。这些工具的应用，会直接影响受训者的听觉、视觉和心理等方面，极有可能影响培训的最终效果。资料类的工具尤其重要，这要求培训内容详细且具有逻辑性，与培训讲师的授课思路一致，印刷清晰、装订精致、便于携带等。设施类工具应用会对课程气氛起到适当的调节作用，也会对受训者与培训讲师之间的沟通有很大的帮助。

（四）创新性原则

当前多元化的市场竞争要求企业的培训计划制订工作要做到有所创新、有所突破。人力资源工作者应根据企业现状及发展目标，系统制订各部门、岗位的培训计划。要根据每个人的职业生涯设计为每个人制订个性化的培训计划，搭建个性化发展的空间，为员工提供充分的培训机会。要尽快建立学习型组织，除持续有效地开展各类培训外，更主要是建立一个能够充分激发员工活力的人才培训机制，通过各种手段在组织内部建立起员工自发学习的组织氛围，帮助员工建立起"终身学习"的观念，培养员工自我提高的能力，促使人力资源增值，组织才能在各方面有所突破，保持高速稳定发展。

四、职业培训计划编制的过程

培训计划的制订就像是组织生产任何一种产品一样，要遵循科学的生产流程方可产出高品质的产品。程序错误就会导致返工生产出废品。一般的组织在制订培训计划时应遵循：组织人力资源部（或培训部）分发培训需求调查表，经各级单位人员讨论填写完毕并由直属主管核定后，交人力资源部（或培训部）汇总，拟定培训申请表，提请上一级主管审定，最后在年度计划会议上讨论通过。在培训计划编制过程中主要涉及以下内容。

第一，确定培训项目。进行培训需求调查，分析培训需求信息，这是确定培训计划的最重要的依据，有利于认识到组织面临的形势、发展要求和培训需求。从而组织根据了解和掌握的企业情况，找准培训需求来选择培训项目。

第二，制定培训目标。培训目标是对培训结果或由培训带来的岗位工作结果的规定。确定培训目标就是明确培训应达到什么样的标准，是根据培训的目的，结合培训资源配置的情况，将培训目的具体化、数量化、指标化和标准化。培训目标可以分为若干层次，从某一培训活动的总体目标直至每节培训课的具体目标，越往下越具体。为了使培训达到预定的目标，就需要对培训目标作清楚明白的说明。

第三，拟订培训内容。培训计划主要分为按时间划分的培训计划和按层次划分的培训计划，每一项计划因其制订的目的不同，因此所要重点强调的具体内容也会有所不同。各组织在制订计划时，目标不同、实际情况不同、遇到的问题也不同，所以难以对培训计划的内容进行细述。

第四，编制培训预算。根据确定的培训项目，结合市场行情，制定培训预算。培训预算要经过相应领导的指示。在编制培训预算时要考虑多种因素，如组织业绩的发展情况、过去的培训总费用、人均培训费用等，在以往经验的基础上根据培训工作的进展情况考虑有比例地加大或缩减培训预算。做培训费用预算应与财务沟通好科目问题，一般培训费用包括讲师费、教材费、差旅费、场地费、器材费、茶水餐饮费等，一项培训课程应全面考虑这些费用，做出大致预算，并在预算的基础上预留弹性空间。

第五，培训计划的管理。在以上工作完成的基础上，初步制订出来的培训计划要先在内部审核，由人力资源部的负责人和主管一起分析、讨论培训计划的可执行性，找出存在的问题，进行改善，确定一个最终版本，提交给培训工作的最高决策机构——总经理办公会或董事会进行审批。组织高层要从组织长远发展的角度出发，制定组织员工培训的长远规划，并写进组织的培训计划中。

制订培训计划要本着有利于组织总体目标的实现和有利于竞争能力、获利能力及水平提高的原则，以员工为中心点，切实提高和改善员工的态度、知识、技能和行为模式。

第四节　职业培训的效果评估

职业培训的效果评估是确保培训方案的有效性和可持续性的关键步骤。这一过程旨在收集、分析和解释数据，以评估培训的实际效果和影响。

一、收集评估培训效果的信息

第一，定义评估目标和指标。在开始评估过程之前，需要明确定义评估的目标和指标。这包括明确要评估的培训项目的特定目标，例如提高员工技能、提升生产力或降低错误率。同时，制定相关的评估指标，以便在后续阶段量化和测量这些目标。

第二，数据收集工具和方法。选择合适的数据收集工具和方法，这取决于培训项目的性质。这可以包括员工调查、观察、学员表现记录、考试成绩、生产数据、客户反馈等。确保数据收集工具是可靠、准确、客观的，以便为评估提供有力的证据。

第三，时间框架。确定评估的时间框架是重要的，因为它将决定何时开始和结束数据收集。通常，培训后的短期和长期效果都应该纳入考虑。这可以包括立即培训结束后的效果，以及在几个月或一年后的效果。

第四，利益相关者参与。与培训项目的利益相关者合作，以确保他们的需求和期望得到充分考虑。这些利益相关者可以包括培训师、员工、管理层和客户。他们的反馈和意见可以为评估提供有价值的信息。

二、分析培训效果评估数据

第一，数据清理和整理。在进行数据分析之前，必须对收集到的数据进行清理和整理。这包括消除错误数据、填补缺失数据、标准化数据格式等。清理数据有助于确保分析的准确性和可靠性。

第二，数据分析方法。选择适当的数据分析方法，以评估培训效果。常用的方法包括描述性统计、相关性分析、回归分析和比较分析。这些方法可以帮助确定培训的影响程度，以及与其他因素之间的关系。

第三，解释和报告结果。将数据分析的结果以清晰和易理解的方式呈现给利益相关者。这可以包括制作图表、图形、报告或演示文稿，以强调培训的成功和不足之处。同时，解释结果并提供建议，以改进未来的培训计划。

第四，持续改进。职业培训的效果评估应该是一个持续的过程，不局限于一次性的评估。根据评估结果，制定改进措施，反馈到培训计划中，以不断提高培训的质量和效果。

三、撰写培训效果评估报告

企业培训效果评估人员进行培训效果评估与反馈后，应按照要求撰写评估报告。培训效果评估报告应简明扼要、实事求是、语言平实，尽量通过数字、图表相结合的方式说明培训效果。

第一，容易理解。一份有效的培训效果评估报告应当以普通员工和管理层都能理解的语言编写。这意味着避免过多的行业术语和复杂的句子结构，而是使用清晰、简洁的语言来传达关键信息。此外，应使用常见的单位和度量标准，以确保数据和结果易于理解。

第二，富有逻辑。报告的结构应具备严密的逻辑，使读者能够按部就班地理解报告的内容和结论。一般来说，培训效果评估报告通常包括：①简介：介绍评估的目的、范围和方法。②背景信息：提供培训项目的背景信息，包括培训内容、受训人员和时间表。③数据收集和分析：详细描述数据收集方法和分析过程，包括采用的工具和技术。④结果和发现：总结评估结果，强调培训的成功和不足之处。⑤建议和改进措施：提供改进培训的建议和行动计划。⑥结论：总结评估的主要发现和建议。

第三，表达严谨。评估报告应当表达严谨，避免主观性和不准确的陈述。数据应当清晰、准确地呈现，结果应当根据数据和证据做出。此外，引用相关研究和参考文献可以增强报告的严密性，同时减少主观判断的风险。

第四，数据可靠。报告中包含的数据和信息应当具备高度的可靠性。这意味着数据的采集和分析过程必须经过仔细设计和执行，以确保数据的准确性和可靠性。此外，如果有可能，应使用多种数据源和方法来验证和支持评估结果。

为了更好地达到这些目标，评估报告可以使用图表、表格和图像来辅助表达。这些可视化工具能够帮助读者更容易地理解培训效果，并从中提取关键信息。总之，撰写培训效果评估报告需要综合考虑以上要点，以确保报告既能为企业提供有价值的反馈，又能被广泛理解和接受。

第五节 职业培训的实施与管理

一、职业培训实施过程控制

(一) 培训实施前的准备工作

1. 起草培训通知书

(1) 培训课程的说明。详细说明培训课程的内容，具体是学习什么东西，学习带来的益处是什么等，都应该做一个说明。有些比较正式的培训通知书还会说明，本次培训活动举行的目的、意义、讲课教师的介绍等，这样一来，就更加完备，使人对培训有一个比较全面的认识。

(2) 会务安排的说明。关于培训学员的上课时间、地点、行车路线、用餐等相关的后勤工作方面，要有一个具体的说明。对于培训时间比较长的，或是培训地点不在本地的，要说明住宿安排。届时，学员可以以通知为指南，去办理相关的事宜。

2. 选择培训场所

要提前选好培训场所，并且最好有其他备选场所。一般情况下，根据学员人数和培训的内容来选择培训场所。比如选择大面积或小面积的场所，选择户外或户内，选择自备场所或是租用相关场所。

在挑选培训教室时要考虑以下事项。

(1) 房间面积一定要足够大，但也不能太大，以免给人空空荡荡的感觉，造成消极的学习情绪。

(2) 在培训教室里一定要置留供书写和放置资料的工作区。

(3) 培训教室是否有通风设备，是否运转良好，如何控制。

(4) 培训师的工作区是否有足够大的空间来放置材料、媒体工具或其他器材。

(5) 要保证坐在后排的学员可以看清屏幕。

(6) 检查邻近是否有干扰。

(7) 检查休息室、饮用水、茶点的状况。

(8) 检查灯光、空调的使用情况和控制按钮。

培训其实是一次互动的交流活动，是学员与学员、学员与培训师之间的多方交流。培训教室的布置要考虑到这个因素，并且位置的布置要促进这种交流的进行。当培训内容安排需要以学员分组形式配合时，要注意会场桌椅的布置以便于让学员学习。

3. 准备培训设备

（1）白板、白板笔的准备。培训组织者应该至少准备两种颜色的白板笔，如黑色和红色的。

（2）电化教学设备的准备。检查开关插座是否满足要求，灯光照明是否正常；另外，电化教学设备包括多媒体（投影仪、电脑、音响等）、录像设备等，培训前需要检查并调试好。

（3）受训人员用的纸和笔。如果培训通知中没有要求学员自带纸笔，培训组织者应为学员准备好纸和笔。

（4）服务设施。培训组织者需要准备好水、饮料和杯子等，如需就餐，还需要做好就餐安排；如果培训师有要求，还需按照培训师的要求准备相应的道具。

（二）培训实施中的控制工作

在职业培训实施的过程中，要做好两个方面的控制工作：一个与培训本身有关，那就是培训工作的合理分配；另外一个就是在培训过程中避免意外发生，也就是安全问题。

1. 工作分配

在职业培训实施中，工作分配涉及合理分工、资源调配以及任务分配等方面的工作。这是为了确保培训过程顺利进行，各项任务得到妥善处理。

（1）合理分工。培训涉及多个方面，包括教材编写、教学设计、师资培训、学员管理、评估等。合理分工可以确保每个环节都得到充分的关注，从而提高培训的质量。例如，教材编写可以由专业人员负责，教学设计可以由教育专家完成，师资培训可以由经验丰富的讲师进行，这样可以更好地发挥每个人的专长。

（2）资源调配。培训需要适当的物质和财务资源支持，包括教室、教材、技术设备等。确保资源的充分调配可以避免培训中的资源短缺问题，确保培训的顺利进行。

（3）任务分配。确定谁负责什么任务，以及任务的时间表和优先级是非常重要的。培训项目管理人员需要清晰地规划任务分配，以确保每个任务都按计划完成。这可以通过项目管理工具和时间表来实现。

2. 安全工作

在培训过程中，安全问题是至关重要的，无论是在课堂内还是在培训场所。

（1）课堂安全。确保教室和培训设施的安全是关键。这包括消防安全、电气安全、紧急情况应对计划等。培训师和学员应该清楚如何应对紧急情况，如火警或自然灾害。

（2）人员安全。学员和教职员工的人身安全是首要任务。这包括提供必要的医疗急救设备和培训，以及确保在培训过程中不发生暴力事件或虐待行为。

（3）数据安全。在培训中可能涉及敏感信息，如学员的个人数据或机密信息。确保这些数据的安全和保密是至关重要的。这包括采取适当的数据加密措施和访问控制措施。

（4）物品安全。培训设施内的物品和设备应得到妥善保管，以防止盗窃或损坏。这需要适当的安全措施，如锁门、监控摄像头等。

培训实施中的控制工作包括工作分配和安全工作两个方面。这些工作的合理规划和实施可以确保培训过程高效、有效，并且在安全的环境中进行，从而最大限度地实现培训的目标和效益。

（三）培训实施后的跟进工作

如果说，培训控制工作是为了把握培训工作行进方向的正确，那么，培训跟进工作则是为了使培训活动的进展更加顺利，取得更好的效果。

除了与培训有关的后勤工作等相关事项以外，更值得关注的是学员对培训的感受。要听取学员对培训活动的感受或是建议，并以此为改正的依据，使得培训活动开展得更加完美。

第一，培训跟进信息反馈。这种信息反馈方式，实施的时间一般是在培训结束后。企业开展培训的目的是让学员通过培训，提高自身素质和能力，并运用于实际工作中，提高绩效。

第二，心得交流。心得交流是一种直接获得反馈信息的方式。它可以在培训的进行中进行（时间较长的培训），也可以在培训活动刚结束时进行。形式可以灵活，比如与学员一对一的交谈，或是举办培训心得交流会。同样的学习内容，由于学员的学习能力不同，掌握的程度会参差不齐。举办这种交流会，不但可以在学员间交流经验，也可以让没有参加培训的员工从中得到宝贵的经验。在进行心得交流的时候，要鼓励学员说出自己的真实感受。所以，要为之创造良好的气氛，鼓励学员畅所欲言。

第三，跟踪观察。如果实际情况允许，还应该保持对学员的跟踪观察，这是一种获得第一手材料的方法，也是一种可以发现问题、解决问题的方法，保证获得比较全面的信息。

二、职业培训的风险管理

（一）培训风险的类型

培训对企业而言是一种重要的人力资本投资，同其他的资本投资一样，既有收益，也有风险。培训风险是指企业培训过程及其结果，由于观念、组织、技术、环境等诸负面影响而对企业造成直接或潜在的损失的可能性。

从其成因来看，培训风险可以分为培训的内在风险和外在风险。

1. 内在风险

培训的内在风险是由于企业没有对培训进行合理规划和有效的管理而导致培训的质量不高，使得培训目的难以达成，培训投资效益低下。培训的内在风险源于培训本身，它主要包括以下两种：

（1）培训观念风险。培训观念风险是指由于高层领导或者受训人员对培训没有一个正确的认识和定位而可能对企业造成的不良影响和损失。作为直接参与人的受训人员，他们对培训的认知及参与态度也直接影响着培训成败。

（2）培训技术风险。培训技术风险是指在培训需求分析、制订培训计划、风险评价及培训实施过程中，因不能及时正确地做出判断和结论可能对企业造成的损失。有些企业由于培训需求不明确，培训需求调查不深入，没有与企业远期、近期目标结合起来，企业没有明确的素质模型或岗位要求，培训没有与员工的培训需求相结合，培训内容选择、形式选择、培训师选择偏离真正需要，培训缺乏针对性，因而没有达到预期的培训目的。

2. 外在风险

培训的外在风险是指虽然培训项目达成了预定目标，但由于各种外在因素导致企业遭受各种直接或间接损失。常见的培训外在风险主要包括如下方面。

（1）人才流失的风险。经过培训后，受训人员的能力和素质得到提高，他们对知识和自我实现的追求更高，产生了更换工作环境的需求。企业培训是为了增加本企业人力资本存量，为本企业创造经济利益，而培训后的人员流出，必然使得本企业的这部分培训投资无法收回，造成人力、物力的巨大损失。

（2）培养竞争对手的风险。企业培训员工的目的就是为本企业所用，而人才流失所流向的企业大多数都是本企业的竞争对手，这些经过培训的员工所掌握的信息以及新知识和技能等在其他企业的应用对本企业来说无疑是一种潜在的威胁。

（3）专有技术保密难度增大的风险。任何一家企业在生产经营过程中都有自己的管理经验和专有技术。专有技术必须要通过具体的人员去操作和管理，才能转化成生产力和具体的产品。只有通过培训才能使参与这一工作的人员掌握这些管理经验和专有技术，而掌握的人越多，保密难度越大，风险也就越大。

（4）培训收效风险。培训收益的体现总是具有一定的时滞性。如果企业刚对原来的产品线等进行培训后就进行战略调整（如转产），就会使原来的培训完全没有回报。如果是企业进行技术更新、工艺调整或同产业新产品的开发，就可能使正在培训或刚培训完的知识和技术过时。

（二）培训风险的防范

第一，依法建立劳动、培训关系。与员工建立相对稳定的劳动关系，明确企业与员工的权利、义务及违约责任。在此基础上，根据员工劳动合同时间长短以及所在工种、岗位的实际情况，制订相应的培训计划，签订相应的培训合同，明确服务期限及违约赔偿有关的条约。对一些培训面较广、时间不长的培训，可采取企业发布有关规定的办法来明确受培训人员的义务和责任。

第二，加强企业文化教育，增强企业凝聚力。任何一家企业，企业文化建设都是至关重要的。加强企业文化教育，尊重知识、尊重人才，增强企业凝聚力，以事业吸引人，尽量减少由于培训后人才流失给企业带来的风险。

第三，建立有效的激励机制。企业应该根据自己的能力和实际情况，建立一套有效的激励机制，对真正的人才和学有所长的专门人员实施有效的激励。

第四，鼓励学习，加大岗位培训力度。培训对企业和员工是双赢的过程，在市场经济体制下，人们的观念已有了极大转变，把对个人进行智力投资、提高素质、体现价值、增强竞争能力作为个人行为这一观念被员工接受。所以，自己投资接受培训的比例已明显上升，企业就应适时地调整有关的培训政策，对基础学历教育及以提高自身基本素质为主的培训，应以个人投资为主，对高层次和有较强针对性的有关培训，可实施政策倾斜，保证培训经费的重点使用。同时，应加大岗位培训力度，鼓励自学，鼓励岗位成才，在不脱产的情况下，采取业余、半脱产、函授、自学、师带徒、在职攻读学位等多种形式的培训。

第五，加大考核力度，提高整体素质。对企业而言，员工整体素质的提高，对稳定员工队伍和优秀人才脱颖而出是很重要的基础，而企业整体素质的提高，加大考试考核力度是一个较有效的途径和方法。这就要求必须建立一套完整的考试考核标准和制度，做到既切合企业的实际，又客观公正。

第六，完善培训制度，提高培训质量。企业员工培训，特别是脱产的培训，对人员的选拔应有一套完整的制度和长远的规划。培养什么样的人，送什么人去培养，人事、培训部门应做到心中有数，有针对性，有的放矢，建立一套完善的培训制度。同时，对培训后人员应有一套严格的考核办法，努力提高培训质量和培训回报率。

第七，加强企业员工专利意识教育，运用法律手段保护企业的专利技术。接受培训的员工必须树立专利意识，在竞争日益残酷的现实下，谁有专利技术、专利产品，谁就可以更好地占领市场，打败对手。同时，在培训中也应该让员工掌握或了解相关的法律知识，必要时依靠法律的力量来保护企业的专利技术和产品，减少不必要的损失和风险。

第七章　职业安全卫生管理理论实践

第一节　职业安全卫生管理的基本理论

一、职业安全卫生管理的认知

职业安全卫生是安全科学研究的主要领域之一，一般是指工作场所内影响劳动者安全与健康的条件和因素。"有效保障职业人群身心健康是实现健康中国的有效途径。"① 职业安全卫生通过采用各种组织和技术手段，以达到保护劳动人员在进行工作活动时的安全、健康，不断改善劳动环境，防范工伤事故，并实现对女员工和未成年工的特殊保护。总体来说，职业安全卫生的目标是保证所有员工在工作活动中的安全健康，措施涵盖法律法规、设施、科学技术和管理制度等。

职业安全卫生管理是一个十分复杂的工程，对政府、企业以及个人，只要有社会化生产，只要有企业与工作的留存，职业安全卫生管理就一刻也不能停息。长期以来，人们对职业安全卫生问题的认识，经历了从无意识地被动承受到积极寻找应对方案，从事后的补救型措施到事前预防型措施的实质安全，从单因素的就事论事到不断发展和完善的职业安全卫生管理的过程。

职业安全卫生管理是为了使员工免受工作过程中的损害，为了保障劳动者在劳动场地的生命安全而采取的各种管理行为和方法，以及执行多种制度的总称。因为科学水平的局限性，实施的有限性，经济投入的限定性，职业安全卫生管理存在着各种短处和问题，特别是设备的不安全状态和员工的不安全行为更是五花八门。因此，作为一个空间、时间以及职员全方位的无法完全根除的事故，在较大程度上受到企业各方面要素的影响。

职业安全卫生管理主要关涉地区及国家的安全策略和政策，企业相关的计划、组织、实施和控制过程，以及对健康与安全管理绩效的评测等。实践中具体包括对人员、设备、

---

① 邢扬. 机构改革背景下职业安全卫生未来发展 [J]. 职业与健康，2019，35（18）：2579.

环境、作业过程、事故及职业病等多方面的管理，制定管理方针和各类规章制度，同时也涉及在整个管理过程中所体现的安全文化。

二、职业安全卫生管理的目的与意义

(一) 职业安全卫生管理的目的

职业安全卫生管理的目的不仅是为保证从业人员的人身安全，也是为经济发展保驾护航，确保国家、企业、个人"三赢"的局势。

1. 国家层面的目的

安全生产与职业安全工作事关人民群众的根本利益，事关改革发展和稳定全局，一直以来受到党和国家的高度重视。"安全第一、预防为主、综合治理"是党和国家关于职业安全卫生管理的基本目标。因此，要达到这一目标，职业安全卫生管理的首要目的是做到标本兼治，扎实推进安全生产工作，健全和落实安全生产责任制，实行有利于安全生产的经济政策，加紧煤矿等行业改革重建步伐，增加安全生产投入，深入开展重点行业安全生产专项整顿，强化企业安全生产管理，加强安全技术人才培养和员工安全技能培训，加大安全生产监管力度，加强安全生产法治建设，进一步创造安全生产的优良环境。

2. 企业层面的目的

企业建立和实行职业安全卫生管理的基本目的，是落实企业安全生产主体责任的方法，是加强企业安全生产根基工作的长效制度，是政府实行安全生产分类指导、分层监督的主要依据，是有效预防事故发生的重要方法。设立和实行职业健康安全管理体系，不断开展以职位达标、专业达标和企业达标为内容的安全生产标准化建设，加强和推进企业安全生产标准化建设的能动性和主动性，进一步规范企业安全生产行为，改进安全生产条件，增强安全基础监管，高效防备和坚持防止特重大事故发生。

职业安全卫生管理的目的有四点：①为提升职业安全卫生绩效提供一个高效、节约的管理方法，有利于推进职业安全卫生法规和制度的贯彻与执行；②让企业的职业安全卫生管理转变为主动行为，提高职业安全卫生管理能力；③在社会上树立优良的企业形象，能产生直接或间接的经济收益；④控制危害要素，全面辨别危害要素、进行风险评估。对评估出的不可承担风险采取控制与监管措施。

3. 个人层面的目的

职业安全卫生管理的目的对于个人要做到两点，分别是人员的安全和人员的健康。

（1）人员的安全。生产安全可分为设施的安全和人员的安全，两者紧密相关，设施的安全关联人员的健康与生命保障，生产人员的人身平安和生产设施安全中与人员有关的部分内容共同构成了人员安全。现代安全科学学说认为，不安全事故的发生是由于人的失误和物的不安全状况导致的。掌控人的失误，需要在人为心理学、行为心理学等成果的基础上，通过教育、宣传等增加人的安全意识和能力；物的不安全状况采取实用安全科学技术进行改造。随着经济的发展、科技的进步，出现了很多工业复杂系统，包括技术设施、员工以及组织三方要素紧密结合的技术系统，如化工石油、铁路、矿山和核电等组织。

（2）人员的健康。健康是指一个人在身体、精神和社会等方面都处在稳定的状态，这种状态称之为健康。世界卫生组织提出健康的具体表现应该是人的生理能力没有任何疾病与损失，同时具备心理健全、完备的社会适应性和社会道德。因此，当代人的健康内容应该包含：身体健康、心理健全、社会性强、智力正常和道德健全等。而职业安全卫生管理则需要从身体、精神和社会三个方面进行管理与把握，不仅要保证员工身体在工作中不会受到各种职业病与职业伤害，同时还要保证他们有一个良好的心态以及对社会有较强的适应和调节能力。

（二）职业安全卫生管理的意义

职业安全卫生管理与经济管理相互依托、相依而存，安全卫生管理为经济发展保驾护航，产生间接或直接的社会经济效益，其效用对于社会和经济的稳定发展是不可小视的。因此，搞好职业安全卫生管理工作具有十分重要的意义。

1. 国家层面的意义

提高职业安全卫生社会责任的水平，社会各界务必通过保证将职业安全卫生纳入国家商讨的先行事项，以及通过建设和维护国家防范安全卫生文化的方式，为实现此目的作出贡献。各国政府应确保采用连续不断的行动来建立和加强国家防范职业安全卫生的文化，还应确保建立一个适度的职业安全卫生标准实施体制，包含强而有效的劳动监管机制，多项保护员工的职业安全卫生的法律法规。

改进职业安全与卫生将对工作环境、生产能力、经济和社会的进步产生正面影响，享有安全卫生的工作环境应该被视作一项基础人权，以确保全体劳动者的身心健康。进行有效的职业安全卫生管理的意义还在于全面提升国际形象。建立一个积极良好的国际形象，对于中国的复兴之路具有重大的战略意义。

2. 企业层面的意义

要将"安全第一，预防为主"作为搞好职业安全卫生管理工作的基本方针，要坚持贯彻和执行此方针。具体的安全相关工作、活动要由职业安全卫生管理部门来组织、协调。职业安全卫生管理工作水平的提高，有利于企业职业安全卫生管理制度的完善和执行。

搞好职业安全卫生管理，防范事故的发生和职业危害是根本目标。职业安全卫生管理是减轻、掌控事故，特别是人为事故发生的有效屏障。科学管理能够制约、减轻人的不当行为，控制或减少危险源，直接防范人为事故的发生。

要发挥职业安全卫生管理的作用，需要借助安全技术和职业安全卫生措施。建立在物质基础上的安全技术和职业安全卫生措施，需要管理者进行高效的职业安全管理行为——计划、组织、监察、协调和掌控，才能发挥效果。

职业安全卫生管理对企业经济发展起到了遮风挡雨的作用。从宏观上看，职业安全卫生管理能产生间接或直接的社会经济效益，促进企业的发展；从微观上看，做好职业安全卫生管理，有利于改善企业管理，全面促进企业各方面工作的开展，增进经济效益的提高。

将防范工作作为生产活动不可分割的部分，因为职业安全卫生的严要求与高绩效相得益彰。通过有效的方法建立专业的职业安全卫生管理方针，改进工作环境的安全卫生状况。对于相关工作场所的安全卫生应采用的措施，应当咨询员工代表的意见，并及时向他们公布情况，发挥员工的能动性，调动员工的积极性，保证整个企业良好运转。

3. 个人层面的意义

（1）职业安全卫生管理有助于提高员工的安全意识，员工要掌握相应的安全知识，提高安全意识，时刻保持安全第一的意识，做到防患未然，常备不懈。

（2）职业安全卫生管理有助于让员工掌握安全知识。在企业现代化的生产工作中，特别是高风险的矿山开采、化工生产等企业，更要求每位员工学习掌握生产知识和安全知识，唯有牢记生产过程的各种安全知识，才能够在工作岗位上心手相应、游刃有余，减少和规避各种安全事故的发生。

（3）职业安全卫生管理有助于员工提高安全技能。安全技能是为了安全地完成生产任务，经过培训获得的科学化、自动化的工作方式。安全教育应该包括对风险因素的预防方法、应急设备的操作方法，其目的是提升员工的安全技能。唯有熟练掌握了安全技能，才能实现工作中的高效率，有效规避风险；掌握的安全技能多样、高超，安全事故的发生率就会降低。

（4）职业安全卫生管理能有效提高员工的基础安全素质。安全素质中的安全意识、安全知识和安全技能三个方面互相交融，密切联系，缺一不可。通过提高安全意识，才能对安全知识进行主动学习，并最终掌握各种安全技能；掌握各种的安全知识，才能有较强的安全意识；部分安全知识同时又是安全技能知识，部分安全知识既可以提高安全意识，又能掌握安全技能。三者相辅相成，不可分割。

（5）职业安全卫生管理使严峻的形势得到改善，保证每个员工的生活更加快乐、平安和健康。

三、职业安全卫生管理的原理与要点

（一）职业安全卫生管理的原理

1. 人本原理

在职业安全卫生管理中把人的因素放在首位，体现以人为本，就是人本原理。以人为本有两层意义：一是所有管理行为都是从人展开的，人既是管理的主体，又是管理的客体，所有人都在一定的管理层级上，没有人就不存在管理；二是管理活动中，需要通过人的管理、运行、推行和实行，以到达管理对象的要素和管理系统的细枝末节。运用人本原理的原则如下。

（1）动力原则。在管理系统中存在着信息动力、物质动力和精神动力。信息动力是通过信息的获得与交流，产生后来居上或一马当先的动力。物质动力是指物质待遇以及经济效益的刺激与鼓励；精神动力主要是来自梦想、社会公德、信念和名誉等方面的驱动和鞭策。

（2）能级原则。在管理系统中，为了保证组织的稳固性和管理的高效性，设立一套合适能级，即根据组织和个人能力的大小分配任务与工作，发挥不同能级的能量。

（3）激励原则。通过给予各种激励条件，激发个人的内在潜能，充分发挥人的主动性和能动性。

2. 系统原理

系统原理是指运用系统论的原理、方法和逻辑，认知和解决管理中出现的问题，分析在生产管理中的系统问题，最后完成优化管理的目标。职业安全卫生管理系统是生产管理的一个分支，其中包含了各类安全监管单位、安全防范设备、管理安全的规章制度、安全生产工作流程和原则，以及安检活动管理情报等。安全贯穿于整个生产活动过程中，职业安全卫生管理是全面、全过程和全员的管理。运用系统原理的原则如下。

（1）动态相关性原则。动态相关性原则表明：组成管理系统的各要素不是静态固定的而是动态发展的，它们相互制约又相互联系。要提高安全管理的效果，必须掌握各要素之间的动态相关特征，充分利用各要素之间的相互作用。同时，需要有优良的信息反馈措施，做到能够每时每刻掌握企业安全生产的动态情况，且解决各类问题时考虑到各种事物之间的动态关联。

（2）整分合原则。高效的现代职业安全卫生管理务必在全体的规划下细致分工，在分工基础上又要能高效整合，这就是整分合原则。实行此原则，企业领导层必须制定整体目标和开展全局策划时，将安全生产包含进去，在分配各类资源与组织系统时，务必将安全生产视为不可或缺的环节。

（3）反馈原则。反馈是掌控进程中对掌控组织的反映。正确、高效的管理，离不开灵活、精确、迅捷的反馈。企业生产的内在条件和外界环境都是日新月异的，所以必须准时获取、反馈各类生产信息，以便及时开展行动。

（4）封闭原则。封闭原则指系统中应建立安全监督机构，以便正确地执行、输出和反馈，同时，建立安全管理规章制度可以贯彻封闭原则，建立尽可能完整的执行法、监督法和反馈法，构成一个封闭的制度网，是安全管理活动正常高效运行的有力保证。

3. 预防原理

职业安全卫生管理工作做到恰当的管理和正确的科技方法，达到防范为主，以防甚至根除人的不恰当行为和物的不安全状态，达到防止事故发生的目的。在有发生人身伤害、设备报废和环境破坏可能性的情况下，立即采取措施防止事故继续发生。运用预防原理的原则如下：

（1）偶然损失原则。事故造成的结果和这个结果导致损失的严重程度都是不可预计的随机事件。重复出现的同类事故不一定产生完全相同的结果，这就是事故损失的偶然性。偶然损失原则表明，在实际生产活动中一定要重视各类事故，并且无论事故是否导致了损失，都必须提前做好防范准备。

（2）因果关系原则。事故发生的众多要素存在内在逻辑、因果关联而连锁发生的最终结果，只要事故的诱发要素还残留，发生事故几乎是必然的，这就是因果关系原则。所以从管理者到每个员工务必要将发生事故的因果关系链破坏，消除事故发生的必然性。

（3）本质安全化原则。本质安全化原则是指从一开始就在实质上完成安全化，从根基上根除事故发生的概率，进而达到防范事故发生的目的。本质安全化应满足两个条件：操作不当——安全、设备故障——保护，以上两种安全保护条件是设备配备设计阶段就存在，而不是事后补偿的。职业安全卫生管理的终极目标就是通过各种科技手段和行政措施达到本质安全化。

4. 强制原理

采用强制管理的方法掌控人的愿望和作为。人的所作所为等受到职业安全卫生管理条件的约束。因为事故造成的损失具有偶然性，人的冒险性和事故损失的不可挽回性，决定了职业安全卫生管理有时是需要强制执行的。运用强制原理的原则如下：

（1）安全第一原则。安全第一就是在开展生产和相关活动时，要求将安全管理放在全部工作的第一位。当生产和其他工作与安全产生冲突时，要以安全为首，生产活动和其余活动要遵从安全要求。

（2）督查原则。督查原则是指在安全工作中，为了使安全生产法律法规得到落实，必须建立安全生产督查管理部门，对企业生产过程的依法守法和依法执法行为进行督查。

（二）职业安全卫生管理的要点

1. 安全生产标准化

安全生产标准化就是企业在生产经营和所有管理过程中，在安全生产管理过程中，从安全生产基础工作入手，制定本企业符合国家、地方和行业安全生产法律、法规的规范、规章等制度，并在本企业内部加以贯彻落实，使企业将安全生产责任逐步贯彻落实到每个操作岗位、每个职位和每个在岗人员中，并改善标准化操作的考核和评级标准，促进企业安全生产不断加强和持续改进。简单来说，安全生产标准化就是在企业中，各生产活动、生产过程的工作必须长期结合中国相关法律和规范标准等规定，以保障企业的安全生产活动、保护从业员工的生命安全，进而根除安全事故的发生。

企业在建立和保持安全生产标准化体系时，应结合企业本身组织结构特性，并满足标准化的基本要求。安全生产标准化体系的建立，应贯彻"安全第一、预防为主、综合治理"的方针和以人为本的理念，注重科学性、严谨性和系统性，立足于危险辨别和风险评估，立足于隐患整治，风险管理思想，充分展现安全与利益、安全与健康的内在关联，并与企业组建各个机构的基础管理工作进行有效结合。

安全生产标准化的创立和实行，应该在企业生产经营的全过程、全方位和全成员中得以贯彻和执行，设立安全生产长效机制，进而反映出企业自身的产业特点与安全业绩的持续改善和提高。

2. 安全生产管理信息化

安全生产信息化是指伴随传感技术、通信技术、计算机技术的持续改进，把技术运用到安全生产事故预防、处理、救助和日常安全生产管理中，进而改变传统安全生产流程和组织，使安全生产管理变得更为高效，减少安全生产事故发生概率的过程。

安全生产管理信息化是指安全生产管理的信息化过程，它是通过计算机实现信息输入和存储，通过局域网和互联网实现信息传递，通过软件计算实现信息的处理和输出，从而改变传统企业安全生产管理的实际情况。

安全生产管理信息化的中枢是安全生产管理信息系统，它由人、网络、计算机和相关外围设施等组成，能进行安全生产管理信息的采集、传播、储存、处理、维修和应用，运用信息流把握安全生产运作方向，利用大量的数据预判未来，利用实时数据进行事实预警，利用信息整合实现数据统计，进而支持政府或企业高层做出正确的决定，协助中层进行过程控制、指导基层进行基础运作，帮助其实现安全生产的目的。

建立和推广安全生产信息系统，需要投入大量的资源，比如，人力资源和财力资源，以此来保证基础工作的牢固。尤其是系统考察和初建阶段，以及系统运行初期的信息录入阶段，会涉及大量的分析统计、信息专业工作。因此，管理者必须给予重视和支持，成立工作小组，制订管理方案、激励机制和考核办法。

安全生产管理信息系统的建立是一项专业面较广、技术要求高的系统工程，一方面，需要安全生产技术、计算机技术、通信技术和统筹学等专业人才支撑；另一方面，需要绝对的技术保障能力，提供长时间的系统更新。

安全生产信息系统涉及的软硬件设备较多，必须保证有足够的经费投入和充足的生产周期。软件和服务费用投入包含：信息化开发费用、系统设计开发费用、系统培训费用和系统维护费用；硬件费用包括服务器的购买、终端的开设、网络布局的调整等。

第二节　职业安全卫生管理的体系建立

一、职业安全卫生的监管机构与体系

（一）职业安全卫生的监管机构

第一，国务院安全生产委员会。国务院安全生产委员会简称安委会，由国务院副总理担任安委会主任，安全监管总局局长、国务院副秘书长以及公安部常务副部长担任安委会的副主任。安委会在国务院的领导下完成各项安全生产工作，对全国的生产安全工作进行指导和协调，以及对全国的安全生产形势和安全生产工作的政策方针进行分析研究，并提出重要措施解决安全生产工作中的各种重大问题等。

第二，国家煤矿安全监察局。国家煤矿安全监察局简称国家煤监局，煤监局负责起草有关煤矿安全生产的法律法规，依法监督落实煤矿安全生产准入制度，监督指导地方政府煤矿安全生产的监察工作。另外，煤监局有对全国煤矿安全生产信息进行统计分析的职责，并通过分析、制定重要措施来解决全国煤矿安全生产过程中的重大安全问题，对煤矿事故组织紧急救援并进行调查处理。

第三，国家安全生产应急救援指挥中心。国家安全生产应急救援指挥中心是安全监管总局下属的事业单位，由安委会办公室直接领导。国家安全生产应急救援指挥中心有参与拟定有关全国安全生产应急救援的法律法规的职责，负责制定全国安全生产的应急救援预案。除此之外，还要对全国安全生产应急救援重大信息进行分析处理，并及时发布预警信息，同时负责监督协调相关部门的应急救援工作。

第四，职业卫生监督管理。职业卫生监督管理隶属于卫生部执法监督司，其职责主要分为两个部分，卫生部门职责和安全监管部门职责。

（二）职业安全卫生管理体系

系统安全管理作为现代的安全工程理论和方法体系，是现代职业安全卫生管理的显著特征。应用系统安全管理的方法，可以从复杂的系统中比较迅速地找出危险源，通过采取安全措施防止安全事故发生，从而在一定范围内使系统达到最佳的安全程度。

职业安全卫生管理体系就是以实现系统安全为核心的、科学规范的管理体系，其目的就是确保系统安全，并向组织提出实现系统安全必须要达到的条件和相关要求。比如，一般把系统分为人、机、环境三个方面，想让这个系统稳定安全地运行，使这三者形成一个有机的整体，相互协调、稳定安全地运作，必然要对这三个方面分别提出相关要求，并找出与其相关的因素，这些相关要求和相关因素就是职业安全卫生管理体系所包含的内容。另外，这些要求和因素正是传统安全管理模式中所没有注重的，恰好弥补了"经验型""事后型"安全管理模式的不足。

二、职业安全卫生的监管方式与方法

（一）职业安全卫生的监管方式

推行职业安全卫生监督管理制度的主体是各级人民政府有关行政主管部门。落实职业安全卫生监督管理制度的目的就是排除安全生产过程中的隐患，减少安全事故的发生，规范经营单位和从业人员的行为，贯彻落实安全生产法律法规以及进一步完善安全生产法治建设，提高生产效率，推动生产技术的进步，以适应经济的发展，维护社会的稳定。

职业安全卫生监管方式主要受国家、工会和群众监督。其中，国家监督按照监督的性质可以分为行为监督和技术监督。行为监督是指对人的不安全行为的监督，规范从业人员的行为，避免进行不安全的操作，降低事故发生的概率，包括组织管理、规章制度建设、各级安全生产责任制的实施和员工教育培训等；技术监督则对专业技术有较高的要求，具有很强的专业性，往往是对物的不安全状况进行监督，经常要用到十分精确的数据进行分析处理，所以经常需要用专门的检测仪器得到精确的数据，或者让专门的检测机构提供精确的数据。技术监督多是从"本质安全"来解决问题，消除安全隐患是监督的重要内容。

国家监督还可以按照专业监督的角度划分，分为安全生产一般监督、安全生产专门监督和事故监督。安全生产一般监督通常采用不定期进行监察执法工作的形式，主要是进行常规的全面检查来监督企业日常生产经营活动，例如，对企业工作环境的卫生进行检查评估，或者进行全面的职业安全卫生的检查等；安全生产专门监督是针对特殊问题进行的监督；事故监督则是对突发伤亡事故调查处理的监督。

（二）职业安全卫生的监管方法

第一，现场监督检查。职业安全卫生的监管方法之一是通过现场监督检察来确保工作场所的安全和卫生条件符合法规和标准。相关政府机构和监管部门会定期派遣专业人员进行现场检查，评估工作场所的危险因素和防护措施，以确保员工的安全。这包括检查设备、工艺流程、劳动条件等，以便及时发现和纠正存在的问题。

第二，事故隐患排查治理。职业安全卫生监管还包括事故隐患的排查和治理。监管部门会要求企业进行定期的隐患排查，识别潜在的安全和卫生风险，并采取措施来消除或降低这些风险。这可以包括修复设备、改进工作流程、提供培训等。

第三，职业危害治理。监管机构会推动企业采取有效的措施来减少职业危害。这包括确保员工使用适当的个人防护装备，监测和控制化学物质、噪声、尘埃等职业危害源的暴露，以及提供职业健康检查和咨询。

第四，重大危险源监管监控。监管机构会特别关注那些被认为是重大危险源的工作场所，如化工厂、矿山、建筑工地等。这些地方可能存在更高的风险，监管机构会采取更严格的监管和监控措施，确保它们的运营符合高标准的安全要求，以防止严重事故的发生。

第五，严肃查处事故。当职业安全卫生事故发生时，监管机构会进行调查，追究责任，确保相关企业或个人承担法律责任。这有助于强调职业安全卫生的重要性，并对违规行为进行严肃处罚，以遏制类似事件的再次发生。

三、职业安全卫生管理的体制与机制

（一）职业安全卫生管理的体制

目前，我国现行的职业安全卫生管理体制体现了全面管理的原则，一方面，政府部门对生产企业进行监督管理；另一方面，政府部门进行协调指导，企业的职能机构和劳动者都要参与安全生产的过程中。它明确了国家、企业和劳动者之间的权利和义务，对劳动者的行为规范提出了具体的要求，同时加重企业在安全生产过程中的责任，保障了劳动者的相关权益，简化了管理，提高了企业效能。

企业负责是指企业在安全生产经营活动过程中出现的安全生产责任要由本企业承担。企业既是安全生产的主体，同时也是安全生产的具体实行者，因此，企业必须承担安全生产的责任和义务，健全企业安全管理的监督机制并贯彻落实，规范企业员工的不安全行为，减少安全隐患。

行业管理主要是指某些行业的主管部门，根据国家现有的政策、法律法规和行业标准对其负责的行业的安全生产进行指导、协调和监管。通过加强对行业所属企业的安全生产的监督管理，消除安全隐患，预防职业病和减少生产事故。

国家监察具有一定的独立性、公正性和权威性，国家监察部门根据中国现行的相关法律法规对全国的安全生产工作进行监察，有法可依、执法必严和违法必究是国家监察的首要职责。

群众监督主要是各级工会、社会团体和新闻媒体等依据国家相关法律法规对安全生产进行监督。其中，工会监督是群众监督的主要部分，工会在企业和员工之间，既要代表员工的利益，为员工争取更多的正当权益，根据国家法律法规的要求监督企业的安全生产；工会又要配合企业对员工进行安全知识教育，及时发现安全隐患，对安全生产中的问题提出整改意见，支持配合企业做好安全管理工作。

劳动者遵章守纪就是要求劳动者在劳动过程中，必须严格遵守安全操作规程。要"珍惜生命，爱护自己，勿忘安全"，广泛深入地开展"三不伤害"活动，自觉做到遵章守纪、遵纪守法，确保安全。

（二）职业安全卫生管理的机制

1. 安全生产的综合管理机制

安全生产监督管理是专项监管、行业监管和综合监管三重监管相互协调、共同作用的结果。任何一项安全生产工作都会受到三重监管，无论哪一项生产工作都要由相应的部门进行专项监管，也会受到所属行业的行业监管，同时，都能找到负责相应监管职责的政府部门对其进行综合监管。虽然三重监管在监管体制中的地位有所不同，但是三重监管都是不可或缺的。三重监管的作用不同，专项监管是基础，行业监管是保障，综合监管是督促。

2. 安全生产的激励与约束机制

激励是决定企业员工安全生产的主要因素之一，在激励机制中，企业可以通过加薪、升职等激励手段，将员工的目标与企业的目标有效地编织在一起，最大限度地使员工为企业的发展起到促进作用。一个合理的激励制度可以加强员工的集体意识，这也是一个企业的文化所在。但是一个企业不能只有激励制度，约束机制同样重要，约束能够促进企业更加规范，更有条理。企业内部应该明确财务管理分工，财务部门内部要实行自我监督，财务监督部门要对财务进行监督审查，将财务管理做到规范化、制度化。企业对员工的绩效考核不仅是一种约束制度，同样也是一种激励员工更加努力工作的方式。

3. 安全生产的教育培训机制

建立安全生产管理人员的教育培训机制，安全生产管理人员除了要通过安全生产管理知识考核，还要依法取得相关资格证，每年还要接受一定课时的安全培训；建立全员的安全教育培训机制，新员工入职之前必须要进行安全教育培训，老员工也要定期进行安全教育，生产新的产品或者更新设备之前都要进行必要的安全教育。安全教育培训要贯彻安全生产的始终，发现员工进行不规范操作时，监督管理人员要及时提醒并制止，以免事故发生。

4. 安全生产的设备管理机制

安全的生产环境和运转良好的生产设施是企业安全生产的基础，也是企业正常生产经营活动的保证。各种生产设备都要设有专门的负责人，对设备要进行定期的检查和维护保养，对重点安全设施应该予以优先处理，对于通过维护修理达不到安全要求的设备，要及时进行报废或更换处理。要避免操作人员对生产设备的违章操作，对员工人身安全有威胁的设备要进行及时维修，不能处理时应该做好记录上报有关部门，同时要制定出相应的防范措施，避免安全事故的发生。

5. 职业病的预防管理机制

建立完善职业病的预防管理机制，其目的就是为了加强职业危害防治管理，保障员工的职业健康，明确企业的职责，切实保障员工在劳动过程中的人身安全和合法权益。企业除了要加强对本企业职业危害防治制度的建设，提高职业危害防治的水平，还要贯彻实施，让职业危害防治落到实处；还要负责建立、健全公司员工的职业卫生档案和职业健康监护档案，定期组织员工进行体检；另外，企业相关部门要对有害因素进行预防性监测、日常监测的工作，并对作业场所进行定期的职业危害因素检测。

第三节　职业安全卫生管理的手段与方法

一、职业安全卫生管理的手段

（一）行政手段

职业安全卫生管理的行政手段就是建立合理的国家安全生产运行机制，即政府监管与指导、企业实施与保障、员工权益与自律、社会监督与参与和中介支持与服务的安全管理运行机制。

1. 坚持实用有效的管理原则

（1）生产与安全统一的原则。在安全生产过程中必须将安全放在第一位，保证生产的安全性，以安全促进生产，在考虑生产效益的同时也要考虑安全；在管工艺、管技术的时候要考虑工艺安全和技术安全；另外，要遵循"谁主管、谁负责"的原则。

（2）"三同时"原则。对于新建、改建和扩建的项目，在项目生产设施进行设计、施工、投产时，其安全设施也要设计、施工和投产。

（3）"五同时"原则。企业的生产工作和安全工作要同时进行计划、布置、检查、总结和评比，不能只重视生产工作而忽视安全工作。

（4）"三同步"原则。企业不能仅考虑发展经济、技术改造、机制改革，对企业安全生产工作也要同时规划、同时实施、同时投产。

（5）"四不放过"原则。发生安全事故之后，以下四种情况坚决不能放过：没有调查清楚事故原因；没有对责任人员进行处理；没有对事故责任人和周围群众进行教育；没有制定相应的事故整改措施或者措施没有落实。

（6）安全否决权原则。企业经营管理工作的好坏不能仅用产量或者销售业绩来衡量，安全工作也是一个十分重要的衡量标准。如果企业的安全生产指标都没有完成，那么企业其他指标的考核、评选也是没有意义的，因为安全生产指标具有一票否决的作用。

2. 安全管理制度

（1）安全生产责任制。根据基本的安全原则和安全生产法规对安全生产过程的各个环节实行层层负责的制度就是安全生产责任制。安全生产责任制是保障企业安全生产经营的最基本、最核心的安全管理制度，健全企业的安全生产责任制，不仅有利于改善员工工作条件，降低安全事故和职业病发生的概率，同时，也是促进贯彻落实国家安全生产的相关政策方针和劳动保护法规的一个重要手段。

（2）安全生产委员会制度。健全安全生产委员会制度，有利于指导协调企业的安全生产工作，解决安全生产工作中的重大问题，促进企业日常生产经营活动持续稳定的发展。

（3）安全审核制度。审核新建项目对生产设施和安全设施是否进行同时设计、施工、投产，定期对现有的工程项目进行安全审核，落实安全生产的制度、标准。

（4）事故报告制度。健全事故报告制度对一个企业有重要意义，不仅能够降低事故的损失，还能避免再次发生此类事故。安全生产事故发生之后，应该立即将事故的基本情况向主管部门报告，公司主管部门对于重大事故应当立即按照制度逐级上报，同时迅速采取措施进行救援。

（5）安全生产奖惩制度。安全生产奖惩制度是根据国家相关法律规定制定的，其目的是更好地贯彻国家安全生产的方针政策和法律法规，促进安全管理的各项规章制度的落实。根据"谁主管，谁负责；谁出问题，谁承担责任"的原则，可以根据情节的轻重对相关责任人进行相应的处罚，例如，书面检讨、通报全厂、停工反思和经济处罚等处罚手段。奖励可以根据实际情况实行精神奖励和物质奖励，物质奖励可以给员工发放奖金、奖品等，而精神奖励可以给员工授予荣誉称号。

（6）危险工作申请、审批制度。危险工作申请、审批制度是根据国家安全生产管理有关规定，为加强安全管理，保障员工的生命安全与健康特别制定的。危险作业人员进行危险作业需要有一定的专业技术，这是前提条件，有一定的实践操作经验则是完成危险作业的保障。危险作业人员在身体状况不好的时候是不能进行危险作业的，安全生产管理规定，有些危险工作禁止女工、老、弱、病、残人员作业，这也是出于对他们人身安全的考虑。一般情况下，要先提出进行危险作业的申请，经有关部门审核同意后才能进行危险作业。在抢险或处理紧急事故等特殊情况下，可以先进行危险作业暂不提出申请，但是事后要补办手续，由安全部门负责监督检查。

3. 安全检查

日常检查、定期检查、专业检查和不定期检查是企业常见的安全检查的四个部分，都是发现危险因素、预防安全事故的重要手段，采取有效措施消除安全隐患，以保证企业的安全生产。因此，无论进行哪一种安全检查工作，都要本着"边检查、边整改"的原则，贯彻落实企业安全检查的标准，积极认真地进行安全检查工作。

（二）法律手段

第一，建立系统、全面的法规体系。建立系统、全面的法规体系，不仅有利于解决目前职业安全卫生在立法工作中的诸多问题，还对明确有关部门的职责，使各级各类法规规范化有很大的帮助。除此之外，这也是政府监督企业安全生产的法律依据，能够有效地保障劳动者的合法权益，理顺劳动保护法规之间的关系。安全法制管理就是根据现有的法律法规，利用法制的手段对企业安全生产的各个环节进行安全生产的监督管理。

第二，实施国家强制的安全生产许可制度。建立政府许可的执法机构执行国家安全监督、监察机制，贯彻国家安全生产法律法规。国家对企业进行监督管理，一般是采用行为监察和技术监察两种方式保证企业安全生产落到实处。另外，对于某些重要或者比较危险的岗位，国家则实行许可证制度和职业资格制度，例如，特种作业人员、高危行业的厂长经理（负责人）和安全生产的专管人员。

第三，建立两结合的政府监督体制。中国现阶段所实施的是由国家安全生产综合监督与各级政府有关职能部门专项监管相结合的安全监管体制。中国安全生产的执法主体是安全生产综合管理部门和相应的专门监督部门（公安消防、公安交通、煤矿监察、建筑、交通运输、质量技术监督和工商行政管理），各个部门合理分工、相互协调，共同对中国的安全生产工作进行监督管理。

（三）经济手段

第一，合理的安全经济手段。合理地调整生产设施和安全设施投入的比例，重视安全投资结构的关系，保证用于安全措施和员工个人防护用品的费用；合理地调整用于预防安全事故、职业病的费用，以及用于处理事故和进行整改的费用；调整企业硬件设施和企业安全文化的投入比例等。

第二，参与保险。保险是进行风险转移的常规手段，参与保险能够有效降低事故损失，起到风险分散的作用。

第三，经济惩罚制度。制定完善的违章和事故罚款制度，对于违章的员工采取相应的经济处罚措施，处罚的力度可以随违章次数的增加而增加。

第四，风险抵押制度。推行安全生产抵押金制度，在项目动工之前由项目承包者交纳一定的安全抵押（保证）金，在项目完成之后进行评估处理。

第五，安全经济激励（奖励）制度。建立一个与工资挂钩的安全奖励制度，对于在一定期限内没有违章操作的员工给予一定的奖励，以激励和促进安全生产工作。

（四）文化手段

对职业安全与卫生管理的文化手段有狭义和广义两种理解。狭义的理解，主要是指有关职业安全卫生的宣传、教育、文艺等文教手段。广义的理解，指对于建立和改善员工职业安全卫生意识和行为有促进作用的手段，都是职业安全卫生管理的文化手段。

企业文化的重要组成部分就是企业安全文化，企业通过对工作的总结和对其他优秀企业借鉴等方式，对如何预防各种常见的安全事故和职业病，形成一套专属于本企业的思想理念和工作方法。让全体员工有共同的安全目标和价值标准，共同遵守企业的规章制度，营造出良好的企业安全文化氛围。

职业安全卫生管理的文化活动形式有以下四种：

第一，"三个第一"。开年的第一个大会是"安全大会"，第一个文件是"安全文件"，第一项活动是"安全宣教"。以会议、广播电视宣传和组织员工学习等方式强调安全的重要性，提醒员工在工作中要把安全放在第一位，为全年的安全生产工作开好头。

第二，"三个一"工程。车间一套挂图，厂区一幅图标，每周一场录像。用宣传挂图、标志实物建设，组织员工一起观看安全录像片等方式增强员工的安全意识，增长安全知识。

第三，标志建设。警告标志、指令标志、禁止标志。在员工作业的地方，设置各种标志，用来警示提醒员工，潜移默化地提高员工的安全意识，避免安全生产事故的发生。

第四，宣传墙报。在企业专门的宣传栏，宣传各种安全常识、安全事故教训，在楼梯的台阶上面贴安全宣传标语等，时刻提醒员工把安全作为第一要义。

除了以上方法外，企业还可组织开展安全知识竞赛、有关安全生产的演讲比赛、安全专场晚会、班组安全建设"小家"开办安全警告会、现场安全正计时、安全汇报会和安全庆功会等。

二、职业安全卫生管理的方法

安全检查表法、"手指口述"安全确认法、检修"ABC"法和无隐患管理法是职业安全卫生管理常用的方法，通过这四种常用的方法，企业能够有效找出安全隐患，规避风险。

（一）安全检查表法

在安全检查的过程中，安全检查表运用十分广泛，是安全系统中最初步、最基本的一种形式。安全检查表是进行安全检查的比较有效的工具，对于发现企业在安全生产中的潜在危险有很大作用。除此之外，安全检查表法不仅能够监督落实安全法律法规，对加强企业安全管理，也是一种最通用的安全评价方法，被广泛应用于系统的各个阶段以及事故调查过程。

安全检查表法将要检查的项目编制成表格的形式，在进行安全检查时用表格对照检查，在检查项目系统性和完整性时，很少会遗漏导致危险的关键因素，这是安全检查表法能够保证安全检查质量的原因。另外，安全检查表采用提问的方式，让被检查人回答问题，能够让被检查的人员知道正确的作业方法和规范的操作步骤等，从而起到安全教育的作用。在编制安全检查表的时候，会对系统进行一个全面、完整的安全分析，因此，使检查人员对系统有一个更加深刻的认识，更加有利于发现系统的危险因素，排除安全隐患。

（二）"手指口述"安全确认法

"手指口述"安全确认方法是从日本引进的，通过手指、口述的方式确定作业的关键位置，达到准确规范操作的目的，在进行作业时运用这种方法还有集中注意力的效果。由于这种安全确认法简单易学，适用操作性强，因而广泛应用于矿山等危险性较大的行业，起到安全确认的作用，提高工作效率。

具体来说，就是用精练易记的词语将操作规范和注意事项都概括进去，员工在作业开始之前，先用"手指口述"的方法对关键部位进行确认，防止在作业时出现判断和操作上的失误。让员工在具体操作前，用心想、眼看、手指、口述的方式进行岗位描述，确认操作规范、注意事项以及工作环境的安全状况；让员工在工作中经常口述安全操作的步骤，使员工潜移默化地熟悉安全操作，形成良好规范的操作习惯，达到提高安全意识和操作技能的目的，减少操作失误，降低安全事故发生概率。

（三）检修"ABC"法

企业在定期的大、小检修时，检修的时间比较短，检修项目和交叉作业比较多，情况比较复杂，会给检修工作带来一定的难度。为了确保安全检修，企业一般会利用检修"ABC"法，将要检修的项目分为 A，B，C 三类，把重点管理项目分为 A 类，一般管理项目分为 B 类，次要的管理项目分为 C 类，实行三级管理控制。利用检修"ABC"法可以对企业检修时纷乱复杂的项目进行分类，突出重点，提高检修效率，避免检修点遗漏。

（四）无隐患管理法

无隐患管理法是建立在现代事故金字塔认识基础之上的，想要消除安全事故必须要从消除安全隐患入手，因为任何安全事故都是在隐患的基础上发展起来的。企业要用无隐患管理法对企业进行安全管理，就要解决对隐患的识别、分类、分级、检测、统计和分析等技术问题。企业在日常生产经营过程中利用无隐患管理法进行安全管理，对安全生产过程中出现的隐患，采取措施进行有效的治理，消除安全隐患，才能实现预防事故的目的。

第四节　职业安全与卫生事故的管理与预防

一、职业安全事故及其预防

（一）职业安全事故的类型

为了对事故进行科学系统的研究，探索事故发生的规律并掌握预防措施，需要对事故进行分类。事故根据不同的分类方法可以分为以下类型：

1. 根据事故的属性分类

根据事故的属性可以将事故分为自然事故和人为事故。

（1）自然事故，简而言之就是由自然灾害造成的事故。比如，地震、旱灾、大风、冰雹和强降雨引发的洪水等所造成的事故。目前，我们对这类事故还不能采取一定的手段防止它们的发生，我们能做的只有通过现有的科学技术预测并尽量减轻事故所造成的破坏和损失。

（2）人为事故，顾名思义是指由人为因素造成的事故。人为事故是能够通过一系列的手段预防的。

2. 根据人员伤亡情况分类

按照事故中人员的伤亡情况，可以将事故分为伤亡事故和一般事故。

（1）伤亡事故是指发生在企业日常经营管理中的，直接或间接关系到企业管理、劳动环境、工作条件和厂房装置等内容，与工作人员意志相违背的急性中毒、人身伤害等事故。其中，在生产区域内所发生的伤亡事故称为工伤事故。按照受伤程度，可以把事故归为三类，依照从轻到重的顺序依次是：轻伤、重伤和死亡。

（2）一般事故是指受伤轻微或者人身没有受到伤害的事故。没有造成人员伤亡的事故通常又被称为无伤害事故或者是未遂事故。

（二）职业安全事故的特性及原因

1. 职业安全事故的特性

（1）普遍性。各种各样的危险广泛存在于自然界中，人类生产生活中也有各种危险。各种危险和可能性的存在使事故具有了普遍性。安全事故在人们身边普遍存在。

（2）突发性。突发性是事故的又一特性。我们很难知道事故在什么时候、什么地点、以怎样的形式、怎样的规模发生，包括如果事故发生以后会带来怎样的后果都是不能确定的。

（3）客观存在性。自然界的一切事物是客观存在的，包括事故。所以说客观性是事故的又一大特性，并且事故是绝对存在的。人们在生产生活中采取一定的措施预防事故，只能延长事故发生的时间间隔，降低事故发生的概率，尽量减少事故带来的损失，但并不能杜绝事故的发生，让事故不复存在。

（4）因果性。万事万物都是有因有果，因果相连的，事故也一样。人们只有在生活中充分了解可能的潜在危险因素，才能尽可能地规避事故风险。

（5）隐蔽性。隐蔽性是事故的又一大特性，隐蔽性又叫潜伏性，是指事故在未发生或未造成后果之时，是不会显现出来的，好像一切都处于"正常"状态，人们很难发现它的存在。

（6）可预防性。事故虽然具有客观存在性，使我们并不能完全杜绝事故的发生，但从事故预防的角度来说，可以事先采取措施进行控制和预防，最大限度地防止危险因素转化成事故，从而减少事故的发生。因此，事故具有可预防性。

2. 职业安全事故的原因

发生事故的原因归纳起来有三点，分别是：人的不安全行为、物的不安全状态以及危险的环境和管理缺陷。其中，前两者是导致事故发生的直接原因和主要原因，而管理缺陷是事故发生的间接原因。这三个原因共同导致了事故的发生，并带来一定的事故后果。

（1）人的不安全行为。人的不正确的态度、缺乏知识或操作不熟练和身体状况不佳等，是造成人的不安全行为的主要原因。人所做出的不安全行为分为意向和非意向两种。非意向行为包括疏忽和遗忘，而意向行为包括错误和违章。

（2）物的不安全状态。不安全状态包括机器设备、作业环境等潜在危险，是直接导致事故发生的物质或物体条件。这里所说的不安全状态特别强调物的不安全状态。不安全状态存在于起因物之上，描述了起因物的重要特征，可以说，起因物与物的不安全状态共存，即有前者就有后者，无前者亦无后者，反之亦然。

（3）管理缺陷。管理缺陷包括三个方面：①对物的管理。包括：技艺、设计、结构上的欠缺，工作现场、工作条件的安排或装置不合理等缺陷，缺乏防护用品或防护用品有缺陷等。②对人的管理。即教育、培训、指导、对工作任务和员工的分配与设置等方面的欠缺，以及领导者的责任心不强等。③对工作流程、工艺流程、操作规程和办法等的管理，有关职业安全事故的防范措施、安全监察以及安全检查等方面存在的问题。

（三）职业安全事故的报告与处理

1. 职业安全事故的报告

"逐级汇报，分级处理"是中国职业安全报告的一项基本原则。当发生安全伤亡事故时，这一基本原则被广泛应用，使事故报告工作有条不紊地进行。任何单位及个人不得迟报、漏报、谎报或者瞒报安全事故，要认真做到安全事故报告"及时、准确、完整"，并严格做到实事求是。报告的过程应该十分迅速，调查时也应该事无巨细，查清缘由、现场情况、事故性质和事故过程。划分事故责任便于总结事故的经验和教训，发生安全事故的部门应及时对此次事故的经验教训做出深刻的总结，并认真提出相应的整改措施，追究此次事故相关责任人的具体责任也是必不可少的一步。

事故发生后，事故现场的有关员工应当立刻向本单位相关负责人报告，不得迟报、虚报、漏报；相关负责人在收到报告之后，务必于1小时内向事故发生地县级以上安全生产监管部门，以及对此事故负有安全监管责任的相关部门报告。如遇现场事故情况十万火急，在场相关负责管理人员可以越级直接向发生事故所在地县级以上安全生产监管部门以及对此事故负有安全监管责任的相关部门报告。

安全生产监督检查组织和担任安全监管责任的有关部门在接到事故报告后，必须遵守以下流程对事故进行详细报告，并同时通知国家司法机关、劳动保障行政部门、企业员工代表工会。

（1）重大事故以上事故必须向国务院安全生产监管部门以及负有安全监管责任的相关部门逐层逐级报告。

（2）较大事故分级报告到所在省、自治区、直辖市政府安全生产监管部门以及负有安全生产监管责任的相关部门。

（3）一般事故应向设区的市级政府安全生产监管部门和负有安全生产监督管理责任的有关部门上报。

安全生产监督管理部门和负有安全生产监管责任的有关部门应该按照上述要求进行汇报，本级政府也在报告范围内。国务院安全生产监督管理部门和负有安全生产监管责任的有关部门以及省级政府收到发生特别重大事故、重大事故的汇报后，应该立刻报告国务院。在有特别重要情形或者十分有需要时，越级汇报也被允许。相关部门包括安全生产监管部门和负有安全生产监管责任的有关部门可以及时向上级汇报事故现场情况或者相关重要情况。

2. 职业安全事故的处理

职业安全事故的处理包括四个方面的工作，分别是：事故抢险应急现场处理工作、善后处理工作、事故调查工作和事故结案追责整改落实工作。

（1）事故抢险应急现场处理工作。事故抢险应急现场处理工作是职业安全事故发生后的首要工作，主要包括：领导人员对事故现场的指挥与控制工作，预警与公共防护工作，抢险与险源的控制工作，维护公共安全，保障社会的稳定，现场恢复与洗消工作等。

（2）善后处理工作。善后处理工作主要包括：对事故过程中受伤者的治疗工作，对事故过程中遇难者的遗体处理工作，对家属心理方面的安抚工作，经济方面的抚恤赔偿工作等。事故发生以后，认真吸取本次事故的教训是事故发生单位应该首先考虑的。落实防范以及提出相应的整改措施也是应该重点关注的。与此同时，工会以及员工代表大会对安全事故的防范工作进行实时监督。

（3）事故调查工作。事故调查工作在安全事故处理工作中担任着十分重要的作用，主要包括：组织调查组、调查取证工作、原因剖析、撰写报告、调查组成员签名以及材料存档等工作。

（4）事故结案工作以及追责整改落实工作。事故结案工作和追责整改落实工作包括：结案批复工作、刑事责任的追究、行政处分及处罚、关于事故的相关整改措施的订立；等等。

（四） 职业安全事故的预防

事故调查分析的最终目的是防止安全事故再次发生，所以事故调查人员需根据事故发生的原因和责任制定相应的事故预防措施。

从管理的角度看，导致事故发生的根本原因是没有做好事故的预防措施，没有防患于未然的意识，没有将事故的隐患扼杀在萌芽状态。一旦事故发生，其造成的后果只能靠及时的救援来尽量减少损失。所以采用适当的预防措施是预防事故发生的根本以及直接方法。事故的预防工作是安全生产管理工作中的重中之重，同时也是安全管理的指导方针。

安全生产管理工作的对象包括：人、财、物。其中，人的因素是最重要的因素，人的因素也就是人的不安全行为。所以说，事故预防措施中最关键的一环是对人的不安全行为的管理。从财的角度预防事故的发生的将经费用于增加安全保护措施、更换淘汰落后的设备设施等。而从物的角度看，就是根据物的不安全状态对事故采取预防措施。

1. 从人的角度预防

从人的角度看，有以下六种具体的预防措施。

（1） 职业适应性检查。通过设计专门的适应性检查项目，从生理、心理等方面查找出不适合该职业的人员，从根源上杜绝人的不安全行为。

（2） 人员合理的选拔、调配。让不同素质的人从事与自己能力相适应的工作，发挥每个人的最大潜能。

（3） 积极开展形式多样的安全知识普及宣传活动。通过各种各样的安全知识宣传活动，让每个员工明确安全生产对于自身安全的重要性。例如，开展安全知识教育、安全技能培训、安全知识考核等。

（4） 完善安全生产制度。安全生产制度的完善有利于管理的实施，这些制度主要有：设备管理制度、安全操作制度、安全生产教育制度、安全生产检查制度、事故管理制度、安全生产奖惩制度、安全管理制度和安全生产责任制等。

（5） 落实安全生产责任制。安全生产责任制是安全生产规章制度中最为重要的制度，或称核心制度。其通过确定责任的方式强化了人的主观能动性，让每位员工认识到自身责任所在，有效地督促每个人安全有效地完成工作。

（6） 开展各种安全生产竞赛评比和奖惩。通过竞赛评比的方式加强员工安全生产的积极性，用经济奖惩调动每个人的主动性和积极性。

2. 从物的角度预防

从机器设备的角度看，职业安全事故预防措施主要有以下四个方面。

（1）选择购买高性能、高质量的机器设备，这不仅可以提高工作效率，还能在很大程度上预防事故的发生。质量可靠的设备通常具有更高的安全性能，因此投资于先进的技术和可靠的制造商是一个有效的预防措施。

（2）采取适当的安全防护措施。安全防护措施主要包括：隔离、屏蔽和连锁等技术。隔离和屏蔽是指可能发生事故的环节与其他部分，特别是与人构成一种隔离装置或者屏障，目的是一旦事故发生，可以起到保护作用。连锁技术是指系统中一个环节出现故障以后，其他环节能够相应调整状态，避免事故扩大。

（3）及时检测机器设备并进行维修保养也是不可忽视的一环。定期的检测可以发现潜在的问题，并在事故发生之前采取必要的维修措施。这样可以保证设备的稳定性和安全性。

（4）更换淘汰落后的机器设备也是一项关键的措施。随着技术的不断发展，新一代的设备往往具有更先进的安全功能和更高的效率。及时淘汰老旧设备，更新为符合最新安全标准的机器，有助于降低事故的风险。

二、职业安全卫生事故急救与防护

（一）职业伤害急救

1. 人工呼吸

当人发生触电、溺水、自缢、中毒和心脏病或癫痫发作时，很可能会导致呼吸停止，此时如果及时进行人工呼吸，对伤者进行迅速抢救，挽回生命的可能性将提高。人工呼吸是为了恢复呼吸从而利用外部条件帮助伤者进行气体交换的一种伤害急救技术。

进行人工呼吸的操作为：①将病人的口腔、鼻腔里的泥、痰等废物彻底清除，其目的是使人工呼吸能够顺畅。②为防止受伤者胸部等受到压迫，应解开其衣领、内衣、裤带和乳罩等衣物。③为了防止伤者舌头后缩阻碍呼吸，应将患者舌头拉出，并使其平卧，方便正确操作。④进一步对患者的其他部位（胸部、背部、腿部等）进行检查，看是否有骨折或受伤；若伤者为女性，则应查明是否有身孕，如有，应选择适当姿势，防止对孕妇或胎儿造成伤害。⑤通常的伤者应尽可能地就近做人工呼吸，尽可能少移动伤者，避免对伤者再次造成不必要的伤害，但住房坍塌或病人处在有毒气体条件下除外。

2. 止血技术

在面对失血的紧急情况下，及时有效的止血技术显得尤为重要。为了最大限度地保护伤者的生命健康，需要了解不同情况下的止血方法。

（1）针对急性失血，最迫切的任务是迅速止血，防止失血过多导致休克。紧急情况下可采用简单而直接的方法，如使用止血带。将止血带绑在失血部位，调整紧度，减缓或停止血流。然而，这种方法需要谨慎，过紧的止血带可能导致其他问题，如组织缺血。因此，在紧急情况下使用止血带时，务必掌握正确的使用方法。

（2）对于慢性失血，虽然不如急性失血那样迫切，但也需要及时干预。在这种情况下，可以考虑采用药物或手术等更综合的方法。医务人员应根据伤者的具体情况制订合理的治疗方案，以最小化健康风险。

无论是急性失血还是慢性失血，都需要重视伤者的整体健康状况。在实施止血措施的同时，及时寻求专业医疗帮助也是至关重要的。医生可以根据具体情况调整治疗方案，确保伤者得到最佳的救治。

在面对失血的紧急情况时，我们更应该注重预防。提高公众的急救意识，培养更多的急救人才，将急救技能普及到更广泛的社会范围，都是减少失血危险的有效手段。通过这样的努力，我们可以更好地保护每一个人的生命安全。

3. 触电救治

遇到触电的伤员，在救治时应注意以下事项。

（1）做到"一切二拉三谨慎"。发现有人触电后，应将电源切断，然后立即拉下电闸，或者用绝缘体（不导电的竹、木棍）将导电体与触电者分开。在未切断电源或触电者未脱离电源时，切不可触摸触电者。

（2）特殊地点莫大意。在一些特殊地点，比如，浴室或者刚下过雨的室外等潮湿的地方，救护人员一定不要大意，一定要确保自己的安全，救护人员应该穿绝缘胶鞋，戴胶皮手套或站在干燥木板上。

（3）检查呼吸心跳。一旦确保安全，立即检查触电者的呼吸和心跳。如果触电者没有呼吸或心跳，立即进行心肺复苏（CPR）。如果不熟悉 CPR 程序，尽早呼叫急救人员。

在救治触电伤员时，安全至上，紧急情况下要保持冷静，按照正确的程序进行救治，确保自己和触电者的安全。

4. 火灾烧伤

（1）采取现场急救措施。将伤者立即移开，远离火源，避免继续烧伤，并立即对伤者进行伤口处理，防止烧伤处被污染和感染；清除口中异物，包括假牙等，并解开伤者衣领，保持呼吸道畅通，避免导致休克窒息。对烧伤部位进行保护，避免其他污染物感染创口；立即远离温度高的地方，采取用水冲淋等方式对温度高的部位进行降温；一定要防止伤者再次受到伤害，对于伤者的烧伤部位应立即将衣物剪开或撕开，千万不可强行触碰伤口进行剥脱。对伤者进行搬运时，应使受伤部位朝上，避免受到挤压或摩擦碰撞；同时，应尽量减少沾染，应用干净的被单或衣物对伤口进行初步的包扎和处理。

（2）镇静止痛。安慰和鼓励患者，使其情绪稳定，勿惊恐，勿烦躁；适当使用止痛药物，烧伤部位在手或者脚上，应立即用冷水冲洗来减轻痛苦。

（3）呼吸道护理。当出现呼吸道烧伤，甚至出现休克、昏迷等症状，应该使伤者平卧，进行抗休克急救。一定不要使用枕头，让伤者尽可能保持呼吸顺通。同时，将伤者的腿和脚抬高约30度，并且尽可能不要搬动或者移动伤者；在有条件的情况下，可以对伤者输入氧气，来保证伤者呼吸的畅通。

（4）骨折。对于出现骨折的伤者，采用比较容易取得的用于固定的材料，比如，树枝、坚固的木棍等，同时，切忌挪动或者搬移骨折的伤者。搬运骨折的伤者一定不要用力过猛，以免造成伤者再次受伤，最好多人缓慢地平托伤者。运送骨折的伤者应该使用硬质的材料，比如，木板或者门板等。

（5）除上述处理方法之外，如有化学药品损伤，应将未粘连在身体上的异物彻底清除，并对沾有化学药品的皮肤进行冲洗，最好使用大量清水。如果伤口上的衣物不能脱下，应该用干净毛巾遮盖住伤口；如异物进入眼睛，应立即用干净的水冲洗双眼。

5. 职业中毒急救

职业中毒是指在劳动生产环境中，由工业有毒物质引起的劳动者中毒的现象。职业中毒分为职业中毒的局部表现和职业中毒的全身表现。职业中毒对皮肤黏膜的刺激为对身体局部作用的表现，而对身体除接触部位以外的其他任何损伤则为对全身的表现。

（1）现场抢救，立即使患者停止接触毒物，尽快将其移至空气流通处，保持呼吸畅通。衣物或皮肤若被污染，必须将衣服脱下，用清水洗净皮肤。如出现休克、呼吸表浅或停止，心脏停搏等，立即进行紧急抢救（具体措施与内科急救原则相同）。

（2）防止毒物继续吸收。患者到达医院后，应重点详细检查，需要冲洗的要重复冲洗，吸入气体中毒时，可给予吸氧，加速毒物经呼吸道排出。如，中毒物是经口腔进入，应尽早催吐、洗胃及导泻。

（3）加速排出或中和已进入肌体的毒物。许多化学物中毒可采用热透析疗法，使其通过透析膜而排出体外。对严重中毒性溶血患者可考虑换血疗法，但必须慎重。吸入氯气中毒时，可采用雾化吸入，综合形成的盐酸，以减轻对肺组织的毒性损伤。

（二）个人防护用品

个人防护措施也是综合防毒措施之一，而个人防护用品在个人防护中起绝对性的保护作用。皮肤保护主要依靠个人防护装备，如服装、帽子、鞋子、手套、口罩和眼镜等，这些保护设备可以避免有毒物质与皮肤接触。对于外漏的皮肤应涂皮肤防护剂等。由于工种的不同，个人防护用品的性能也随着工种的不同有所区别。操作者应根据需要穿适当的服装进行工作。对于裸露的皮肤，应根据接触的不同物质选用合适的皮肤防护剂。

由于防护用品较多，本书只介绍常用的呼吸防护设备。呼吸防护设备，可以分成两类：过滤式防护口罩和隔离式防护口罩。

1. 过滤式呼吸防护用品

过滤式口罩主要包括：防尘口罩、防毒口罩、过滤式防毒面具等。过滤式口罩的防护原理是在夹层内添加过滤气体的材料吸收有毒、有害物质，使污染的大气经材料净化后成为清新的空气。

（1）防尘口罩。过滤材料主要为纱布、非织造布和超细纤维材料，对于空气中粒状的有毒、有害物质有过滤作用。其中，不含超细纤维材料的普通防尘口罩只有防护较大颗粒灰尘的作用，一般经清洗、消毒后可以重复使用，降低了使用成本。含超细纤维材料的防尘口罩因为有超细纤维材料，不但可以滤除较大颗粒的粉尘，也可以滤除有毒有害气溶胶，其防护能力优于普通的防尘口罩。由超细纤维材料构成的防尘口罩多为一次性产品。防尘口罩有三大类：①平面型，我们日常使用的口罩就是这类；②半固体式，形状类似于鸭嘴，可以折叠；③立体式，比如，半面罩，有立体感。考虑到密封的效果和安全性，固体、半固体密封效果好，安全性高，平面次之。防尘口罩适用的领域包括：医疗、电子工业、食品工业、美容护理和清洁等。

（2）防毒口罩。防毒口罩主要由超细纤维材料和活性炭纤维吸附材料构成。超细纤维材料能够滤除包括有毒有害的溶胶，活性炭、活性炭纤维吸附材料用于去除水蒸气和气体。和防尘口罩相比，不仅能够滤除大颗粒尘埃和气溶胶，同时还能滤除有害气体和蒸汽。

（3）过滤式防毒面具。过滤式防毒面具主要由超细纤维材料和活性炭、活性炭纤维等构成。包括过滤器、滤芯盒两部分，面罩和过滤器元件通过气管直接连接，如直接式防毒面具。从保护对象考虑，它与防毒口罩具有类似的保护功能，可以防止灰尘、气溶胶等大颗粒物质，也可以防止有毒气体。过滤式防毒面具具有更加安全可靠的特性，因为它能够将浓度范围更宽的有害气体和蒸汽过滤掉，并且高效保护。此外，从受保护的部分看，除了可以保护面部呼吸器官（嘴、鼻子），还可以直接保护眼睛和面部皮肤免受有毒有害物质侵袭。过滤式防毒面具的密封效果更好，具有更高的和更安全的保护效能。

2. 隔绝式呼吸防护用品

隔绝式呼吸防护用品是基于分离原理，使工作人员的呼吸器官、眼睛和脸与外部污染的空气相隔离，依靠自己的气源通过导气管为工作人员提供呼吸所需要的气体，是保障工作人员正常呼吸的设备，也被称为隔离面罩。

（1）氧气呼吸器。氧气呼吸器也被称为氧气面罩，携带压缩式氧气钢瓶。由于呼出的气体需要排出，因此可分为开路和闭路呼吸器两类。前者呼出气体直接通过呼气阀排放到外面，为了安全，目前这种氧气呼吸器已经很少使用。闭路氧气呼吸器是呼出气体不排到外面，使用时打开供气阀门，氧气经调节器进入呼吸室，再通过软管进入面罩供工作人员呼吸；呼出的气体通过呼气阀，经软管进入清洗槽，消除呼出气体中的二氧化碳，剩余气体和新鲜的氧气在钢瓶中混合并可用于循环呼吸。由于二氧化碳过滤过程中会发生化学反应，放出大量热量，为了保证呼吸舒适，在气路装置中设有气体冷却装置如冷却箱等。氧气呼吸器对于污染严重、充满有毒有害的气体，或者气体的类型不明确或缺氧的恶劣工作场合很适用。其主要应用领域包括：矿山救护、抢险救灾、石化、冶金、航天、船舶、国防、核工业、城建、实验室、地铁和医疗卫生等。

（2）空气呼吸器。空气呼吸器也称为防毒面具或消防面具。以压缩气体钢瓶为气源，根据呼吸过程中面罩内的气压和环境压力的差别，可以分为正压式和外压式两种。一般来说，让面罩内保持正压，会使过程更加安全，并且正压式使用更为广泛。对于正压式呼吸器，使用时先打开气瓶阀，空气经减压器、供气阀，再由导管进入面罩供工作人员呼吸，呼出的气体直接经呼气阀排放。它不需要处理呼出的气体，所以使用相对简便。空气呼吸器的防护时间与呼吸器的型号密切相关，一般的工作时间为 30~360 分钟。整体来说，氧气呼吸器的时间稍长于空气呼吸器。空气呼吸器主要用于消防人员和其他相关人员在火灾现场处理有害物质泄漏、浓烟、氧气稀缺，以及其他恶劣的工作现场的消防侦查、消防、救援和救灾。此外，还可用于重工业、航运、航空、自来水厂和污水处理厂、石油和天然气开采加工、石油化工、化工、环保和军事等领域。

（3）生氧呼吸器。生氧呼吸器也称为氧气面罩，是用人呼出的二氧化碳和水蒸气与含有大量的氧气发生剂反应生成氧气，在一个封闭的循环呼吸器中通过反应补充氧气、净化呼出气体。氧气呼吸器主要包括制氧系统（氧气发生器、起动和应急装置）、冷却系统（冷却管，冷却加湿器）、存储设备（储物袋和排气阀）、保护外壳和背具。其中，制氧系统是氧气面罩的重要组成部分，充满了超氧化钾、超氧化物等产氧剂，这种碱性氧化物与二氧化碳反应生成氧气。由于这个反应发热，所以我们需要冷却装置，从而给周围温度较高的空气降温。使用时，呼出的气体经过呼吸阀，进入氧气生成罐，二氧化碳发生反应生成氧气，将净化的气体供工作人员呼吸。生氧呼吸器工作时间比氧气呼吸器和空气呼吸器的工作时间都短，大约为30~60分钟，这也是生氧呼吸器相对于其他两种的优点之一。生氧呼吸器应用于：火灾、矿山救护和煤气泄漏等环境。

参考文献

[1] 曹丽美，韩庆东，贺婧芝，等. 国有企业一线员工职业生涯规划 [J]. 现代企业文化，2022（28）：134-136.

[2] 陈大为. 谈做好职业健康安全事故防范 [J]. 河南建材，2013（1）：58-59.

[3] 邓海刚. 浅析企业政工工作在企业文化建设中的引导和督促作用 [J]. 中外企业文化，2023（2）：133-135.

[4] 丁琳. 新形势下国企政工工作的职能定位与模式创新探研 [J]. 中外企业文化，2023（7）：136-138.

[5] 耿瑞娇. 加强员工队伍建设 塑造企业良好形象 [J]. 企业改革与管理，2016（6）：162.

[6] 郭利荣. 人力资源管理在新员工职业生涯规划中的导向作用 [J]. 金融客，2023（4）：49-51.

[7] 康继光，唐斌杰. 职业安全与健康领导力评估研究 [J]. 劳动保护，2023（9）：62-63.

[8] 雷盟. 新时期国企政工工作职能定位与模式创新研究 [J]. 兵团工运，2023（4）：29-30.

[9] 李保刚. 守护劳动者的职业安全 [J]. 中国社会保障，2022（10）：71.

[10] 李金亮，杨芳，周欣. 大学生职业生涯规划 [M]. 长沙：湖南教育出版社，2019.

[11] 李晶晶. 新媒体视域下的企业政工工作路径探究 [J]. 中小企业管理与科技（上旬刊），2021（2）：102-103.

[12] 李静. 大数据时代下事业单位政工工作的创新策略分析 [J]. 国际公关，2020（8）：208-209.

[13] 李娜. 大数据时代高等教育规范化管理研究 [M]. 北京：中国纺织出版社，2019.

[14] 李雯，黄凯. 基于企业文化的企业政工工作创新 [J]. 现代企业文化，2022（24）：10-12.

[15] 李晓丹，夏欧东. 意外伤害院外急救现状与急救医学人才培养［J］. 中华医学教育探索杂志，2014，13（3）：227-230.

[16] 刘琦. 我国职业安全卫生劳资合作法律路径浅析［J］. 阜阳职业技术学院学报，2015，26（3）：68-70.

[17] 芦海英. 新时期企业政工工作面临的挑战及解决方案［J］. 采写编，2021（7）：96-97.

[18] 罗祥远，孙菲，杨海涛. 课程思政融入职业培训体系建设的探索与实践［J］. 北京工业职业技术学院学报，2023，22（）：76-79.

[19] 马瑞. 如何结合职业生涯规划与教育培训培养青年人才［J］. 人力资源，2023（10）：24-25.

[20] 苗雪莲. 新媒体视域下的企业政工工作路径［J］. 现代企业文化，2022（34）：65-67.

[21] 倪雄飞. 促进小微企业加强职业安全卫生保障的措施［J］. 社科纵横，2015，30（10）：43-46.

[22] 王国亮. 企业政工工作与人力资源管理的问题探究［J］. 现代企业文化，2023（7）：148-150.

[23] 王晶晶. 企业政工工作对促进企业发展的作用［J］. 现代企业文化，2022（36）：64-66.

[24] 王俐之. 企业文化引领国企政工工作的创新对策［J］. 现代企业文化，2022（30）：13-15.

[25] 王迎春，贾旻，高慧文. 我国公共职业培训的现实样态、评估模型及提升策略［J］. 中国成人教育，2023（4）：10-16.

[26] 王勇. 企业政工工作与人力资源管理的有效融合［J］. 现代企业文化，2023（16）：125-128.

[27] 韦纬中. 大数据时代企业思想政治工作的开展策略［J］. 办公室业务，2021（05）：58-59.

[28] 鲜于杉. 企业政工工作与企业文化建设的融合路径［J］. 现代企业文化，2022（25）：10-12.

[29] 邢扬. 机构改革背景下职业安全卫生未来发展［J］. 职业与健康，2019，35（18）：2579-2582.

[30] 徐宁. 企业经济管理与政工工作共同发展的有效性研究［J］. 活力，2023，41

（16）：124-126.

[31] 薛峰. 新时期企业政工工作面临的挑战与创新［J］. 现代企业，2022（2）：101-102.

[32] 薛强. 新时代企业政工工作常见问题及创新发展［J］. 现代企业文化，2023（3）：76-78.

[33] 杨松. 新时代背景下企业政工工作面临的挑战和对策［J］. 现代企业文化，2023（11）：69-72.

[34] 叶东山. 新时代国企工会政工工作的优化路径［J］. 现代企业文化，2023（8）：77-79.

[35] 张成涛，籍涵星，陈一鑫. 职业培训机构参与技能型社会建设的行动逻辑与实现路径［J］. 职业技术教育，2023，44（13）：66-72.

[36] 张宁. 政工工作与人力资源管理的相关探索［J］. 江汉石油员工大学学报，2023，36（1）：80-81，85.

[37] 张晓蕊，马晓娣，岳志春. 大学生职业生涯规划［M］. 北京：北京理工大学出版社，2019：5.

[38] 赵欢. 大力推行职业培训包制度 打造新时代高技能人才队伍［J］. 中国人力资源社会保障，2023（8）：53-55.

[39] 郑茜. 施工企业人力资源管理在政工工作中的作用［J］. 活力，2023（10）：58-60.

[40] 钟毅. 巧抓企业文化建设，推进政工工作开展［J］. 中小企业管理与科技（下旬刊），2020（4）：138-139.

[41] 宗晖. 政工工作对企业单位思想政治的推动作用［J］. 现代企业文化，2023（08）：59-61.

[42] 宗莹，路铭. 职业安全氛围、态度、行为与工伤事故关系的实证研究［J］. 中国医疗保险，2014（6）：64-66，68.